生死

The Art of Living and Dying

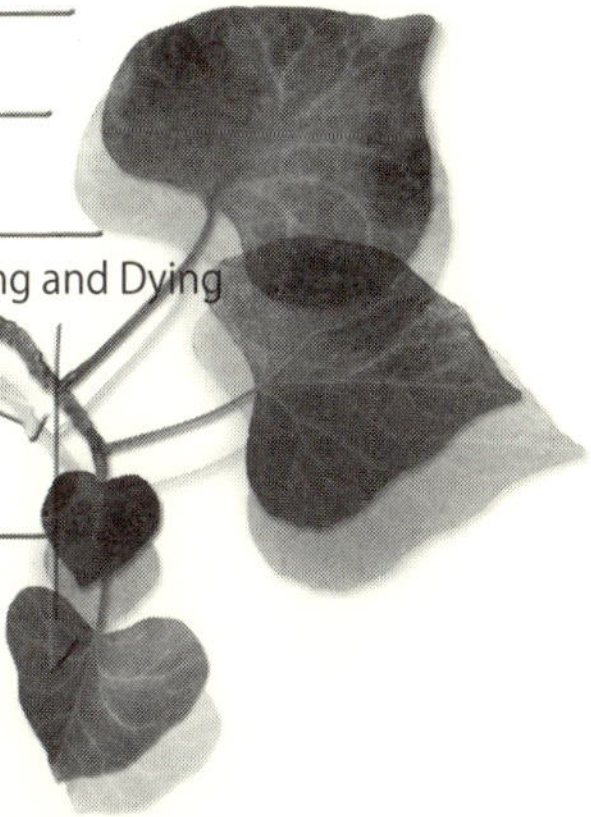

死について41の答え

OSHO

OEJ Books

Original English title: **The Art of Living and Dying,** by OSHO

Japanese translation rights arranged with
OSHO International Foundation through
Owls Agency Inc.

死について41の答え

目次

第3部　不死の発見

第4部　別れを告げるときのために——ケアテイカーと遺族のための洞察

はじめに――死神とヤヤティの物語

生は長い時間の間に拡散している――七十年、百年の間だ。死は強烈だ、それは拡散してはいないから――それは一瞬のことなのだ。生は、百年、七十年と続かなくてはならない。それは、それほど強烈になりようがない。死は一瞬のうちに来る。断片的ではなく、全体として。それはあまりにも強烈で、それ以上強烈なものを知ることはできない。しかし、もしあなたが恐れれば、もし死がやって来る前に逃げてしまえば、もし恐怖ゆえに無意識になれば、あなたは黄金の機会の一つ、黄金の門の一つを逃すことになる。もし生涯にわたってあなたが事を受け入れてきていたら、死が来るとき、逃れようとがんばりもせず、受け身のまま、寛容に死を受け入れ、死の中へと入っていくだろう。もし受け身のまま、静かに、努力なしに死に入っていければ、死は消え失せる。

『ウパニシャット』には、私がつねに愛してきた古い逸話がある。

ヤヤティという偉大な王が百歳になった。さて、もう十分だった。彼はとてつもなく生きてきた。生が可能にしてくれる、ありとあらゆるものを楽しんできた。彼はその時代のもっとも偉大な王の一人だったのだ。しかし、その物語は美しい……。

死神がやって来て、ヤヤティに言った。

「準備をするがいい。お前の番だ、お前を連れに来た」

ヤヤティは偉大な戦士で、多くの戦で勝利をおさめてきていたが、死を目にすると、震え出した。

「でも、まだ早過ぎます」

「早過ぎるだって！　お前は百年も生きたのだぞ。お前の子供ももう年老いてきている。長男は八十だ。これ以上何が望みなのだ？」と、死神は言った。

ヤヤティには、百人の息子がいた。百人の妻がいたからだ。彼は死神に尋ねた。

「私の頼みを聞いてくださいますか？　あなたが誰かを連れていかなければならないのは分かっています。もし息子の誰かを説得できれば、私のことは後百年、放っておいて、その子を連れていってくれますか？」

死神は言った。

「他の誰かが行く気になれば、まったくかまわない。だが、それはないだろう…。お前に準備ができていないのだ。お前は父親で、誰よりも長く生きて、すべてを楽しんできた。それなのに、息子たちにどうして準備ができよう？」

ヤヤティは百人の息子を呼び寄せた。年上の息子たちは黙り込んでいた。そこには大いなる沈黙があった。誰も口を開こうとしなかった。ただ一人だけ、まだ十六歳の末っ子が立ち上がると言った。

「僕を連れていってください」

死神ですら、その子を哀れに思い、声をかけた。

「おそらくお前はあまりに無垢なのだ。九十九人の兄弟が黙ったままなのが分からないのか？八十の奴もいれば、七十五の奴もいる。七十八のもいる。七十、六十――奴らは生きてきた――しかし、誰も彼もまだ生き長らえたいと思っている。

お前ときたら、まだ全然生きていない。私でさえ、お前を連れていくのが悲しいくらいだ。考え直してみなさい」

少年は言った。

「いいえ、この状況を見て、気持ちは固まりました。悲しくなったり、気の毒に思ったりしないでください。僕は、完全な気づきとともに行きます。僕には分かるんです。もし父が百年生きたのに満足できないのなら、ここにいる意味がどこにあるでしょう？僕がどうして満足できるでしょうか？僕は九十九人の兄弟を見ています。誰も満足していません。だったら、どうして時間を無駄にするんです？少なくとも僕はこうして父の役に立てる。晩年の父が、さらに百年間楽しんだらいい。でも僕はもう終わりです。誰も満足していない状況を見て、完璧に理解しました――百年生きようと、僕も満足しないでしょう。だから今日行こうと、九十年後に行こうと、かまいません。僕を連れていってください」

死神は少年を連れていき、また百年後、戻ってきた。そしてヤヤティと言えば、相変わらずだった。「この百年も、あっという間だった。私の上の息子たちもみんな死んでしまった。だが、わしにはまだ代わりがいる。別の息子を差し出そう。どうか情けをかけておくれ」

これが続き——物語は同じように続き——千年が過ぎた。死神は、十回やって来た。そして九回は息子を連れていき、ヤヤティはさらに百年生き延びた。十回目になると、ヤヤティは言った。

「さて、私はあなたが最初に来た時と同じぐらい、不満なままですが、今回は——いやいや、渋々ながらですが——行くことにしましょう。なぜかと言えは、頼み続けるわけにもいかないからです。それはやり過ぎです。

そして一つ、私にとって確かになったことがあります。もし千年経っても満足できなかったら、一万年経っても無理だということです」


それは執着なのだ。生き長らえることはできても、死という考えに打たれれば、あなたは震え出す。しかし、もし何にも執着がなければ、死はこの瞬間に来ることもできるし、あなたはそれを喜んで迎え入れるだろう。あなたは完全に行く用意ができている。そのような人の前では、死は打ち負かされる。死は、いかなる瞬間にも、なんのためらいもなく死ぬ用意ができている人たちによってのみ打ち負かされるのだ。彼らは不死となる。彼らは覚者となる。この自由こそ、あらゆる宗教的な探求のゴールだ。執着からの解放は、死からの解放だ。執着からの解放は、生と死という車輪からの解放なのだ。執着からの解放は、あなたが普遍なる光へと参入し、それと一体となることを可能にする。そしてそれこそが最大の祝福、究極のエクスタシーなのだ。それ以上のものは何も存在しない。あなたは家に帰り着いたのだ。

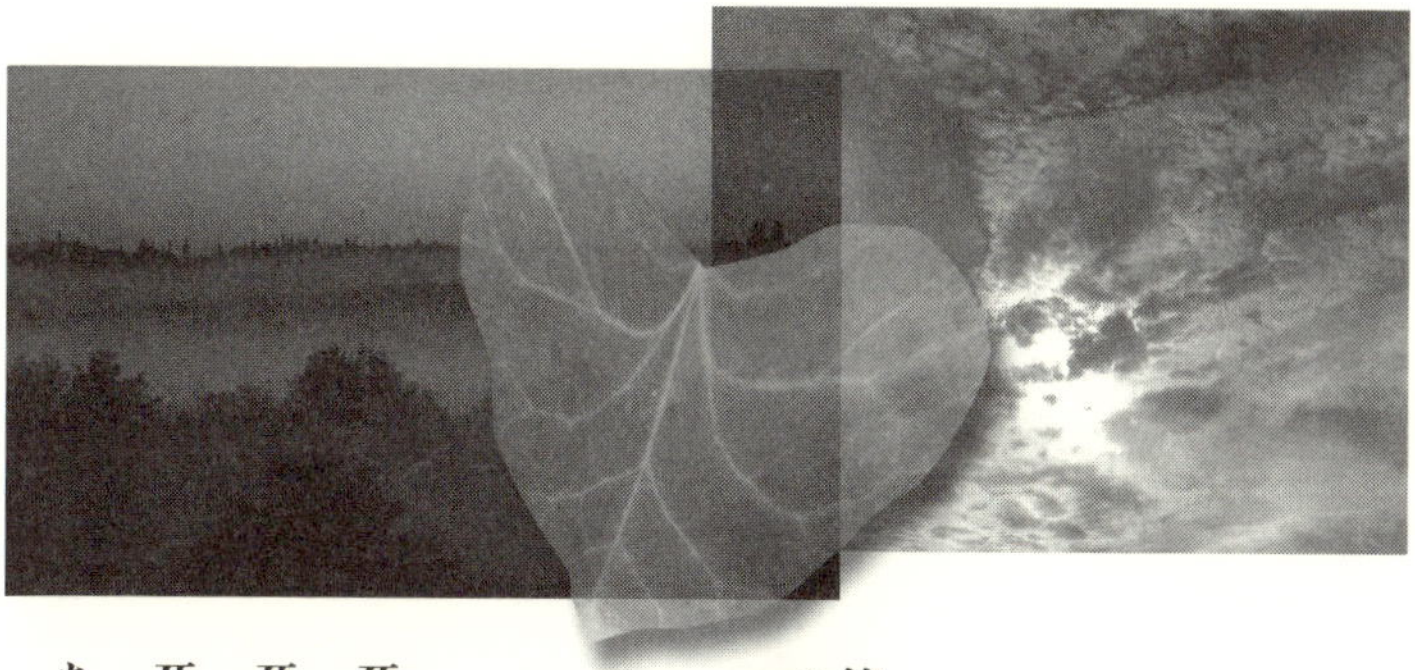

第1部

死は最後のタブー

死は存在しないと繰り返し唱えても
死を否定することはできない
死は知るべきもの、出会うべきもの、生きられるべきものだ
あなたは死となじみにならなくてはならない

宗教的な問いの中心にあるのは、ほんとうのところ、神ではなく、死だ。死がなければ、宗教はまったく存在しなかっただろう。人に超越したもの、不死なるものを探求させるのは、死なのだ。

死は、ちっぽけな島を取り巻く大海のように私たちを取り巻いている。島は、いつだって水浸しになりかねない。次の瞬間は、けっして来ないかもしれない。明日は来ないかもしれないのだ。動物たちに宗教心がないのは、死に対する気づきがないという単純な理由による。彼らは他の動物が死んでいくのを見ても、自分が死ぬとは思えない。誰かが死にゆくのを見て、「私もまた死ぬだろう」と結論づけることは、量子的飛躍なのだ。動物はそうした結論に至るほど醒めて、気づいてはいない。

そして、大多数の人間もまた、人間以下だ。

「死が他のすべての人に起こっているとすれば、私も例外ではありえない」

この結論に達したとき、人はほんとうに成熟した人となる。ひとたびこの結論があなたのハートの奥深くに沈んだら、あなたの人生は二度と同じものではなくなる。あなたは、古いやり方で生に執着し続けることはできなくなる。いずれ取り上げられてしまうのなら、そんなに所有しようとして何になる？　いつか消え失せてしまうのなら、なぜしがみつき、苦しむのか？　生が永遠に続かないのなら、なぜこれほど惨めで、苦悩し、心配するのだろう？　去るものであれば、去るのだ――いつ去るのかは重要ではない。そうなれば、時は、それほど重要ではない――今日だろうと、明日だろうと、あさってだろうと。しかし生は、あなたの手から滑り落ちていく。

　あなたが自分もまた死ぬ、自分の死は絶対に確実だと気づく日には……実のところ、生において唯一確実なのは、死だけだ。他の何も、それほど絶対的に確実ではない。けれども私たちは、どうにかしてこの問い、この、死という問いを避け続ける。私たちは、他のことで自分をいっぱいにし続ける。ときには、素晴らしいこと――神や、天国と地獄といった素晴らしいことを語ったりもするが、それはただ、この真の問いを避けようとしているにすぎない。真の問いとは、神ではない。それはありえない。あなたに、神とどんな面識があるというのかね？　神について、何を知っているのかね？　あなたにとって絶対的に未知なものを、どうしたら問うことができる？　それは空虚な問いになるだろう。それはせいぜい好奇心でしかない。それは青臭い、子供じみた、愚かなものになるだろう。

　愚かな人々は神について尋ねる。知性のある人は死について尋ねる。神について尋ね続ける人々は、けっして神を見出さないが、死について尋ねる人は、神を見出すことになる――あなたを変容するもの、あなたのヴィジョンを変えるのは、死だからだ。あなたの意識は研ぎ澄まされる。あなたは真実の問い、真正な問い、人生においてもっとも大切な問いを呼び起こしたからだ。あなたは大いなる挑戦を生み出したために、もはや長くは眠ったままではいられない。あなたは目覚めなくてはならなくなる。死という現実に向き合うに足るほど、醒めていなくてはならなくなる。

ゴータマ・ブッダの探求は、こうして始まった。

仏陀が生まれた日……仏陀は偉大な王の息子、しかも一人息子だった。彼が生まれたとき、王は年をとり、とても老いてきていたので、王国は大きな喜びに包まれた。民衆は長い間待ち望んでいた。王は人々に非常に愛されていた。王は民衆に仕え、優しく、慈悲にあふれていた。とても愛に満ち、とても気前がよかった。彼は自分の王国を、その当時のもっとも豊かで、もっとも素晴らしい国にしていたのだ。

民衆は、王に息子が生まれるようにと祈っていた。後継ぎがいなかったからだ。そして、仏陀は王が非常に年老いてから生まれた——彼の誕生は予期しないものだった。大きな祝祭が催され、その喜びはとても大きなものだった！　仏陀について予言するため、王国の、ありとあらゆる占星術師たちが集った。彼の名前はシッダールタだった——この名が彼に与えられたのは、シッダールタが成就を意味するからだ。王は満足だった。彼の願望が満たされ、彼のもっとも深い憧れが成就したのだ——彼は息子が欲しかった。一生の間、息子を待ち望んでいたために、その名前はシッダールタとなった。それは、もっとも深い願望の成就を意味する。

この息子は、王の生を意味深いもの、意義のあるものにした。占星術師たちは予言した――誰もが合意した。コダンナという、たった一人の若い占星術師を除いては。

「私の息子の生に、いったい何が起こるのか？」と王が尋ねると、占星術師はそろって二本の指を立てた。ただ一人コダンナを除いては。彼は指を一本しか立てなかった。

王は尋ねた。「シンボルで話すのはやめてもらいたい――私は単純な人間なのだ。占星術のことは分からない。二本指は、何を意味する？」

「彼はチャクラバルティン――世を統べる者――になるか、世を捨ててブッダ、光明を得た人になるかのどちらかです。この二つの可能性があるので、私たちは二本、指を立てたのです」占星術師たちは口をそろえて言った。

王は、世を捨てるという二番目の可能性を心配した。「そうなれば、また問題だ。この子が世を捨てたら、誰が私の王国を継ぐというのか？」

そして、コダンナに尋ねた。「お前は、なぜ一本しか指を立てなかったのかね？」

コダンナは言った。「彼が世を捨てるのは、確実だからです――彼はブッダ、光明を得た人、目覚めた人になるでしょう」

コダンナの発言は、王には気に食わなかった。真実とは、非常に受け入れがたいものだ。王はコダンナを無視した。コダンナはまったく報われなかった――真実は、この世では報われない。それどころか、真実は千と一つの方法で罰せられる。実際、コダンナの名声は、その日以来地に堕ちてしまった。王に報いられなかったために、彼は愚か者だという噂が広がったからだ。他の占星術師たちがそろって同意しているのに、同意しなかったのは彼だけだった。

王は、他の占星術師たちに聞いた。「どんな提案がある？　あの子が世を捨てないためには、何をすべきだろう？　私は彼に、乞食になってもらいたくはない。彼がサニヤシンになるのを見たくはない。私は彼にチャクラバルティン、この六つの国すべてを統治する者になってもらいたいのだ」

親なら誰でも持つ野心だ。誰が自分の息子や娘に世を捨てて山にこもり、自分の内面に入って、自己を探求してもらいたいと思うだろう？

私たちの欲望は、外に向かう。王は、他のあらゆる人々と同じように平凡な人——同じ欲望、同じ野望を持った平凡な人だった。

占星術師は言った。「手はずを整えたらいいでしょう。できる限りの快楽を与え、人として可能な限り、安楽に、贅沢にさせておくのです。病や老い、とくに死については知らせないように。死については知らないままにしておくのです。そうすれば彼は、けっして世を捨てはしないでしょう」

ある意味で、彼らは正しかった。死こそ、核心となる問いだからだ。ひとたびその問いがハートにやって来れば、あなたの生き方は変わらざるをえない。もはや愚かで古くさい生き方を続けることはできなくなる。もし死で終わるものなら、この生は真の生ではありえず、幻に違いない。もしそれが真実ならば、永遠であるはずだ——嘘だけが、つかの間のものだからだ。もしこの生がつかの間のものであれば、それは幻であり、偽り、思い違い、誤解であり、どこか無知に根づいているに違いない。私たちは、終わりを迎えるようなやり方で生きているに違いない。

違う生き方をすることも可能だ。存在という永遠の流れの一部となるような生き方も、私たちにはできるのだ。死だけが、そうした根本的なシフトをもたらすことができる。

だから占星術師たちは言ったのだ。「彼には、死について知らせてはなりません」

そして王は、ありとあらゆる手はずを整えた。シッダールタのために、季節ごとに訪れる不快さを感じさせないよう、異なる場所に、異なった季節を迎える三つの宮殿を造らせた。暑い時期には、いつでも涼しい丘にある宮殿に、寒さが厳しい時期には、川に面したいつでも暖かい場所にある宮殿、というように。王は王子がどんな不快な思いもしないですむよう、ありとあらゆる配慮をした。

老人や老女は、王子が住んでいる宮殿に入ることを許されなかった――そこには若者しかいなかった。王は、王国中からありとあらゆる若くて美しい女たちを彼の周りに集めた。王子を魅了し、魅惑し、夢の中、欲望の中に留めおくことができるように。彼のために、甘美な夢の国が作られた。庭師は、枯れ葉は夜のうちに取り除いておくように命じられた。色褪せてしおれた花は、夜の内に取り除いておかなくてはならなかった――というのも、誰が知ろう？　枯れ葉を見れば、この葉はどうしたのかと問い始めるかもしれない。そして、死という疑問が湧き上がるかもしれない。しおれゆくバラ、花びらが落ちるのを見て、彼は尋ねるかもしれない。「このバラは、いったいどうしたのか？」

そして彼は死について思いにふけり、瞑想を始めるかもしれないのだ。

そんな風に彼は、二十九年の間、まったく死に気づかずにいた。しかし、どれほど長く避けられるだろう？　死は非常に重要な現象だ——どれほど長い間騙《だま》し通せる？　遅かれ早かれ、彼は世に出ていかなくてはならない。今や王は非常に年老いて、息子は世間を知らねばならなかった。そこで少しずつ彼は許されていった。しかし都のどこかの通りを彼が通るたび、老人や乞食は追い払われた。彼が通るときには、出家者《サニヤシン》も僧侶も、道を横切ることは許されなかった。というのも、サニヤシンを見て、「これはどういうたぐいの人なのだ？　なぜ彼はオレンジ色の衣をまとっているのか？　彼にいったい何が起きたのだ？　なぜ彼は他の人と違って、超然として、よそよそしく見えるのだ？　彼のまなざしは違う、雰囲気は違う。彼の存在には、違った質がある。いったいこの人に何が起きたのだ？」と聞かれかねないからだ。そしてそうなれば、放棄という問い、そして根本的には、死という問いが……。しかしいつか、それは起こらざるをえなかった。それは避けられないことだ。

私たちも、同じことをしている。誰かが死んで、死の行列が通りかかると、母親は子供を家の中に引きずり込んで、扉を閉ざす。

この物語は非常に意味深く、象徴的で、典型的なものだ。どの親も、子供に死について知ってほしいとは思わない。たちまちのうちに、居心地の悪い質問をし始めるからだ。だからこそ、誰も行かなくてすむように、私たちは墓場を町の外に造る。死は、核心的な事実だ。墓場は、町の真ん中に造られるべきなのだ。あらゆる人が、一日に何度もそこを通らざるをえないように。オフィスに行き、家に帰るとき、学校や大学に行き、家に帰るとき、工場に行くとき……繰り返し死について思い出させられるように。しかし私たちは、墓場を町の外に造り、花々や木々でとても美しいものにする。私たちは死を覆い隠そうとする——特に西洋では、死はタブーだ。ちょうど、かつてはセックスがタブーだったように、今や死がタブーなのだ。

死は最後のタブーだ。

ジグムント・フロイトのような人が必要とされている——死を世界に呼び戻すことができ、死という現象を人々にあらわにすることのできる、ジグムント・フロイトのような人が。

西洋では人が死ぬと、身体は清められ、飾り付けされ、良い香りをまとわされ、化粧が施される。いまや、こうしたあらゆる仕事をする専門家たちが存在している。そして、死んだ男の人、女の人を見れば驚くだろう——生きていたときよりもずっと生き生きしているのだからね！　化粧が施され、頬には紅がさされ、顔は輝き、穏やかで静かに眠っているかのように見える。

私たちは自分を騙している！　その人を騙しているわけではない。その人はもういない。そこには誰もいない。ただ死んだ身体だけ、死体だけだ。しかし私たちは死化粧を施し、身体を花輪で飾り、美しい衣装を着せ、高価な車で彼の身体を運び、死んだ人のために行進し、感謝の意を表すことで、自分自身を騙している。彼は生きているときにはけっして感謝されなかった。しかし、もう誰も彼を批判しようとはせず、みんなが彼を誉めたたえる。

私たちは自分を騙そうとしている。私たちはある質問が湧き上がってこないよう、死をできるだけ美しいものにしようとしている。そして、死ぬのはいつも他の誰かだという幻想の中で生き続ける——当然のことながら、あなたはけっして自分の死を見ることはない。いつも目にするのは、人が死んでいくところだ。論理的な結論とは——死ぬのはいつも他の人だから、なぜ悩むことがあるのか、ということだ。あなたはどうやら例外のようだ。神はあなたのために、別の法則を作ったのだ。

いいかね、誰も例外ではない。仏陀は言う、エース ダンモ サナンタノ——ただ一つの法則、永遠の法則がすべてを支配していると。アリに起こることは何であれ、ゾウにも起こる。そして乞食に起こることは何であれ、皇帝にも起こる。貧しかろうと豊かであろうと、無知であろうと、知識があろうと、罪人だろうと聖者だろうと、その法は区別しない——その法は、非常に公正だ。

そして、死はとても共産主義的だ——それは、人々を平等にする。あなたが誰だろうと気にとめはしない。死は、人名録のような、出版された本のページをめくりはしない。あなたが貧民だろうと、アレキサンダー大王だろうと、まったくおかまいなしだ。

いつかシッダールタは気づかざるをえなかった。そして、気づいたのだ。彼は、とある若者の祭典に出向くところだった。その祭典の開幕を告げることになっていたのだ。もちろん王子には、年に一度の若者の祭典の開幕を告げる役がふさわしい。それは美しい夜だった。王国の若者が踊り、歌い、一晩中楽しむために集まっていた。一年の始まりの日――一晩中続くお祝いだ。そしてシッダールタは、その開幕を告げることになっていた。

その道すがら、彼が目にするのを父親がずっと恐れていたものに出会った――そうしたものに出くわしたのだ。まず、彼は病んだ人を見た。彼にとっての初めての病気の体験だ。「何が起こったのだ?」と、彼は尋ねた。

この物語はとても美しい。御者《ぎょしゃ》は嘘をつこうとしたが、身体を持たない魂が御者を乗っ取って、彼に真実を告げさせたというのだ。彼は自分の意に反して、言わざるをえなかった。「この人は病気なのです」

そして仏陀は、すぐさま知性的な質問をした。「ならば、私もまた病気になるのか?」

御者はまた嘘をつこうとしたが、神の魂、光明を得た魂、身体を持たない魂が彼にこう言わせた。「ええ」御者は首をひねった。否定したかったのに、口から出た言葉はこうだったからだ。「ええ、あなた様も病気におなりになるでしょう」

それから彼らは老人に出会った――そして、同じ問いがなされた。それから彼らは、火葬場に運ばれる死体に出会い、同じ問いがなされ……仏陀は死体を目にして、尋ねた。「私もまたいつか死ぬのか?」

御者は言った。「ええ、そうです。誰も例外ではありません。残念ながら、誰も例外ではないと言わねばなりません――あなた様でさえ、死んでいかれるのです」

仏陀は言った。「ならば、馬車を戻せ。ならば、若者の祭典に行っても仕方がない。私はすでに病み、すでに老い、すでに死の淵に瀕している。もし、いつか死んでいくのなら、こうしたすべてのナンセンスに――生きて、死を待つことに、何の意味がある？　それがやって来る前に、私はけっして死ぬことのないものを知りたい。私は、不死なるものの探求に一生を捧げよう。もし、不死なるものがあるとすれば、それを探求することこそ、人生で唯一、意味のあることだ」

そして彼がこう言っている間、彼らは四番目のもの――オレンジ色の衣をまとい、深い瞑想とともに歩むサニヤシン、僧を目にした。「この人には何が起こったのだ？」と、仏陀。

御者は言った。「これこそ、あなた様がこれからなさろうと考えておられることです。この人は死が起こるのを目にして、不死なるものの探求へと旅立ったのです」

そしてその夜、仏陀は世を捨てた。不死なるものの探求のため、真実の探求のために、家を後にしたのだ。

死は生において、もっとも重要な問いだ。そして、死の挑戦を受け入れる者たちは、途方もなく報われる。

2 疑いを信頼する

もし信じれば、不信の念がつきまとう。不信の念なしに、信じることはできない。このことを、ここではっきりさせておくとしよう。誰も不信の念なしに、何かを信じることはできない。すべての信念は、不信の念を覆い隠しているのだ。

信念は、疑いと呼ばれる中心の周辺部にすぎない。疑いがそこにあるからこそ、あなたは信念を作り出す。疑いは痛む、傷のように痛いものだ。疑いは傷であるがゆえに、痛む。それはあなたに、内なる空虚さ、内なる無知を感じさせる。あなたはそれを覆い隠したい。しかし、バラの花で傷を隠す――それが助けになると思うかね？　バラの花に、傷をなくす助けができると思うかね？まったく逆だ！　遅かれ早かれ、バラの花は傷の臭いがしてくるだろう。傷はバラの花によって消えはしない。それどころか、バラの花の方が、傷のせいで消え失せてしまうだろう。

そしてあなたは、外から見ている人なら騙《だま》せるかもしれない――周りの人たちは、傷などないし、あるのはバラだと思うかもしれない――しかし、どうやったら自分を騙せるというのかね？　不可能だ。誰も自分を騙せはしない。どこか深いところで、自分には傷があって、バラの花で隠していると知ることになる。必ずそうなる。そしてあなたには、そのバラの花は恣意《しい》的なものだと分かっている。それはあなたの内側で育ったのではなく、外から摘んできたものだが、傷はあなたの内側で育ってきたもので、外から摘んできたわけではない。

子供は、内に疑いを携えている――それは内面的な疑いで、自然なものだ。疑いゆえに、彼は尋ね、疑いゆえに、彼は問う。子供と一緒に、朝の散歩で森に行ってみたらいい。あまりにも多くの質問をするので、あなたはうんざりして、黙れと言いたくなるだろう。しかし、彼は聞き続ける。

そうした問いは、どこからやって来るのだろう？　それは、子供にとっては自然なこと、疑いは、内に潜在している可能性だ。それは、子供が問い、探し、見つけることを可能にする唯一の方法なのだ。それに関して、間違ったところは何もない。聖職者たちはあなたに、疑いは間違っているという嘘を教えてきた。それは何も間違ってはいない。自然なもの、受け入れられ、尊重されるべきものなのだ。あなたが自分の疑いを尊重すれば、それはもう傷ではなくなる。あなたが拒絶すれば、傷になる。

そのことを、とてもはっきりさせておくとしよう。疑い自体は傷ではないのだ。それは途方もなく役に立つ。そのおかげで、あなたは冒険へと、探求へと踏み出すことになるからだ。疑いはあなたを、真実の探求において、もっとも遠い星にいざない、あなたを巡礼の旅へと連れ出す。疑いを持つのは、不健康ではない。疑いは美しい、疑いは無垢だ、疑いは自然なのだ。しかし聖職者たちは長年にわたって、疑いを非難してきた。彼らの非難ゆえに、信頼の開花にもなりえた疑いが、ただの不快な臭いを放つ傷になってしまった。非難されたものは何であれ、傷になる。拒絶されたものは何であれ、傷になる。

信じようとしないこと、それを私は教えている。それが最初になされるべきなのだ。なぜだろう？もし、疑いがあるとすれば、疑いがあるのだ！　それを隠す必要はない。それどころか、それをゆるし、助け、大いなる探求にしていくがいい。それを、千と一つの問いにしてごらん——そして最終的には、肝心なのは問いではなく、その疑問符なのだと知るだろう！　疑いは、信念の探求ではない。疑いとはたんに、手探りで神秘を探そうとすること、理解できないものを理解しよう、把握できないものを把握しようとしてあらゆる努力をすること——手探りの努力なのだ。

そして、もしあなたが、借り物の信念で自分をいっぱいにせずに探し、求め続ければ、二つのことが起こるだろう。一つは、二度と不信の念を持つことはなくなる、ということだ。

覚えておくがいい。疑いと不信は同義ではない。不信の念は、あなたがすでに信じているとき、すでに自分と人を欺いているときにしか起こらない。不信は、信念が入り込んだときのみやって来る。それは信念の影なのだ。

あらゆる信者は不信者だ——彼らはヒンドゥー教徒かもしれないし、キリスト教徒かもしれない、ジャイナ教徒かもしれない。私は彼らをすべて知っている！　すべての信者は不信者なのだ。というのも、信仰は不信をもたらすからだ。それは信仰の影なのだ。あなたは不信の念を持たずに、信じることができるかね？　それは不可能なこと、事の本質からして無理だ。もし、不信の念を持ちたければ、まず必要とされるのは、信じることだ。不信が裏口から入り込むことなしに、信じることができるだろうか？　あるいは、まず何かを信じることなしに、不信の念を持つことができるかね？　神を信じてみなさい。即座に不信が入り込む。死後の生を信じれば、不信が現れる。不信は二番目のもので、信じることがまず先に来る。

しかし、世界中の何百万もの人々は、ただ信仰だけを欲しがる——不信は欲しくはない。私にはどうしようもないし、誰にもどうしようもない。もし、あなたが信じることだけに興味があれば、不信の念にもまた苦しまなくてはならなくなる。あなたは分かたれたまま、分裂したまま、分裂症のままとどまることになる。あなたは、有機的に統合された感覚を持つことはできない。あなた自身が、それが起こるのを妨げてしまったのだ。

私の提案とは何だろうか？　まずは信じることを落とすがいい。信念が落ちるにまかせるのだ。それはすべてガラクタだ！　疑いを信頼すること、それが私の提案だ。それを隠そうとしないこと。疑いを信頼しなさい。それこそ、最初にあなたの存在へともたらすべきものだ——あなたの疑いを信頼し、その美しさを、信頼がどれほど美しくやって来るかを見てごらん。

私は信じろと言っているのではない。信頼しなさいと言っているのだ。疑いは生まれもった才能だ。それは、神からやって来たに違いない——他のどこかから、ということがありうるかね？　あなたは疑いを持ち運んでいる——それを信頼することだ。あなたの問いを信頼しなさい。そして、外から——両親から、聖職者から、政治家から、社会から、教会から——の借り物の信念で、それを急いで埋めよう、隠そうとしないことだ。あなたの疑いは美しい、それはあなたのものだからだ。それは美しい、それは真正なものだからだ。この真正な疑いから、いつか真正な信頼の花が育つだろう。それは内なる成長であって、外から押しつけられたものではない。

それが信念と信頼の違いだ。信頼は、あなたの内側から、あなたの内面性から、あなたの主体性から育つ。ちょうど疑いが内なるものであるように、信頼もそうだ。そして、内なるものだけが、内なるものを変容させることができる。信念は外からのものだ。それは助けにはならない。あなたの存在のもっとも奥深い核心に届くことはできないからだ。そして、疑いがあるのはその場所なのだ。

どこから始めるべきだろう？　疑いを信頼してごらん。それこそ、信頼をもたらす私なりのやり方だ。神を信じないように、魂を信じないように、死後の生を信じないようにすることだ。あなたの疑いを信頼しなさい。そうすれば、即座に転換が始まっている。信頼の力はあまりに強大なので、自分の疑いを信頼したとしても、あなたはそこに光を持ち込むことになる。そして疑いは闇のようなものだ。疑いの中にあるその小さな信頼が、あなたの内なる世界、内なる風景を変えていくだろう。

そして問うがいい！　なぜ恐れる？　なぜそれほど臆病なのかね？　疑問を持ちなさい——あら

ゆるブッダに対して、私に対して疑問を持つことだ。というのも、もし真実があるとすれば、真実はあなたの問いを恐れはしない。ブッダたちが本物ならば、本物なのだ。彼らを信じる必要はない。彼らを疑い続けなさい……それでもなお、ある日、あなたは信頼が湧き上がってくるのを見るだろう。

あなたが疑い、そして最後の最後まで、その論理の果てまで疑い続けると、遅かれ早かれ、真実に出くわすことになる。疑いとは闇を手探りすることだが、扉は存在している。仏陀がその扉にたどり着けたのなら、イエスがそれにたどり着けたのなら、私がそれにたどり着けるのなら、どうしてあなたにできないことがある？　すべての人がその扉にたどり着くことができる――しかし、あなたは手探りするのを恐れている。だから扉を見つけた誰かの話を信じ込んで、暗い隅に座り込んでいる。あなたはその人に会ったわけではない。他の人たちから彼についての話を聞いたのだ。そしてその人たちも、他の人たちから聞き、そしてその人たちもそう、という具合だ。

あなたにどうしてイエスが信じられるだろう？　なぜ？　あなたはイエスに会ってはいないのだ！　彼に会っていたとしても、あなたは見逃していただろう。彼が十字架にかけられた日、何千もの人々が彼を見に集まってきた。そして、彼らが何をしたのか、知っているかね？　彼の顔につばを吐いていたのだ！　あなたもその群集の中にいたのかもしれない。そうした群衆はまったく変わってはいないからだ。人は変わってはいない。

私たちにはより良い道路があり、あなたをある所から別の所へと運ぶより良い乗り物、偉大なテクノロジーはある――人は月に着陸した――が、人は変わってはいない。だからこそ私は、あなた方の多くはイエスにつばした群衆の中にいたに違いないというのだ。あなたは変わっていない。どうしてあなたにイエスを信じることができる? 彼が生きているとき、あなたは彼の顔につばを吐いていたのだ。それなのに今になって、彼を信じるのかね、二千年後に? それは自分の疑いを覆い隠す、絶望的な努力にすぎない。なぜあなたはイエスを信じるのだろう?

もし、一つのことがイエスの物語から落とされれば、キリスト教のすべてが消えるだろう。一つのこと、たった一つのこと、復活という現象——イエスが十字架にかけられ、三日間、死の内にとどまりながら、ふたたび蘇ったということ——もし、この部分が落とされれば、キリスト教はすっかり消え失せてしまうだろう。あなたがイエスを信じるのは、死ぬのが怖いからだ。彼はもう一度戻ってきた、死を打ち負かした唯一の人のように見える。

キリスト教は、世界中でもっとも大きな宗教になったが、仏教はそれほど大きくなれなかった。それは、死の恐怖が、仏陀よりもキリストを信じる助けとなったという単純な理由による。それどころか、仏陀を信じるにはガッツがいる。仏陀は「私はあなたに完全な死を教える」と言うからだ。この小さな死——彼はそれでは満足しない。彼は言う、この小さな死ではだめだ。あなたはふたたび戻ってくることになる。私は完全なる死、究極の死を教える。消滅を教える。あなたが二度と戻ってこないように、あなたが消え失せるように。あなたは存在へと溶け込み、もはや存在しなくなる。足跡すら残らない。

インドでは仏教は消えた、完全に消え失せた。これほどの偉大な、いわゆる宗教的な国で、仏教は完全に消えたのだ。なぜだろう？　人々は、死後も生きる、魂は不滅だと教える宗教を信じる。仏陀は言っていた、唯一理解する価値のあること、それは、あなたはいないということだ、と。仏教はインドでは生き残ることができなかった。仏教は、あなたの恐怖を覆い隠してはくれなかったからだ。

仏陀は人々に、「私を信じなさい」とは言わなかった。それゆえ、彼の教えはインドから消えた。人々は信じたいからだ。人々は、真実が欲しいわけではない。信念が欲しいのだ。

信念は安物だ。真実は危険で、骨が折れ、困難なものだ。人はそのために、代価を支払わなくてはならない。人は探し求めなくてはならない。そしてあなたがそれを見出すという保証はない。どこかに何らかの真実があるという保証もない。それはまったく存在しないかもしれない。

人は信じたい――そして、仏陀は言った、この世への彼の最後のメッセージは「アッポ ディポ バヴ、自分自身の光でありなさい」だった。彼の弟子たちは泣いていた。一万人ものサニヤシンが彼を囲んでいた……もちろん彼らは悲しかった、涙がこぼれていた。師が去ろうとしていたのだ。そして仏陀は彼らに言った。「泣くのはやめなさい。どうして泣いているのだ？」

弟子の一人、アーナンダは言った。「あなたが私たちを残して逝ってしまわれるからです。あなたは私たちの唯一の希望でした。あなたを通して真実が得られるだろうと、長い間ひたすら望んでいたのですから」

アーナンダに答えて、仏陀が言ったことは、こうだ。「その心配はいらない。私があなたに真実を与えることはできないからだ。他の誰も、あなたに与えることはできない。それは、譲り渡せないのだ。しかし、あなたは自分でそれを手にすることができる。自分自身の光でありなさい」

私の姿勢も同じだ。私を信じる必要はない。ここに、信者はいてもらいたくはない。いてもらいたいのは探求者だ。そして、探求者というのは、まったく異なる現象だ。信者は探求者ではない。信者は、探求を望んではいない。信者は与えられたい、救われたい、彼には救い主が必要だ。だからこそ、信じる。信じるのだ。信者は探求することを避けたい。彼はいつも救世主を探している。自分の代わりに食べ、自分の代わりに噛み砕き、自分の代わりに消化してくれる誰かを。しかし私が食べても、あなたの空腹は満たされない。あなた以外の誰も、あなたを救うことはできない。

ここで私が必要としているのは、探求者、問う人たちであって、信者ではない。信者というのは、この世でもっとも凡庸《ぼんよう》な人々、この世でもっとも知性のない人々だ。だから信じるということについては忘れなさい。あなたは自分のために物事をむずかしくしている。あなたが私を信じるようになれば、不信の念が湧いてくる――それは必ず湧いてくるだろう。私は、あなたの期待に応えるためにここにいるわけではないからだ。

私は自分のやり方で生きている。あなたのことを考慮に入れはしない。私はまったく誰のことも考慮しない――というのも、他人のことを考慮し始めたら、自分の人生を真正に生きることはできないからだ。考慮すれば、あなたは偽物になる。

ゲオルギー・グルジェフは弟子たちに、もっとも根本的なことの一つをいつも口にしていた。「人のことを考えるな。さもなければ、あなたはけっして成長しない」そして、それこそ世界中で起こっていることだ。誰もが他の人たちのことを考えている。「お母さんはどう思うだろう？　お父さんはどう思うだろう？　社会はどう思うだろう？　妻は、夫は……？」

親については、何を言うべきか——親ですら、子供を恐れている！　彼らは「子供はどう思うだろう？」と考える。人々は、互いのことを考えている——そして、考慮すべき人は、何百万もいる。もしそうしたすべての人のことを考えていたら、あなたはけっして個人にはなれない。あなたはただの寄せ集めになる。あまりにもたくさんの妥協をし、とっくの昔に自殺してしまっているだろう。

人は三十歳には死んで、七十歳で埋葬されると言われている。死はとても早くに起こる——私が思うに、三十というのも正しくない。死はそれよりもさらに早く起こる。大体二十一歳ごろ、法律と国が、あなたを市民だと認めるとき、それが、人が死ぬ瞬間だ。実のところ、それが、彼らがあなたを市民だと認めた理由なのだ。あなたはもはや危険ではない、もう野生ではない、あなたはもうまっさらではないのだ。あなたの中ではすべてがきちんと収まって、整えられ、すっかり社会に適合している。それこそが、国があなたに投票権を与えるときだという意味だ。国はもう、あなたの知性が破壊されたと信頼できる——あなたは投票してもいいのだ。あなたについて恐れることは、もう何もない。あなたは市民、文明人だ。そうなれば、あなたはもはや一人の人間ではなく、一市民なのだ。

私自身の観察によれば、人はだいたい二十一歳ぐらいで死ぬ。その後は、何があろうとも、死後の存在だ。私たちは墓石に、日付を三つ入れるようにしなくてはならないだろうね。誕生、死、そして死後の死というように。

定義によれば、機知に富んだ人とは、困難から抜け出す方法を知っている人、賢者とは、けっして困難に足を踏み入れない方法を知っている人のことだ。賢くありなさい。なぜ、根そのものを切ってしまわない？　信じないことだ。そうなれば、不信という問題はない。そうなれば、二元性はけっして現れないし、そこから抜け出す方法を見出す必要もない。どうか、それに入っていかないように。

＊

真実は個人のものだ、そして、群衆は真実にかまってはいない。

群衆が気にかけているのは慰め、群衆が気にかけているのは安楽なのだ。群衆は、探求者たち、冒険者たち、未知へと大胆に踏み込む者たち——生涯を賭け、自分の人生と、存在全体の生命の意味と意義を見出そうとする人たちから成っているのではない。群衆はただ、耳ざわりのいい、居心地のいい、甘い言葉を聞きたいだけだ。自分からどんな努力をすることもなく、そうした慰めの嘘の中でくつろぐことができるからだ。

これは私が最後に故郷の町に行った、一九七〇年に起こったことだ。

私の恩師の一人で、いつもとても愛に満ちた関係にあった人が死の床についていた。だから私が最初にしたことは、彼の家に行くことだった。

玄関で私を迎えた息子は、私に言った。「どうか父を動揺させないでください。死が迫っています。父はあなたを愛し、何度もあなたのことを思い出していました。でも私たちには分かっているのです。あなたの存在そのものが、父の慰めを取り去ってしまうでしょう。どうか死の瞬間に、そんなことをしないでください」

「これが死の瞬間でなければ、あなたの助言に耳を貸したでしょう。しかし、私は彼に会わなくちゃならない。嘘や慰めを落とすのが死の直前だとしても、彼の死は彼の人生よりも大きな価値を持つことになるでしょう」私は言った。

息子を押しやって家に入ると、老人は目を開け、私に微笑みかけた。「君のことを思い出していたよ。だが、恐れてもいた。君がこの町に来ると聞いて、ひょっとしたら死ぬ前にもう一度君に会えるかもしれないと思ったんだ。でも同時に、すごく怖かった。君と会うのは、危険なことになりかねないからね！」

私は言った。「確かに危険なことになるでしょう。私はちょうどいいときに来ました。あなたが死ぬ前に、あらゆる慰めを取り去ってしまいたいのです。あなたが無垢な死を迎えられれば、その死は途方もない価値を持つでしょう。あなたの知識を脇にどけてください。それはすべて借り物だからです。あなたの神を脇にどけてください。それはただの信念で、それ以上の何ものでもないからです。天国や地獄という観念を、すべて脇にどけることです。それは、あなたの貪欲さと恐怖にすぎませんから。あなたは一生、こうしたことにしがみついてきました。少なくとも死ぬ前は、勇気を出してください——もう失うものは何もないのですよ！

「死にゆく人には、失うものは何もありません。死がすべてを打ち砕いてしまうでしょう。自分の手で慰めを落とし、驚異と探求に満ち満ちて、無垢なまま死んでいった方がいい。死は、人生における究極の体験だからです。それはまさに、絶頂なのです」

老人は言った。「君はまさに、私が恐れていたことを要求しているよ。私は一生、神を崇拝してきた、ただの仮説だと知りながら——一度だって神を体験したことはなかった。空に向かって祈ってきたが、どんな祈りも聞き届けられていない、聞き届ける存在などいないと分かっているんだ。しかしそれは、人生の苦しみの中で、人生の不安の中で、慰めになってきた。無力な男に、他に何ができるだろう？」

私は言った。「あなたはもう無力ではありません。今はもう、不安という問題も、苦しみも、問題も、何もない。そういったことは、生きる上でのことですから。もはや生は、あなたの手から滑り落ちてしまった。たぶんあと数分は、こちらの岸にとどまることでしょうが。勇気を出して！　臆病者として死と出会わないようにしてください」

彼は目を閉じると、言った。「ベストを尽くすよ」

彼の家族全員が集まっていた。みんな私に腹を立てていた。彼らは、とても保守的な、高い身分《カースト》の司祭階級《バラモン》で、老人が私に同意したのが信じられなかった。死のショックはあまりに大きく、彼のあらゆる嘘を打ち砕いてしまったのだ。

生きている間は、嘘を信じ続けることもできる。しかし死においては、紙で作った舟は、海では助けにならないと完璧に知ることになる。あなたは泳がなくてはならない、舟など存在しないと知っていた方がいい。紙の舟にしがみつくのは危険だ。それは、あなたが泳ぐ邪魔になる。あなたを彼岸へと連れていく代わりに、溺れる原因になるだろう。

彼らはみんな怒っていたが、何も言えなかった。老人は目を閉じたまま、微笑んだ。「君の話を一度も聞かずにいたのは不運だったな。今はすごく軽くて、すっかり重荷が下りたような感じだ。恐れはまったくなくなったよ。それだけじゃなくて、死ぬことに興味も出てきた。死の神秘とは何なのか、見てみたいよ」

彼は死んだ、笑みを浮かべたままで。

3 死の三つの顔

人間の心《マインド》の歴史の中に、三つの死の表現を見出すことができる。

一つの表現は、身体に執着して生きている普通の人のものだ。食べ物とセックスという快楽よりも偉大なものを何も知らない人。一生が食べ物とセックス以外の何ものでもない人、食べ物を楽しみ、セックスを楽しんできた人。その生はとても原始的、その生はとても粗雑で、自分の宮殿の玄関で暮らし、まったく中には入ったことがない人、そして、これが生のすべてだと思ってきた人のものだ。死の瞬間、その人はしがみつこうとするだろう。死に抵抗し、死と戦うだろう。死は、敵としてやって来るだろう。それゆえ、世界中のすべての社会では、死は暗く、悪魔のような姿で描かれている。インドでは、死の使いはとても醜く――暗くて、黒く――とても大きな、醜い水牛に乗ってやって来ると言われている。

これが普通の態度だ。こうした人々は、見逃した。生のあらゆる次元を知ることができなかった。生の深みに触れることもできず、生の高みへと飛ぶこともできなかった。彼らはその豊饒さを逃し、その祝福を逃したのだ。

そして、第二の種類の表現がある。詩人と哲学者はときとして、死はまったく悪いものではない、まったく邪悪ではない、それはたんなる休息——大いなる休息、眠りのようなものだ、と言う。これは、最初のものよりはいい。少なくともこうした人々は、身体を超えたものを知っている。彼らは何かしらマインドに関することを知っている。彼らは食べ物とセックスを味わっただけではなかった。彼らの一生は、食べて、子供を作ることに費やされただけではなかった。彼らの魂は少しばかり洗練され、もう少し貴族的で、より文化的だ。彼らは言う、死は大いなる休息のようなものだ、と。人は疲れ、死の中へと入り、休息する。それはくつろぎに満ちている。

しかし、彼らもまた、真実からはずっと遠くにいる。

生を、非常に深い核心において知った人たちは言う、死は神聖なものだ、と。それは休息であるだけではなく、復活、新しい生、新しい始まりでもある。新しい扉が開くのだ。

スーフィーの神秘家、バヤジッドが亡くなろうとしていたとき、彼の周りに集まっていた人々——彼の弟子たち——は、突如として驚嘆《きょうたん》の念に駆られた。というのも、最後の瞬間が来たとき、彼の顔が輝いた、燦然《さんぜん》と輝いたからだ。そこには美しいオーラがあった。バヤジッドは美しい人で、彼の弟子たちはいつも彼の周りにオーラを感じていたが、このようなものはまったく知らなかった。それはそれは輝いていたのだ！

「バヤジッド、あなたに何が起こったのか、教えてください。いったい何があなたに起こっているのですか？　逝ってしまう前に、最後のメッセージをください」弟子たちは聞いた。彼は目を開けると、言った。「神が私を歓迎してくれているのだよ。私は彼の抱擁の中へと入っていく。さようなら！」

彼は目を閉じ、息を引き取った。しかし、息を引き取る瞬間、光の爆発があった。部屋中に光が満ち、そして消えていった。

人が自らの内に彼方なるものを知ったとき、死は、神性なるもののもう一つの顔以外の何ものでもなくなる。そのとき、死は神性へのダンスとなる。

＊

死という幻想は、社会的な現象だ。このことは、少し詳しく理解されなくてはならない。あなたは死にゆく人を目にし、彼は死んだと考える。あなたは死んではいないのだから、こう考える権利はない。あなたの側で、その人は死んだと結論づけるのは、とても馬鹿げている。あなたが言えるのは、ただこれだけだ。「今の彼は、私が以前知っていたのと同じ人かどうかは定かではない」これ以上のことを言うのは危険だし、妥当な限界を超えている。

人が言えるのはただ、「昨日まで、この人は話していたが、今はもう話さない。以前彼は歩いていたが、今はもう歩かない。昨日まで、彼の生だと私が理解していたものは、もう存在していない。彼が昨日まで生きてきた生はもはや存在しない。もし、それを超えた生があれば、それはそうだろうし、もしなければ、それはそうなのだろう」

しかし、「この人は死んだ」と言うのは、少しばかり行き過ぎだ。それは限界を超えている。人はただ、「この人はもう生きてはいない」と言うべきだ。その人は、以前生きていたような形では、もう生きてはいないのだ。

私たちが彼の生として知っていたもの——争ったり、愛したり、食べたり、飲んだりといったもの——はもはやないという程度の控えめな発言ならばいい。しかし、その人は死んだと言うのは、非常に積極的な発言になる。何であれ、その人の中にあったものがもうないと言うばかりでなく、それ以上のことが起こった、その人は死んだとも言っている。私たちは、死という現象もまた起こったと言っているのだ。もし、この人の周りで以前起こっていたことはもう起こっていないと言ったとすれば、よかったかもしれない。私たちはそれだけでなく、新しい現象がつけ加わった、その人は死んだ、とも言っているのだ。

死んでいない私たち、死について知識のない私たちが、その人の周りに群がって、彼は死んだと告げるとは！　群衆は彼に聞くことさえせずに、彼から裏付けを取ることさえせずに、死んだと決めつけるとは！　それはまるで、一方的に裁決するようなものだ。もう一方の側には誰もいない。その可哀そうな人には、自分がほんとうに死んでいるかどうかを口にする機会すらない。私の言っていることが分かるかね？

死は社会的な幻想だ。それは、その人の幻想ではない。事の真相とは、一見したところ彼は死んだように感じられるが、これは社会が決めたことであり、間違いなのだ。ここでは、死という現象が、資格のない人たちによって決められる。群衆の中の誰も、正しい目撃者ではない。というのも、誰もほんとうにはその人が死ぬのを見てはいないからだ。今まで誰も、人が死ぬのを目にしたことはない！　死ぬという行為は、誰にも目撃されてはこなかった。私たちが知っているのは、ある瞬間まで生きていた人が、もう生きていないということだけ、それだけだ。これを超えたところには、壁がある。だからこれまで、誰も死という現象を目にしたことはない。

人生そのものが、飲み食いをし、眠り、動き回り、ケンカをしたり愛したり、友人を作り、対立を生み出し、という以外の何ものでもなかった人――そうした人ですら、死の瞬間には、突如として生が指の間から滑り落ちていくことに気がつく。彼が生だと理解していたものは、生ではまったくなかった。生という光の中で目にすることのできる、たんなる行為にすぎなかった。ちょうど光があれば物を見ることができるのと同じように、その人は、内なる光が存在していたとき、ある種の物事を目にしていたのだ。彼は食べ、友を作り、対立を生み出し、家を建て、金を稼ぎ、高い地位に昇りつめた――そうしたものはすべて、生という光の中で目にしていたことだった。今、死に際になって、彼はそうしたものが滑り落ちていくのに気づく。

だからもう、その人は、自分は逝ってしまう、自分は死につつあり、生は永遠に失われてしまうと考える。彼は以前、他の人たちが死んでいくのを見ているし、心の中には人は死ぬという社会的幻想も入り込んでいる。だから彼は、自分は死んでいくと感じるのだ。彼の結論もまた、その社会的幻想の一部だ。彼は、自分より前に死んだ人たちと同じように、自分も死んでいくと感じるようになる。

彼は、愛する人たちに囲まれているのを見る。家族や親戚は大泣きをしている。今や彼の幻想は確たるものとなっていく。こうしたすべてが、彼に対し、催眠術のような効果を生み出す。これらのすべての人々――状況はまったく理想的だ――医師が脇に立ち、酸素が用意され、家の雰囲気全体が変わり、人々は涙に暮れている……。今やその人にとって、死は確実に見える。自分は死んでいくという社会的幻想が彼の心をつかむ。周りの友人や親戚はその人に向かって、もうすぐ死ぬという催眠の呪文を投げかける。誰かが彼の脈を取る。彼らすべてがその人に、自分はもうすぐ死ぬと確信させる――以前に死んだ人にやっていたあらゆることを、彼らは今、その人にしているのだ。

これは、社会的な催眠術だ。その人は、自分は死のうとしている、死んでいく、もうおしまいだと心の底から確信してしまう。この死という催眠術は、彼を無意識にし、怖がらせ、震え上がらせる原因となる。それは彼を萎縮させ、「自分は死のうとしている、自分は死のうとしている。どうしたらいい？」と感じさせる。彼は恐怖に圧倒されて目を閉じ、その恐れた状態の中で無意識になる。

実のところ、無意識に陥るのは、私たちが恐れているものに対して使う、一つの手段なのだ。たとえば、あなたの胃が痛んで、その痛みが耐えがたいものになれば、あなたは無意識に陥る。それは、痛みを忘れるために、あなたの側からマインドのスイッチを切ってしまうという仕掛けだ。痛みがあまりにひどいときに無意識に陥るのは、マインドの仕掛けなのだ――あなたは痛みでもう苦しい思いをしたくはない。痛みが去らなければ、別の選択肢はただ一つ、自分のマインドのスイッチを切ることしかない。人は痛みに気づかなくてすむように「消灯」する。

だから、無意識に陥るのは、耐えがたい痛みに対処する、私たちのユニークやり方なのだ。しかし覚えておくがいい。耐えがたい痛みというものは存在しない。あなたはただ、耐えられる限度までしか痛みを感じることはない。痛みが耐えられない地点に至ったとたん、あなたはいなくなる。だから、耐えがたい痛みを感じることはない。もし誰かが耐えがたい痛みで苦しんでいると言っても、けっしてその言葉を信じないように。あなたに話している人には、まだ意識があるからだ。もし痛みが耐えられなくなっていたら、意識をなくしていただろう。自然の仕掛けが働いて、彼は意識を失っていただろう。人は耐えられる限界を超えるやいなや、無意識に陥る。

些細な病気ですら、私たちを怖がらせ、私たちは無意識になる――死という、身の毛もよだつような考えにおいては言うまでもない。死という考えそのものが、私たちを殺してしまう！　私たちは意識を失い、その無意識の状態で、死が起こる。だから、私が死は幻想だと言うとき、身体や魂に起こることを幻想だと言っているのではない。私はそれを、社会的な幻想と呼ぶ――その幻想を、私たちはあらゆる子供の中に育て上げる。私たちはあらゆる子供に、「おまえは死んでいく。これが死の起こり方だ」という考えを吹き込む。だから子供は成人するまでに、死のあらゆる兆候を学んでしまい、そうした兆候が彼に当てはまると、彼はただ眼を閉じて、無意識になる。彼は催眠術にかかるのだ。

この逆が、アクティブ瞑想というテクニック——いかにして死に意識的に入るかというテクニックだ。チベットでは、こうしたテクニックは「バルド」として知られている。ある人が死のうとしているときに、人々が彼に催眠をかけるように、バルドに関わる人々は、死にゆく人に逆催眠的な暗示を与える。バルドでは、人々は死の瞬間を迎えた人の周りに集まって、「あなたは死んでいくのではない。これまで死んだ人は誰もいないのだから」と語りかける。彼らはその人に、逆催眠的な暗示を与える。すすり泣きも、叫びもない。なされることは、これだけだ。人々は彼の周りに集まり、村の聖職者や僧侶がやって来て、言う。「あなたは死んでいくのではない、人は死なないのだから。あなたはくつろいで、十分に意識を保ったまま旅立つだろう。あなたは死んでいくのではない。今まで死んだ人は誰もいないのだから」

目を閉じたその人に、プロセス全体が語りかけられる。今、生命エネルギーが足から去っていった、今、手から去っていった、もう話をすることはできない、というように——一方で、その人は、あなたはまだいる、あなたはまだそのままだと語りかけられる。彼の周り中で、こうした暗示が与えられる。その暗示は、まったく逆催眠的だ。それは、死の淵にあるという社会的な幻想に、その人を絶対にしがみつかせないためのものだ。そうしたことを阻むために、人々はバルドを解毒剤として使う。

死に対して、この世界がもっと健康的な姿勢を手にする日が来れば、バルドは必要ではなくなるだろう。しかし私たちは、とても不健康な人々だ。私たちは大いなる幻想の中で生きている。そしてこの幻想ゆえに、こうした解毒剤は欠かせないものとなる。誰かが死ぬときにはいつでも、彼を愛する人たちはみんな、死という幻想を打ち砕く試みをすべきだ。もし彼らが、その人を目覚めさせておければ、もしありとあらゆる地点に気づかせることができれば……。

そうなれば、意識は身体から引き上げる。それは一度に離れるわけではない。身体全体が同時に死ぬわけではない。意識は内面で収縮し、少しずつ、身体の各部分から離れていく。さまざまな段階を経ながら身を引いていく。そして、この収縮のあらゆる段階を、死にゆく人が意識を保つ手段として、彼に向かって詳しく語りかけることができるのだ。


ある禅師が亡くなろうとしていた。彼は他の僧たちを周りに集め、言った。「おまえたちに聞きたいことがある。わしの時が来たが、みなが死ぬように死んでも仕方がないと感じるのだ。たくさんの人が、以前から同じように死んでおる。それでは面白くない。わしが聞きたいのはこれだ。歩きながら死んだ人を見たことがあるか?」

僧たちは答えた。「実際に見たことはありませんが、歩きながら死んだ神秘家の話は耳にしています」

師は言った。「よかろう。では、それはなしだ！　では、これはどうだ。逆立ちして死んだ神秘家を見たことはあるか？」

周りの人々は言った。「そんなふうに人が死のうとは、考えたことも、夢に見たこともありません。ましてや、そんな人を実際に目にするなんて」

「よかろう。ならば」と師は言った。「そのやり方でいこう」彼は逆立ちをし、死んだ。

禅師の周りの人々は、とても怖くなった。見慣れない死体を目にするだけでも恐ろしいのに、逆立ちした死体を元に戻すのは、さらに恐ろしいことだった。その師は危険な人だった。彼がとった姿勢と言ったら……。死んでいるのだ、誰もあえて彼を元に戻し、棺に入れようとはしなかった。そのとき誰かが、近くの僧院に住んでいる尼僧、彼の姉を呼んではどうかと提案した。彼女は、彼が若いころいたずらをするたび、彼を正した人として知られていた。

申し入れを受けた姉は、状況全体をくみ取ると、苛立ちをあらわにした。「あの子は、いつでもこんな風にいたずら好きだったよ。これほど年をとっても、その癖が抜けなかったんだね。だから死ぬときでさえ、悪ふざけをしないではいられなかったんだ！」その九十歳の女性は杖をつかむと、その場にやって来た。そして杖を勢いよく地面に突き立て、大声で言い放った。「さあ、こんな悪さはおやめ！　もし死ななくちゃならないんだったら、ちゃんと死になさい！」

師はさっさと元の姿勢に戻ると、笑った。「ちょっと楽しんでいただけじゃ」と彼は言い、「この連中がどうするのか、興味があったのじゃ。さあ、横になって、月並みなやり方で死ぬとしよう」

そして、さっさと横になり、死んだ。

姉は立ち去った。「さあ、これでよし。彼を片づけておしまい」と言って、振り返りもしなかった。「ものにはやり方ってものがある。何だって、やるときにはちゃんとやることだ」

だから、私たちの死という幻想とは、社会的な幻想なのだ。もしあなたにほんの少しでも瞑想の経験があったら――もし自分は身体とは別だという真実を、ほんの少しでもかいま見ていたら、もし、身体は自分ではないという感覚が、ほんの一瞬でも内側の深みへと届いていたら――死の際に、あなたは無意識にはならないだろう。それどころか、その時までに、あなたの無意識の状態はすでに破られていることだろう。

誰もそうと知りつつ、意識的に死ぬということはありえない。彼はずっと、自分が死んでいくわけではない、自分の中の何かは死んでいくが、自分はそうではない、と気づいているからだ。彼はこうした分離を見守り続け、最終的には、身体は自分から離れ、遠くに横たわっているのを見出す。そうなれば、死とは結局、たんなる分離だと分かる。それは、つながりが切れることに等しい。それはあたかも、家から私が外に出たら、壁の外にある世界に気づいていない家の人たちが扉のところに来て、涙ながらに別れを告げ、自分たちが見送った人は死んでしまったと感じるようなものなのだ。

身体と意識との分離が死だ。この分離ゆえに、それを死と呼ぶのは意味がない――それはただ、つながりが緩み、切れるだけのこと。それは、服を替えることと何ら違いはない。だから、気づきとともに死ぬ人は、ほんとうのところ、けっして死なない。だから、死という問題はまったく持ち上がらない。彼は、死を幻想とさえ呼ばないだろう。彼は誰が死んで、誰が死なないとさえ言わないだろう。彼はただ、昨日まで生と呼んできたものは、たんなるつながりにすぎなかったと言うだろう。そのつながりが切れたのだ。今、新しい生が始まった。以前の意味合いでは、つながりではない生が。おそらくそれは、新しい結びつき、新しい旅なのだ。

しかし、気づきを保った状態で死ぬことができるのは、あなたが気づきとともに生きたときだけだ。もしあなたがどう意識的に生きるかを学んでいたら、確かに意識的に死ぬことができる――死とは、生の現象だからだ。それは生の中で起こる。つまり死とは、私たちが生として理解しているものの最後の出来事なのだ。それは生の外で起こる出来事ではない。

それは、実をつけた木のようなものだ。最初その実は青いが、それから黄色くなる。それはさらに色づき、最後にはすっかり熟して木から落ちる。木から落ちるのは、果実が黄色く色づくプロセスの外にある出来事ではない。むしろ、それは果実が色づいていくこと自体の、最終的な成就なのだ。

果実が木から落ちるのは、外での出来事ではない。むしろそれは、すでに経てきた色づくこと、熟すことの頂点なのだ。そして、果実が青いときには、いったい何が起こっていたのだろうか？

それは、その同じ最後の出来事に直面する準備をしていた。そして、同じプロセスは、枝に花が咲いてすらいないとき、それがまだ枝に隠れていたときにも起こっていた。そうした状態のときでさえ、それは最後の出来事のために準備をしていた。さらに、木がまだ形として現れていなかったとき、まだ種の中にあったときにはどうだっただろう？　そこでも、同じ準備が行われていた。それでは、この種が生まれてすらいなかったとき、まだ他の木に隠れていたときはどうか？　その、同じプロセスが続いていたのだ。

だから死という出来事は、同じ現象に属している一連の出来事の一部でしかない。最後の出来事は終わりではなく、ただの分離にすぎない。ある関係性、ある秩序が、別の関係、別の秩序に置き換えられるのだ。

地球上では今まで、二種類の文化が存在してきた――どちらも偏っていて、どちらもバランスを欠いている。いまだに、全面的で、全体的で、神聖な文化を育てることはできていない。

今のところ西洋では、セックスには完全な自由が与えられている。が、しかし――あなた方は注意して見てはいないかもしれないが――死は抑圧されている。誰も、死については話したがらない。だが、セックスについては、誰もが話している。セックスに関する、大量のポルノ文学が存在している。みだらで、病的で、病んだ、神経症的な、『プレイボーイ』のような雑誌が存在している。西洋には、性に関する神経症的な強迫観念は存在しているが、死についてはどうだろう？　死とは、タブーの言葉だ。もし、人々に死について話せば、あなたは病気だと思われる――「なんで死について話すのか？」飲んで、食べて、楽しくやることだ――それがモットーなのだ。「なぜ死を持ち込むのだ？　そんなもの締め出しておけ。そんな話をするんじゃない」

東洋では、セックスは抑圧されてきているが、死についての話は自由になされている。性的で、みだらなポルノ文学とまったく同じように、東洋には、また別の種類のポルノがある。私はそれを、死のポルノと呼んでいる——西洋での性に関するポルノと同じくらい、みだらで病的なものだ。私は聖典に出くわした……。

そしてそうしたものは、どこででも見ることができる。ほとんどすべてのインドの聖典は、死のポルノでいっぱいだ。彼らは死について語りすぎている。彼らはけっしてセックスについては語らない。セックスはタブーなのだ。彼らは死について語る。

インドでいわゆる聖賢《マハトマ》と呼ばれる人たちはすべて、死について語り続ける。絶えず死を匂わしている。もしあなたが女性を愛したら、彼らは言う。「あなたは何をしているのだ？　女とは何か？ただの皮の袋だ。その中には、ありとあらゆる汚物が詰まっている」彼らは、そうしたありとあらゆる種類の汚物を持ち出す。そして、それを楽しんでいるようだ。それは病的だ。彼らは身体の中の粘液や、血や、肉について話す。胃について、排泄物が詰まった腹、小便でいっぱいの膀胱について話す。「これがあなたの美しい女なのだ。汚物の袋だ！　あなたはこの袋に恋をしている。醒めていることだ」

しかし、これは理解すべきことだ。東洋では、生は汚いものだとあなたに気づかせたいとき、女性を持ち出す。西洋では、生は美しいものだとあなたに気づかせたいとき、やはり女性を持ち出す。『プレイボーイ』を見てごらん。作りものの少女たち、とても美しい。彼女たちは、この世には存在していない。本物ではない。彼女たちは、写真に加工を施したトリックなのだ——あらゆることがなされ、繰り返し手が加えられる。そして彼女たちは理想となって、何千という人々を虜にし、夢中にさせる。

性的なポルノは女性の身体に依存し、死のポルノも女性の身体に依存している。そして彼らは言う。「恋をしたって？　この若い女は、すぐに年を取るぞ。すぐに年老いた汚いばばあになってしまうだろう。油断するな、そして恋に落ちないことだ。この女はすぐに死んでしまうのだから。そうなれば、あなたは泣き叫び、苦しむことになる」

もし、あなたが生を持ち込むとなれば、女性の身体が必要だ。もし、死を持ち込むとなれば、女性の身体が必要とされる。

男は、絶えず女性の身体に取り憑かれているようだ——彼らが遊び人であろうと、聖者であろうと、違いはない。しかし、なぜだろう？　それはいつも起こる。ある社会がセックスを抑圧するときにはいつも、死を持ち出す。ある社会が死を抑圧するときにはいつも、セックスを持ち出してくる。というのも、死とセックスは、生の両極だからだ。セックスは生を意味する。生はそこから現れるからだ。生は性的な現象で、死はその終わりだ。

そしてもし、あなたが両方を一緒に考えれば、そこには矛盾があるように見える。あなたには、セックスと死に折り合いをつけることができない。どう折り合いをつけるのかね？　一方を忘れ、他方を覚えている方が簡単だ。もしあなたがその両方を覚えていれば、思考《マインド》にはそれをどう共存させたらいいのか、とてもむずかしくなる——そして、実際には、それはともに存在している、ともに結合している。実のところ、それらは二つではなく、同じエネルギーの二つの状態なのだ。活動的なものと非活動的なもの、陰と陽だ。

見守ったことがあるかな？　女性と愛を交わしているとき、オーガズムの瞬間がやって来ると、あなたは怖くなり、怯えて、震え始める。というのも、オーガズムのもっとも高い頂では、死と生がともに存在しているからだ。あなたはその頂点で生を体験し、また、その深みで死を体験する。頂点と深みがともに一瞬で手に入る――それがオーガズムの恐怖だ。人々がオーガズムを欲するのは、それが生だから、それを避けるのは、それが死だからだ。人々がオーガズムを欲するのは、それがもっとも美しい、エクスタティックな瞬間の一つだから、そこから逃げたがるのは、それがもっとも危険な瞬間の一つでもあるからだ。そこでは、死が口を開けるからだ。

覚醒の人は、死とセックスが一つのエネルギーだと即座に気づくだろう――そして全面的な文化、全体的な文化、神聖な文化においては、両方が受け入れられるだろう。それは偏ってはいない。それは一つの極へと動いて、他方を避けるということはない。瞬間ごとに、あなたは生であり、死でもある。これを理解することは、二元性を超えることだ。

そして人が死に気づくとき、そのときにのみ、自己修養の生が可能になる。もし、セックスにだけ、生にだけ気づいていて、死を避け、逃げていれば、目を閉ざして、つねに裏にしまい込み、無意識の中へと投げ込んでいれば、あなたは自己修養の生を生み出すことはない。いったい何のために？　そうなれば、あなたの生は耽溺《たんでき》の生となる――飲んで、食べて、楽しくやることだ。それは何も悪くはないが、それ自体が全体像なのではない。これは部分にすぎない。そして、部分を全体として捉えるとき、あなたは見逃す――途方もなく見逃すことになる。

動物は、死にまったく気づかずにいる。だからこそ、どんな瞑想の教師にも、動物を教えるという可能性はない。可能性がないのは、動物には自己修養の準備がないからだ。その動物は、「何のために？」と聞くだろう。生だけがあり、死はない。というのも、その動物は自分が死ぬことに気づいていないからだ。もし自分が死ぬことに気づくようになれば、あなたは即座に生について考え直すようになる。そうなればあなたは、死が生に吸収されるのを望むだろう。

死が生の中に吸収されるとき、自己修養が生まれる。そうなれば、あなたは生きるが、つねに死を想起しながら生きることになる。あなたは動くが、死に向かって動いていることをいつも知っている。あなたは楽しむが、これが永遠に続くわけではないことをいつも知っている。死はあなたの影、あなたの存在の一部、あなたの視野の一部となる。あなたは死を吸収した……今や、自己修養が可能になる。今、あなたは「どう生きるべきか？」と考えることになる。もはや、生は唯一のゴールではない、死もまたその一部だからだ。「どう生きるべきか？」あなたが美しく生き、そしてまた死ねるように。「どう生きるべきか？」生だけが至福の頂点になるのではなく、死もまた高みを極めるように。

なぜなら、死は生のクライマックスだからだ。

トータルに生き、トータルに死ぬことができるように生きること、それこそが自己修養の意味するすべてだ。自己修養は、抑圧ではない。それは方向性のある生を、方向感覚のある生を生きること。それは死に対して、十分に油断なく、気づきを持って生きることだ。

そうすれば、あなたの生の川は、両岸を持つことになる。生と死、そして意識の川は、これら二つの岸の間を流れる。生の一部である死を否定して生きようとする人は、一つの岸に沿って動こうとする。彼の意識の川は、トータルではありえない。彼には何かが欠けている。とても美しい何かを欠くことになる。彼の生は、浅薄になる――そこには、どんな深みもない。死がなければ、深みはない。

そして、もしあなたが、インド人たちがしてきたように、反対の極へと動くなら――彼らは、絶えず死と生きようとする。怖がり、恐れに満ち、祈り、ただ、どうやったら不死の、不滅の存在になれるかを見出そうと、さまざまなことをする――そうなれば、彼らはまったく生きるのをやめる。それもまた、強迫観念だ。彼らもまた、一つの岸に沿って流れている。彼らの生もまた、悲劇になる。

西洋は悲劇、東洋は悲劇だ――というのも、トータルな生がいまだに可能になってはいないからだ。死を想起しながら、素晴らしいセックスライフを送れるだろうか？　死を想起しながら食べること、至福に満ちて食べることは可能なのか？　自分が死ぬ、自分の愛する人が死ぬとよくよく知りつつ愛すること、深く愛することは可能なのか？

もしそれができれば、トータルな生が可能となる。そうなれば、あなたは完全にバランスが取れている。そうなれば、あなたは完結している。そうなれば、あなたは何も欠いてはいない。そうなれば、あなたは満たされる。深い満足が、あなたへと降りてくる。

＊

東洋では、多くの修練法が開発されてきた。人がいつ死ぬのかを予知できるようにする修練だ。しかし、なぜ死について心配するのだろう？　それがどう助けになるのか？　その要点とは何なのだろう？

もし、あなたが西洋の心理学者に尋ねれば、そうしたことはほとんど、異常で、ある種の病的な状態だと言うだろう。なぜ死を気に懸ける？　放っておけ。死など起こらない、少なくとも自分には起こらない、と信じ続けることだ。それはいつも、他の誰かに起こる。あなたは人々が死ぬのを見てきたが、自分が死ぬのを見たことは一度もない。だから、なぜ恐れる？　あなたは例外かもしれないのだ。

しかし、誰も例外ではない。そして死は、生まれたときに、すでに起こってしまった。だから避けることはできない。今や、誕生はあなたの力を超えている。それについては何もできない。それはすでに起こった、すでに過去なのだ。すでに終わったこと――取り消すことはできない。死はまだ起こってはいない。それに対してなら、何かをすることが可能だ。

東洋の宗教のすべては、死のヴィジョンにかかっている。というのも、それはこれから起こる可能性だからだ。もしあらかじめ分かっていれば、途方もない可能性がある。多くの扉が開く。そうなれば、あなたは自分なりのやり方で死ぬことができる。自分の死に、自分のサインをし、死ぬことができる。ふたたび生まれないようにやりくりすることもできる――それこそが、その意味するすべてだ。

それは、病的ではない。それはとても、とても科学的なのだ。誰もが死んでいくというのに、死のことを考えないのは、死について瞑想しないのは、それに焦点を当てず、それへの深い理解へと達しないのは、完全に馬鹿げている。

それはいずれ起こる。もし、あなたにそれが分かっていれば、多くのことが可能だ。

ヨーガの創始者であるパタンジャリは、死の正確な日、時間、分、秒でさえ前もって知ることができると言っている。もし死がいつ来るのかが正確に分かっていれば、準備ができる。死は、大切な客人のように迎え入れる必要がある。死は、敵ではない。実のところ、神からの贈り物なのだ。それは、体験されるべき大いなる機会、突破《ブレークスルー》になりうるものだ。もし、油断なく、意識し、気づいて死ぬことができれば、あなたは二度と生まれてくることはない――そして、もはや死はない。もし逃せば、ふたたび生まれてくることになる。あなたが逃し続ければ、死というレッスンを学ばない限り、何度も何度も絶え間なく生まれてくるだろう。

死はあまりにも強烈なので、人々はほとんどいつも無意識になる。彼らはそれに直面することができない。死がやって来る瞬間、あなたはあまりにも恐れ、不安でいっぱいになるので、それを避けようとして、無意識になる。九十九パーセント近い人は無意識に死ぬ。彼らは機会を逃す。

死について前もって知るのは、死がやって来たとき、死とともに行く準備、明け渡す準備、死を抱き締める準備ができるよう、完璧に醒めて気づき、待つのを助ける手段にすぎない。ひとたび気づきの中で死を受け入れたら、あなたにとって、もはや誕生はない――あなたはレッスンを学んだのだ。

ふたたび学校に戻ってくることはない。この生は、学校であり、修養、死を学ぶための修養にすぎない。それは病的ではない。


人が死ぬ前、だいたい九か月前に、何かが起こる。普通は気づかない。というのも、私たちにはまったく気づきがないし、その現象は、とても精妙だからだ。私は「だいたい九か月」と言う。人によって違うからだ。それは、受胎と出産の間の時間にかかっている。もし、あなたが生まれる前に子宮に九か月間いたら、九か月。もし生まれる前に子宮に十か月いたら、十か月。生まれる前に子宮に七か月いたら七か月だ。それは受胎と出産の間の時間の合計にかかっている。

死を迎える前には、まったく時を同じくして、ハラ、へそのセンターに何らかの感覚がやって来る。それは必ず来る。というのも、受胎と出産の間には、九か月というギャップがあったからだ。あなたは、生まれるのに九か月を要した。死ぬのにも、それとまったく同じ時間がかかる。九か月の間、母親の子宮の中で誕生のための準備をしたように、あなたは死ぬのにも九か月準備をしなくてはならない。そうなれば、サイクルは完結する。へそのセンターに何かが起こる。気づきのある人たちは、へそのセンターで何かが壊れたことがすぐに分かるだろう。今や死が近づいている。およそ九か月だ。

あるいは、たとえば他の予兆、他の前兆もある。死ぬちょうど六か月前に、人は次第に自分の鼻の頭を見ることができなくなる。なぜなら、非常にゆっくりと目が上を向くようになるからだ。死の際には、目は完全に上向きになるが、死の前に、目が向きを変える、帰還の旅が始まるのだ。それが起こる。子供が生まれると、たいていは六か月ほど——例外はあるだろうが——六か月ほどかかって、目が固定する。さもなければ、目は緩んでいる。だからこそ、子供は両目を鼻の方に近づけるのも、逆に両端へと持っていくのも、とても楽にできるのだ。彼らの目は、まだ緩んでいる。子供の目が固定する日……もしその日が、六か月、九か月、十か月あるいは十二か月後であれば、死においても要する時間は、それとまったく同じになる。目はふたたび緩むようになり、上に向き始める。

だから、インドでは村人たちは言う——ヨーガ行者《ヨーギ》の話を聞いて知るようになったに違いない——人は死ぬ前に、自分の鼻の頭を見ることができなくなる、と。ヨーギが自分の鼻の頭を絶えず見続ける修行法はたくさんある。彼らはそれに集中するのだ。それにずっと集中してきた人たちが、ある日、突如として自分の鼻を見ることができないことに気づく。今、彼らには、死が近づいているのが分かる。

ヨーガの生理学によれば、人には七つのセンターがある。第一は生殖器で、最後がサハスラーラ、頭の中だ。その二つの間に、その他の五つがある。いつであれ、あなたが死ぬときには、特定のセンターから死ぬ。それは、あなたの今の生での成長を示している。普通、人々は、生殖器から死ぬ。というのも、彼らは一生の間、セックスセンターの周りで生き、絶えずセックスのことを考え、セックスを夢想し、セックスにまつわるあらゆることをしてきているからだ——あたかも、生全体がセックスセンター辺りに中心を据えているかのように。こうした人々は、セックスセンターから死ぬ。もしあなたがもう少し進化して、愛を達成し、セックスを超えていれば、ハートセンターから死ぬ。もし完全に進化していれば、もし達成者《シッダ》になっていれば、あなたはサハスラーラから死ぬことになる。あなたが死んでいくセンターに、開口部がある。生命エネルギーのすべてが、そこから解放されるからだ。

インドでは、人が死んで、火葬の薪の上に置かれるとき、頭を叩くべきだというのが象徴になってきた。それはただの象徴だ。もし人が究極なるものへと達していたら、頭はひとりでに壊れるからだ。しかし、その人は達してはいない。けれども私たちは、希望を託して祈り、頭蓋骨を割る。

解放の場所が開き、この場所を目にすることができる。

いつか、西洋医学がヨーガの生理学に気づくようになったら、これもまた、あらゆる検死の一部となるだろう——その人が、どのように死んだのかを見出すために。今のところ彼らが見るのは、自然死か、毒を飲んだか、他殺か、自殺かといった……すべてありきたりのことばかりだ。もっとも基本的なことを、彼らは見逃している。その報告書に書かれるべきこととは、どのようにその人は死んだのか、ということだ。生殖器《セックスセンター》からか、胸部《ハートセンター》からか、頭頂部《サハスラーラ》からか？　どこから彼は死んだのか？　身体の中に、それを見て取れる可能性がある——そしてヨーギは、そうしたことには熟練している——その特定のセンターが壊れるからだ。あたかも卵が壊れ、何かがそこから出ていったかのように。人が死ぬ三日前に、ある種の活動や動きが、ちょうど頭のてっぺんで起こり始める。

こうした兆候は、死を迎え入れる準備ともなりうる。そしてもし、死を大いなる祝祭、大いなる歓喜の中で——ほとんど踊り出さんばかりに、エクスタシーの中で——迎え入れる方法を知っていれば、二度と生まれることはない。レッスンは完結した。あなたは、この地上で学ぶべきことは何であれ、学んでしまった。今やあなたには、さらに大いなる使命、さらに大いなる生、さらに無限なる生へと超えていく用意ができている。今やあなたには、宇宙に、全体に吸収される用意ができている。あなたは、それを稼ぎ取ったのだ。

5 この世から自由になる

自分にないものが欲しければ、その欲望は満たされるまで、あなたを悩ませ続ける。だから、すべての欲望が死んだら、人はどうしてこの世に戻って来なくてはならない？

しかし、あなたは戻って来る。満たされないまま死ぬからだ。そしてこれは、何度も起こる。あなたは、いまだにこの世の幸せに興味がある。いまだに欲望があり、それがあなたに向かって怒鳴りつける。「どこに行くつもりだ？　戻って来い！」

誰もあなたをこの世に送り返しはしない。欲望ゆえに、あなたは自分で戻って来るのだ。あなたは自分で帰って来る。自分自身の欲望という橋を旅するのだ。身体は後に残されるが、あなたは同じマインドとともに戻って来て、もう一度旅を始める。あなたは別の子宮に入り、相も変わらず同じ行動を繰り返す。

別の誕生のための手段になる死は、実のところ、ほんとうの死ではない。神秘家カビールはそれを、「未完の死」と言う。それは未熟な死、十分実ってはいない死だ。あなたはまだ成長していない。あなたはまだ知恵を得て、成熟した死を遂げるには至っていない。知恵は、必ずしも年老いることと平行して育ちはしない。髪は自然に白くなるが、知恵を手にすることと、髪が白くなるのとでは、大きな違いがある。知恵が手に入るのは、人の欲望が老いて、粉々になるときだけ、人の欲望がもはや存在しないときだけだ。

動物は老いる、木々は老いる、そしてあなたもまた、いつか年老いる。あなたもまた、いつか死ぬ。しかし欲望が老いた人、欲望の何たるかを知る人、欲望が死んだ人は、知恵を手にする人だ。そんな人の死は、完全に別物だ。カビールは死ぬ、仏陀は死ぬ、そしてあなたもまた死ぬ。しかしあなたの死とカビールの死、あなたの死と仏陀の死には質的な違いがある。

カビールは言う、この世のすべての人が死ぬが、誰も正しい、ふさわしい方法で死にはしない、と。光明を得た他のすべての人たちと同じように、彼も言っている、死にゆくことは芸術《アート》なのだ、と。

あなたは、死についてこのように考えたことなどまったくなかったかもしれない。あなたは、生きることがアートだと考えることさえない。あなたは川に浮かぶ丸太のように生きている。どこであれ、流れに引きずられるままに。あなたの生は、悲劇だ。それはアートになってはいない。一歩踏み出す前に、立ち止まって考えることすらしない。

もし「なぜそうしたのか?」と聞かれても、あなたにはほんとうのところ答えがない。答えを準備し、口にしたとしても、内側では答えなどまったくないとよくよく分かっている。あなたは暗闇の中で手探りするように生きている。あなたの生は、アートになってはいない。だからこそ、生が終わるまで、あなたには美とは何か、真実とは何か、至福とは何かが分からないのだ。あなたは、こうしたものを何一つ体験しない。あなたは一生の間、あたかも砂漠をさまよいながら過ごしてきたかのように感じている。人生で、何一つ達成してこなかったかのように感じている。

しかしこうしたことはすべて、もっともなことだ。あなたの生は芸術作品になってはいないからだ。もしそうなっていたら、あなたは自分の人生を、美しい彫刻にもできただろう。自分の人生に、明確な形を与えることもできただろう。不要なものを取り除き、磨き上げ、生が持っている本来の輝かしさを表に出すこともできただろう。もし、あなたが自分の人生のあらゆるガラクタを燃やしていれば、今ごろには金の持つ純粋さを手にしていただろう。もし、あなたが余分な石の破片をすっかり削り落としていたら、彫像の手足は、今、純然たる芸術性を帯びていただろう。あなたの人生という美しい彫刻を、美しい芸術作品を生み出すこともできたのだ。しかし、いいや、人生で多くのことをしてきたという事実はあっても、あなたは実のあることは何一つ達成してはこなかった。

あなたの人生はアートではない。それは、まったくもってアートではない——そしてカビールは、死でさえ、完全なるアートでなくてはならない、と言う。死は、生と同じぐらいアートだ。そして、死はそのテストなのだ。もし、あなたが正しく生きたなら、正しく死ぬことができる。

正しく生きていなければ、正しく死ぬことはできない。死とは、最後の捧げものだ。それは至高なるものだ。無上なるもの、頂点なのだ。死は生の本質であり、開花だ。もしあなたが一生の間ずっと間違って生きてきたとすれば、どうして死が正しいものになりうるかね？　あなたの生が無駄なものだったら、どうして死が意味にあふれたものになりうる？　根が腐っている木に、どうして甘い果実がなるだろう？　それは不可能だ。

生のアートの秘訣とは何だろうか？　秘訣とは、これ――十分な気づきを持って生きることだ。暗闇の中を手探りしないように、眠ったまま歩かないように。気づきとともに歩きなさい。何をするにせよ、それがどんなことであろうと――目を開けたり閉じたりというような、取るに足りないことですら――注意深くすることだ。誰に分かるかね？　すべては目を開けたり閉じたりという、些細な行為にかかっているかもしれない。あなたが通りを歩いていて、ある女性を目にしたら、一生彼女と過ごすことになるかもしれないのだよ！　目の開閉ですら、注意深くあることだ。

仏陀は弟子たちに、歩くときには一・二メートル以上先を見ないように、と言っていたものだ。「歩くのには、それで十分だ」と彼は言っていた。周りを見回して、あらゆる方向を確認し続ける必要はない。最初の一・二メートルが完結すれば、次の一・二メートルが目の前に見えてくるからだ。それで十分だ。このようにして、何千キロも旅をすることもできる。周りを見回す必要がどこにある？　ありとあらゆるところを絶えず見回すのはやめなさい。そうした旅は、けっして終わることはない。

あなたが自分の人生を調べてみれば、何であれそこで起こったことは偶然で、たまたま起こったのだと分かるだろう。偶然何かが起こる。すると、その偶然のせいで、一生のコースが変わる。たとえば、あなたが寺院に向かう道を歩いていると、ある女性があなたに微笑みかけたとしよう。目的地に到着する代わりに、あなたは他のところにたどり着いた。あなたはその女性と結婚し、子供ができた。あなたはその女性と結婚したくてたまらなくなり、ぐるぐると回る、巨大な車輪に巻き込まれた。こうしたすべては偶然で、たまたま起こったことだと、思い至ったことはなかったかね？　仏陀が弟子に与えたアドバイスに従っていたら、ひょっとしたらこうしたことはまったく起こらなかったかもしれない。

生のアートを手にするためには、これを覚えておきなさい——けっして気づきのない状態で行為しない、けっして眠りの中で行為しないことだ。けっして自然の成り行きで事が起こるにまかせないように。まず、それを正しく見なさい。まず、正しく考慮すること。行動に移す前に、分別と知恵とともに、それをしっかりと見るがいい。もし、こうすれば、あなたの生は、ある種の美しさ、ある優美さを獲得するのが分かるだろう。あなたは彫刻のようになる。彫刻家と石が別々のものではない状況のようなものになる。あなた自身が彫刻家であり、あなた自身が彫像だ。あなた自身が石であり、あなた自身がノミなのだ。あなたはすべて、あなたは全部だ。

もし、あなたが気づきを持って生きれば、ノミが自分の仕事を首尾よく成し遂げることに気づくだろう。それは、いらない石を削り取り、価値のないものを残したままではおかない。ノミは余分なものを削り取り、本質へと迫っていく。そしてあなたはある日、自分が寺院にたどり着いたこと、あなた自身が聖なる彫刻そのものになったことに気づくだろう。あなたは自分がある種の美を達成したこと、深い意識を獲得したことに気づくだろう。

もし、死ぬまで目覚め、醒めていれば、あなたは正しく生きたのだ。そのとき、あなたは死にも正しい態度で出会うことができる。

カビールは、「死んでいく、死んでいく、すべては死に続けていく」と自分の詩の中で歌っている。カビールは、この世のすべての人は死ぬ、死は日々の出来事で、死はあらゆる瞬間に起こっている、と。彼は、私たちは死の海に四方八方取り巻かれている、と言う。全体が、その中へと絶えず溺れている。「誰もふさわしい死に方をしない」誰も正しいやり方では死なない。カビールは言っている、意識をもって死ぬ人は誰もいないのだ、と。

彼は言う。「カビールは死と出会った。二度と死ぬことはない」これがアートだ。これこそ、もはや死は存在しないという根拠だ。一度事を正しくやれば、二度と繰り返す必要はない。以前に正しくできなかったことだけ、もう一度やらなくてはならなくなる。存在は、私たちが正しく生きる機会を繰り返し与えてくれる。存在は急いではいない。そのための、たくさんの時間がある。そして、間違いを続ける限り、あなたはこの世へと投げ返される。この生で十分な、完結した体験とともに存在へと戻ることができれば、そのときにのみ、あなたは存在の網に捕らえられるのだ。

あなたはちょうど、及第《きゅうだい》するまで、同じ学年に何度も何度も戻される子供のようなものだ。私たちは彼に、この学年を終えなくては、次の学年に行くことは許されないと言う。それと同様に、生をやり終えない限り、愛の住まいはあなたに対して閉じたままだ。

生のアートとは、生を首尾よくやり終えることだ。そして生を首尾よくやり終えた人は、この世で学ぶべきものはもう何もない。この物質の世界で学べるものは、すべて学んでしまった。彼は切望という試練と、欲望という炎を通り抜けた。今や彼のために、より高い学年への扉が開く。今や彼は、そこに入ることが許される。彼は、この世で、ここで学ぶべきことはすべて学んだ。だからこの扉は、彼に対して閉ざされる。もう彼には戻れない。「カビールは死に出会った。二度と死ぬことはない」

さらに生まれることのないようなやり方で生き、さらに死ぬことのないようなやり方で死ぬことだ。もし生まれれば、死は必ずやって来る。死は、おのずからつき従う。だから、さらに生まれないようなやり方で生きることだ——すると、もう死もなくなる。

誰もが死をまぬがれたい。死をまぬがれたいと思わない人を見つけられるかね？　それなら、どうしてこうした人々は死をまぬがれないのだろう？　誕生をまぬがれたいと思わない限り、死をまぬがれることはできない。誕生とは、死のもう一方の端なのだ。もし、あなたが繰り返し、永遠に生まれたいと言うなら、あなたはおかしな話をしている。これが意味するすべてとは、あなたは誕生が生の一つの極であり、死はもう一つの極だという、とても単純な数学の法則を理解していないということだ。

生まれた人は死ななくてはならない。始まったものは終わらなくてはならない。しかし、終わりがなければ、始まりもありえない。だから、終わりをまぬがれたいと思ったら、けっして始まりを望まないことだ。もし始まりなきものを望むなら、永遠を望むなら、始まりを切望しないことだ。ただ、始まりから自分を救おうとしてごらん。

こうした努力においては、生の小さな体験ですら助けになるだろう。人々は私のところへ来て、「怒りの感情から自由になりたいのです。どうすべきでしょうか?」と言う。私はそれに対し、「最初の最初から油断なくありなさい」と言う。もし、すでに怒りがあなたをつかまえてしまったら、それはとてもむずかしくなる。怒りを避けるのも、それから自由になるのも、ほとんど不可能だ。あなたはそれを通り抜けるしかない。すばやくであろうと、ゆっくりであろうと違いはない。とにかく、それを通り抜けなくてはならない。それには時間がかかるかもしれないが、何であれ始まったものは、いつか必ず終わる。

あなたは死から自分を救いたい。しかしあなたは、いつ死が始まるかさえ分かっていない。人々は、年老いたとき、身体の機能が落ちるとき、薬がもう効かなくなるとき、医者が無力になるときに死が始まると考える。もしこう考えるとしたら、あなたは間違っている。そうなれば、あなたは何度も何度も死ななくてはならないだろう。そうなれば、あなたは生に関する真実を理解することはできないだろう。

死の始まりは、誕生とともに起こる。

もし、あなたがこの現象へと深く入っていけば、死は受胎と同時に起こることが分かるだろう。生まれるときには、あなたはすでに九か月死んでいる。というのも、すでに子宮の中で九か月生きていたからだ。受胎の瞬間に始まるその九か月は、死に向かう旅に間違いなく含まれるはずだ。誕生の時には、すでに九か月分、年を取っている。それだけの老いがすでに進んでいる。あなたの誕生は実のところ、あなたの本質が子宮に入った瞬間から始まる。そしてその瞬間は、死の始まりでもあるのだ。

あなたは毎日死んでいく。それは人生の最後に起こる出来事ではない。

死は奇跡ではない。死は手品のネタではない。死はプロセスなのだ。あなたはゆっくりと死んでいく。毎日とてもゆっくりと死に、そしてこの死にゆくプロセスが止む日がやって来る。死とはこのプロセスの最後、死とは始まりの終わりなのだ。そして、それは長く続いてきた、七十年近くもの間だ！

もし、死をまぬがれたければ、別の子宮に入っていかないようにすることだ。もし、別の子宮に入っていきたくなければ、あなた自身の内側深く、深くへと入っていくことだ。こうするにつれて、あなたは理解するようになるだろう。生と死の、真のアートを理解するようになるだろう。生と死が、ほんとうのところ何なのかを知るようになるだろう。もし、あなたが別の子宮に入っていきたくなければ、あなたは欲望から、欲しがることから自分を救わなくてはならないのだ。

死にゆく老人——死の淵にあるが、まだ生に執着している人——は言う。「もう少し時間がありさえすれば、まだ満たされていない欲望をすっかり終わらせられるのに。家もまだ完成していないし、息子の結婚も見届けなくてはならない。他にもまだ、満たすべき欲望は山ほどある。最近になって、ようやく満足し始めたところだ。その私がこの世から引きずり出されようとしているっていうのは、正当で、公正なことなのだろうか？　ようやく最近になって、物事をもっとうまく仕切れるようになってきた。そして、ちょっとばかり休みを取る計画を立てていたところだ。もう子供たちも大きくなって、自分で稼げるようになってきたから、神を崇めるために、教会に行って、賛美歌を歌うために、少しばかり時間を捧げようと思っていたところだ」

誰もそうはしない。しかし死が近づくと、人はいつも考える。「もし時間があったら、神を崇めるために費やしたのに。欲望を満足させることも許さずに、神が私の人生を取り上げるとは、あまりにも不当じゃないか」

これが死に際の困難だ。欲望が十分に満たされないまま、身体は離れていこうとしている。だから、そうした完結していない、満たされていない欲望は、間髪《かんぱつ》を入れずに新しい誕生を求めることになる。それは、満たされなくてはならない。それ以前に、あなたがこの世から自由になることはできない。もう少し生きたい、もう少し長生きしたいという欲望こそ、さらなる誕生の原因なのだ。

だから、よく理解するがいい、死の始まりは、ほんとうは子宮の中ではなく、あなたが別の子宮に入る前に起こる、ということを。この死の連鎖は、あなたが前回の死の際に、さらなる生を望んだときに始まったのだ。その現象の中へとさらに深く、深く入っていくにつれて、欲望こそ、いくつもの死の連鎖のつなぎ目だと知るだろう。若かろうと老いていようと、人には成就したい欲望がある——そしてそれこそが一連の生と死の原因なのだ。仏陀は絶えず言っていた、欲望から自由になりなさい。そうすれば、あなたは輪廻《サンサーラ》から自由になる、この世から自由になる、と。

だからどんな欲望も抱かないようにすることだ。そのままのあなたでハッピーでありなさい。そのままのあなたで満足するがいい。そうすれば、あなたにとって、次の誕生はないだろう。あなたは満足しているはずだ——あたかも、目標に到達したかのように。あたかも、企てるべきさらなる旅などないかのように。あたかも、他に行くところなどないかのように。あなたが何を達成したにせよ、それは十分以上のはずだ。何であれ、すでに手にしている以上のものを達成するという考えはなくなるはずだ。

もし、これがあなたに起これば、どうしてまた生まれるだろう？　あなたは十分に満足して死ぬ。そして完全に満たされて死ぬ人には、戻るべき理由はない。こうした人は、死のアートを知ったことになる。無欲で死ぬ人は、死のアートを知っている。

知恵を手にし、満たされて、カビールは死ぬ。実在を知って、真実を知って、彼は死ぬ。そしてあなたは、それをまったく知らずに死んでいく。満たされず、目覚めることなく、知恵もなしに死んでいく。あなたは、年老いて死ぬ。光明を得た者は、知恵を手にして死ぬ。これこそ、カビールが言っていることだ。あなたは誰かの助けを求めて叫びながら、医師や医学を求めて泣きながら、無力な状態で死ぬ。

人は死ぬ、だが彼は死にたくはない。彼は無力なために死ぬ。あなたは死なないように、とても多くのごまかしを試みる。占星術師やら、いわゆる聖者やらが与える偽りの保証を信じ込む。死をまぬがれようと、お守りを身につける人さえいる。あなたは自分を救うために、ありとあらゆることを試みる。

老いは、賢くなることを意味してはいない。知恵の獲得とは、この生では達成する価値のあるものなど何一つ存在しない、救う価値のあるものなど何もないとあなたが理解したという意味だ。知恵の獲得とは、あらゆる欲望を探求し、そこには実質的なものは何もないと気づいたということ。あなたは愛を交わし、それが肉欲以外の何ものではないと気づいた。自然はたんに、あなたを種の繁殖のための道具として使うのだと気づいたのだ。あなたは金を稼ぎ、それが社会で価値あることだと思われているとしても、汚い紙の束以上の何ものでもないと気づいた。あなたは高い地位を獲得し、何十万もの人々に畏《おそ》れと尊敬のまなざしで見上げられていても、自分の地位は何の満足ももたらさず、自分の心は満たされないままだと理解したということだ。

あなたはエゴの高みに登りつめたが、そこで見つかったものも、ケチ臭さと卑しさだけだと気づいたのだ。御殿に住んだものの、あなたの内なる貧しさは消えなかった。

あなたはすべてを稼ぎ取ったかもしれない、すべてを達成したかもしれないが、こうした獲得はすべて、ほんとうのところ喪失以外の何ものでもないと理解したときにのみ、あなたは賢者となる。そのときにのみ、この生で達成する価値のあるものは何もないと理解する。あらゆるところをくまなく探したという事実にかかわらず、あなたの人生には実のあるものは何もないと気づいたのだ。

あなたはこのことを、自分自身の広大な体験から学ぶ。生というゲーム全体が、無知の中で演じられていると理解するのは、誰かの話を聞いたり、カビールの言葉を読んだり、私の話を聞いたりすることによってではない。あなたは自分で試し、自分自身の体験によって実感するのだ。

この世には、光明を得た人のための場所はない。ここには、光明を得た人がすることは何もない。この世は子供のオモチャ——子供たちはそこで遊び、夢中になっている。あなたが光明を得れば、笑うことだろう。そのとき、あなたもまた、それがただのオモチャだと知るだろう。そのとき、あなたには分かっている。そのとき、あなたは光明を得ている。そしてこれを理解する瞬間、欲望の鎖は断ち切られる。

死に際には、あなたは自分を救おうと、全力を尽くす。あなたは恐れ、震える。不安の海となり、動揺する。あなたは死の中へと引きずり込まれるが、生命力が身体から離れてほしくはない。できる限りしっかりと身体にしがみつき、力ずくで引き離されることになる。あなたは泣きながら死ぬ。苦悩の中で死ぬ。敗北者として、まったくのお手上げ状態で死ぬ。

死にゆく人の近くに座って、彼が生にしがみつこうと、どれほど必死になるかを見てごらん。そうしてみるがいい。というのも、自分自身の死に際しては、こうしたすべてを見て取るに足るほど意識的ではないかもしれないからだ。死にゆく人は少しでも生き延びて、ほんの少しでもこちらの岸にとどまろうと、藁《わら》にでもすがりつこうとしている。彼岸への呼び声がやって来た——舟はあなたを岸で待っている。漕ぎ手があなたに手招きをし、急ぎなさいと声をかける。「あなたの時間は終わったのだよ」そして、聞く。「どうしてそっちの岸にいつまでもしがみついているのだ?」

あなたは言う。「お願いです。ちょっと待ってください。もうちょっと幸せを味わわせてください! 私の人生は、全然幸せじゃなかったのです」あなたは一生不幸だったが、少しは幸せが手に入るのではないかと希望しながら、少しでも生き長らえたいと望む。これは、悲劇だ。

あなたは満たされずに、渇いたままで死ぬ。いくつかの流れから飲んできたものの、渇きは癒されてはいない。あなたの空腹は、満たされてはいない。味覚を満足させることができなかったので、欲望はそのまま残っている。ありとあらゆる体験を経てきたのに、欲望は残ったままだ。死の瞬間まで、ずっとあなたをかき乱し続けている。この種の死は、無知で愚かな人の死だ。

もし、あなたがあらゆる種類の体験を経たあと、欲望が消え始め、笑い出すなら——この生から幸せを絞り取ろうとするのは、砂から油を絞ろうとするようなものだと理解するなら……もしあなたが、この生にはどのような真正な関係性もありえない、この生で幸せを獲得する方法はないと知るなら……。もし、自分は無駄にさまよっていた、夢の中を旅していたと知るなら……。もしあなたがこうしたすべてに意識的になるなら、そのときにはあなたは賢者になっている。死ぬ前に賢くなることだ。あなたはすでに、何度も死んでいるのだ。

死があなたのために戸口へと来るときには、意識を十分に保って逝くことだ。光明を得た人のように、死に連れ添っていきなさい。オモチャをひったくられた子供のように、泣き叫びながら逝かないように。死の際に、子供じみていないようにしなさい。

微笑みながら死ぬことだ。

死に向かって言ってごらん。「ようこそ。私には用意ができていますよ」

そしてあなたがこう言うとき、ほんの小さな後悔さえ残っているべきではない。実のところ、もしあなたがほんとうに生を知ったら、あなたの声には至福とエクスタシーがあることだろう——そして、どんな悲しみもないだろう。

新米の歌手が、住人のほとんどが音楽家の町にやって来た。到着したての人の新しい音楽を聴こうと、町全体が集まった。彼はまったくの初心者で、まだ学習中だった。音楽のイロハをほとんど知らなかったが、音楽のことなど誰も知らない所を訪れることを常としていたので、彼の乏しい知識はいつも、偉大だと思われていた。しかしこの町には、専門家たちがいた。クラシック音楽が、血の中にある人たちだ。

彼が最初の音符を歌うか歌わないかの内に、全員が叫んだ。「もう一回！　もう一回！」彼は誤解し、こう考えた。「この人たちは、なんて素敵なんだろう！　ほんとうに音楽が大好きなんだな！　まさに噂で聞いた通りだ」

そして彼がまた歌うと、ホール中がもう一度叫んだ。「もう一回！」そしてそんなことが、七度か八度続いた。

さて、喉が痛んできて、彼は疲れ果ててしまった。そしてとうとうこう言った。「みなさん、あなた方の愛にはほんとうに感動しましたが、すみません。もうダメです！　私の声はもう枯れる寸前です」

すると全聴衆は叫んだ。「きちんと歌えるまで、続けなきゃだめだ！」

この新参者はずっと、「もう一回！」という叫びが彼の歌への賛辞だと思い込んでいたが、この人たちは専門家だった。「もし声が枯れるなら」彼らは叫んだ。「枯れさせておけ。だが君は、きちんと歌えるまで続けなきゃだめだ！」

あなたはサンサーラへと、この世へと繰り返し送り返される。だが、あなたがとても重要だからとか、とても貴重だからとは思わないように。あなたが送り返されるという事実は、生の歌をきちんと歌えるようになるまで、歌い続けなくてはならないという存在のメッセージなのだ。あなたにはこうした練習と、こうした繰り返しが必要だ。完結させずに、いつも戻ってくるからだ。存在は不完全なものを受け入れない。完結したものだけが受け入れられる。

生の真実を知った人は、死が訪れるとき、喜びに満たされる。なぜならその人は、もうすぐこのサンサーラの束縛から、この世の束縛から解き放たれるのだ。この無益な大騒ぎは、もうすぐ終わりを告げる。この子供じみたオモチャは、もうすぐ捨て去られる。

こうした人こそ、引き返すことのないところへと旅をするにふさわしい。

6 質問へのOSHOの答え

Q1 死後の生はあるのですか？

これは間違った質問であって、基本的に意味がない。人は、けっして自分より先にジャンプするべきでない。頭から墜落する、ありとあらゆる可能性があるからね。人は、基本的な質問をすべきだ。最初から始めるべきだ。私の提案とは、もっと基本的な質問をしなさい、ということだ。

たとえば、「誕生後の生はあるのか？」と聞くことができる。その方が、もっと基本的だろう。というのも、たくさんの人が生まれるが、生を手にする人はほとんどいないからだ。ただ生まれただけでは、生きていることにはならない。確かにあなたは生存している。しかし生とは、単なる生存以上のものだ。あなたはたしかに生まれるが、あなた自身の存在の中へと再誕生しない限り、生きてはいない。あなたはまったく生きていない。

誕生は必要だが、それだけでは十分ではない。それ以上のものが必要だ。さもなければ、人はただ、ダラダラと生き、ただ死んでいく。もちろんそれは、とても緩慢《かんまん》な死だ——そしてあなたにはまるで気づきがないから、それがまったく分からない。あなたはけっして気づかない。誕生から死まで、死の長い道のりだ。生き生きとした人に出くわすのは非常にまれだ。仏陀、イエス、カビールのような人——彼らは生きている。そして、生き生きとした人は、「死後の生はあるのか?」と尋ねはしない。これこそが奇跡だ。彼らには分かっている。彼らは、生の何たるかを知り、それを知る中で、死は消え失せてしまう。ひとたび生とは何なのかを知れば、死は存在しなくなる。死が存在するのは、あなたが生を知らないから、まだ生に、その不死性に気づいていないからだ。あなたは生に触れてはいない。それゆえ死の恐怖が存在している。ひとたび生の何たるかを知ったら、まさにその瞬間に、死は存在しなくなる。

暗い部屋に光を持ち込めば、闇は消える。生を知れば、死は消える。真に生きている人はただ、死の可能性そのものを笑う。死は不可能だ。事のまさに本質として、死は存在しえない。あるがままは残るし、つねに残ってきた。あるがままが消え去ることはありえない。しかし、理論では終わらないようにしなさい。あなたは実存的に、こうした体験へと至らなくてはならない。

あなたが聞こうと聞くまいと、普通は、「死後に何が起こるのか?」というこの問いは、マインドの中に残り続ける。死の前に何も起こっていないから、だから、この問いがあるのだ。誕生の後でさえ、生は起こっていないのだから、死の後ですら生が起こると、どうして信じ、信頼することができるだろう？　生が誕生の後に起こってはいないのに、どうして死後に起こることができよう？　そして生を知る人は、死とはもう一つの誕生以外の何ものでもないと知る。死とは、もう一つの誕生だ。新しい扉が開く。死は、あなたが誕生と呼んでいるものと同じ扉の裏側なのだ。一方の側からは、その扉は死として知られ、別の側からは、その扉は誕生として知られている。

死はもう一つの誕生、もう一つの始まり、もう一つの旅をもたらす——しかしこれは、あなたにとっては、憶測にすぎない。あなたが生とは何かを知らない限り、これにはあまり意味がない。だから私は、正しい質問をするように、と言うのだ。間違った質問には答えようがない。あるいはそれは、間違った形でしか答えることができない。間違った質問には、間違った答えが続くしかない。私がここにいるのは、あなたが何かを知る助けをするためで、あなたが偉大な思索家に、思想家になるのを助けるためではない。体験こそがゴールで、哲学することではない——そして、体験だけが、謎を解く。

あなたは生まれたが、しかしほんとうにはまだ生まれていない。再誕生が必要だ。あなたは二度生まれなくてはならない。最初の誕生は、肉体の誕生にすぎない。二度目の誕生こそが真の誕生、スピリチュアルな誕生だ。あなたは自分自身を、真の自分を知らなくてはならない。「私は誰か？」と問う必要がある。そして生があるうちに、生そのものを問い直してみてはどうかね？　どうして死にかまう？　死がやってくれば、それに直面できるし、知ることができる。生があなたを取り囲んでいる間は、生を知るというこの機会を逃さないことだ。

もし生を知れば、必ず死を知ることになる——そうなれば、死は敵ではなくなる。死は友となる。そうなれば、死は深い眠り以外の何ものでもない。ふたたび朝が来て、ふたたび物事が始まる。そうなれば、死は休息——途方もない休息、必要な休息——以外の何ものでもない。生のあらゆる苦労と疲労のあとで、人は大いなる休息を必要とする。死とは、源泉への帰還なのだ。ちょうど眠りがそうであるように。

毎晩、あなたは小さな死を迎える。それを眠りと呼ぶが、小さな死と呼んだ方がいい。あなたは表層から消え失せ、内奥の存在へと動いていく。あなたは失われ、自分が誰なのか分からない。この世を、人間関係を、人々をすべて忘れる。あなたは小さな死を、ちっぽけな死を迎えるが、その小さな死でさえ、あなたを再生させる。朝になると、あなたはまた活力と精気に満たされ、ふたたび命で脈打ち、ふたたび千と一つの冒険へと飛び込む準備、チャレンジに向き合う準備ができる。夜になるころには、あなたはまた疲れてしまう。

これが、毎日起こっていることだ。眠りが何であるのかさえ知らないのに、どうして死を知ることができるだろう？　死は大いなる眠り、一生の後の大いなる休息だ。それはあなたを真新しく、みずみずしくする。それはあなたを復活させる。

Q2 地獄はほんとうに存在していますか？

ある物語を耳にした。

無神論者が牧師に質問をした……というのも、牧師はその日の説教で、神を信じ、善い行いをする人たちは天国へ行き、神を信じない、罪人たちは地獄へ行くと話していたからだ。

無神論者は手を上げると、「牧師さん、一つ質問に答えていただきたいのです。神を信じてはいないが、善い行いをする人たちは、どこへ行くのでしょうか？　そして神を信じているが、罪人である人たちはどこへ行くのでしょう？」と聞いた。

牧師は、当然のことながら、困り果てた。もし、善き人々が地獄に行く、なぜなら神を信じないからだと言えば、善人でいるのに何の意味がある？　そうなれば、ただ神を信じて、楽しめるだけのあらゆる罪を楽しんだらいい。なぜわざわざ善人でいなくてはならない？　もし神を信じながらも、いまだに罪人である人が天国に行くとなれば、ただ信じるだけで十分になる。つまり、神はあなたが何をしようと興味がないことになる。彼はあなたの行為には興味がない。もし、神を信じさえすれば、殺しもできる、チンギス・ハンになれる、アドルフ・ヒトラーになれる。

そしていいかね、アドルフ・ヒトラーは神を信じていた。いいかね、チンギス・ハンは神を信じていたのだ。何千もの人々を虐殺する前に、毎朝早く、彼は『コーラン』を唱えていた。まずすることといえばナマーズ、祈りだった。それから彼は、ありとあらゆる醜いこと、想像を絶する殺りくへと向かったのだ。

牧師はとても感性豊かで、油断のない人だったに違いない。「どうか私に時間をください。この問いはむずかしい。簡単なものではありません。次の日曜日には答えます」

それからの七日間は、牧師にとって、ほんとうに地獄だった。彼はあれやこれやを試みたが、何もうまくいかなかった。日曜日になった。そして彼には、その無神論者もそこにいると分かっていた。しかし、顔を出さないのも屈辱的だ。だから彼は少し早くやって来て、イエス・キリストに祈った。「お助けください！　私はあなたの僕《しもべ》です。あなたのためにずっと話をしてきました。さあ、助けてください——手がかりは何でしょう？　この男は、たいへんな困難をもたらしたのです！」

彼はキリストに祈りながら——七日間というもの、昼も夜も考え続け、眠っていなかった——キリスト像の前で眠り込み、夢を見た。夢の中で、天国へと向かう列車を見た彼は、それに飛び乗った。「これは完璧だ。実際にそこに行って、自分の目で確かめてみたらいい。もしアドルフ・ヒトラー、チンギス・ハン、ティムールが天国にいれば、問いは解ける。もし神を信じてはいなかったが、非常に徳の高い人の一人だったソクラテスがいれば、もし神を信じてはいなかったが、この大地を歩んだ人の中でもっとも神々しい人の一人だった仏陀がいれば、問いは解ける」

彼は列車に飛び乗り、列車は出発した。天国に着いてみると、彼はちょっと驚き、首をひねった。天国は、あまり天国らしく見えなかったからだ。とても悲しく、どんよりと味気ない――喜びも、明るさも、歌もないところだった。絶えずハープを奏で、歌ったり踊ったりしている天使たちについて非常に多くを耳にしていたが、ハープもなければ、歌も、踊りもなかった。ただ、何人かの馬鹿げた表情の聖者が埃《あか》にまみれた木の下で座っているだけ。

彼は尋ねた――駅長のところに行って、聞いてみた。「何かの間違いですか？　ここはほんとうに天国なんですか？」

駅長は言った。「はい、間違いありませんよ」

「でも」と、牧師。「どちらかと言えば、地獄みたいですね！　地獄行きの列車はありますか？　地獄も見てみたいので。そうすれば、比べることができます」

彼は予約を取り、地獄に行った――そして彼は、天国を目にしたときよりも、さらにびっくりしてしまった。そこには喜びがあり、歌や音楽があった――すべては光にあふれ、明るかった。人々は働き、目には光があった。悪魔も、地獄の業火も、拷問をする人も――何もない。そこで、彼は聞いた。「こちらの方が、天国みたいですね！」

駅長は言った。「ええ、今はそうですね。でも以前はあなた方の聖典に書かれているようなありさまでしたよ。仏陀、マハヴィーラ、ソクラテスがここに来て以来、彼らが地獄を変容させたのです」

すべてはあなた次第だ。地獄は地理上の場所ではない。それはあなたの心理の一部であり、天国もまたそうだ。あなたが自分の地獄を創り出し、あなたが自分の天国を創る。そしてそれは、未来にあるのではない。今ここで、誰かは天国に住み、誰かは地獄に住んでいる――彼らは一緒に座っているかもしれない。彼らは友人かもしれない。

天国と地獄の心配をするのはやめなさい。それはあなたの状態にすぎない。もしあなたが思考《マインド》の中で生きていれば、あなたは地獄に生きている。あなたが無心《ノーマインド》の状態で生きていれば、あなたは天国に生きている。

Q3

もし神が善であるなら、なぜ死が存在するのですか？

あなたが誰かの死を目にしたとたん、アリストテレス的なマインドの中に、問題が持ち上がる。もし神が善であるなら、なぜ死があるのだ？　もし神が善であるなら、なぜ貧困があるのか？　もし神が善であるなら、なぜガンがある？　もし神が善であるなら、すべては善いはずだ。そうでないなら、神などいるはずはない、という疑いが湧き上がる。あるいは、神がいるとしても、その神は善ではありえない。善くもない「神」を、どうして神と呼べるだろうか？　だから何世紀にもわたって、キリスト教の神学のすべては、この問題を解決しようとしてきた。どうしたらつじつまを合わせられるのか？　しかし、それは不可能だ――アリストテレス的なマインドをもってしては、不可能なことなのだ。あなたはその問いを避けることはできても、完全に解消することはできない。というのも、この問いは、マインドの構造そのものから立ち現れているからだ。

東洋では、神は善くもなければ悪くもないと言われている。何であろうと、起こっていることが、起こっている。そこには、いかなる道徳的な価値づけもない。それを善いとか悪いとか言うことはできない。あなたがそう言うのは、特定のマインドを持っているからだ。何かが善くなり、何かが悪くなるのは、あなたがマインドを参考にするからだ。

いいかね……アドルフ・ヒトラーが生まれた。もし彼の母親がアドルフ・ヒトラーを殺していたとすれば、それは善いことだったのだろうか？　あるいは悪いことだったのだろうか？　今なら、私たちには母親がアドルフ・ヒトラーを殺していたら、それは世界にとってとても善かったと分かる。何百万もの人々が殺されたのだ。だから、一人の人を殺した方がよかった。しかし、もし母親がアドルフ・ヒトラーを殺していれば、彼女はひどく罰せられただろう。彼女は、終身刑さえ宣告されたかもしれない。あるいは政府や裁判所や警察に銃殺されたかもしれない。誰も政府が間違っているとは言わなかっただろう——子供を殺すのは罪だからだ。しかしあなたには、この意味するところが分かるだろうか？

何であれ、私たちが善と言うときには、ある狭いマインドによるものにすぎない。私たちが、何かが悪いと言うとき、それもまた、ある狭いマインドによるものなのだ。

Q4

もし私が自分の信念を落としたら、死に直面するとき、何にしがみついたらいいのでしょうか？

死があなたの扉を叩くとき、あなたの信念はすべて消え失せるのが分かるだろう。魂は不滅だという信念は、死があなたの扉を叩くときには助けにならない――あなたは泣き叫び、生にしがみつくことになる。

死がやって来るとき、あなたは神のことなど、すっかり忘れてしまうだろう。死がやって来るとき、あなたは生まれ変わりに関する理論――そして、その複雑な意味合い――を覚えてはいられない。死があなたをノックするとき、死は、あなたが自分の周りに築き上げてきたあらゆる知識の構造をノックダウンしてしまう――あなたは、一生を無駄に費やしてきたという気づきとともに、完全な空しさの中に置き去りにされる。

知恵とは、まったく異なる現象だ。それは体験であって、信念ではない。それは実存的な体験で、何かに「ついての」ものではない。あなたは神の存在を信じるのではなく――知るのだ。魂は不滅だと信じるのではなく――それを味わったのだ。輪廻転生を信じるのではなく――それを思い出す。

あなたは、ここに何度もいたことを思い出すのだ。もしこれが過去においてそうだったなら、未来においてもそうなるだろう。

あなたは多くの身体を持っていたことを思い出す。あなたは岩だった、木だった、動物、鳥だった。あなたは男だったし、女だった。あなたはとてもたくさんの形で生きてきた。形は変わっても、内なる意識は同じままだと知る。だから、表層だけが変わり、本質は永遠だと知るのだ。

これは見て、知ることであって、信じることではない。あらゆる真のマスターたちは、信じることではなく、見ることを助けるのに興味がある。知恵はあなたの内側に湧き上がる。それは聖典ではない。あなたは、自分自身の意識を読み始めるのだ。

Q5

私にとってキリスト教の魂という概念は、あなたが真の「私」、見守る者という言葉で意味するものと同じように見えます。なぜイエスは、魂の転生の可能性について話さなかったのでしょうか？これが東洋と西洋の宗教の違いのように見えます。それについて、何か言っていただけますか？

イエスは輪廻転生について、完璧に理解していた。福音書《ふくいんしょ》全体に、その間接的なヒントがまき散らされている。この間も、私はイエスの言葉を引用してこう言った。「アブラハム以前に私は在る」

イエスはこうも言っている。「私は戻ってくるだろう」

そして、千と一つの輪廻転生についての間接的な言及がある。彼はそれについて完璧に知っていたが、なぜ語らなかったのか、なぜ説かなかったかについては、他に理由がある。

イエスはインドを訪れ、輪廻転生の理論ゆえに何が起こっているかを目にした。インドでは、イエスに先立つことほとんど五千年もの間、この理論が教えられていた。そしてそれは真実だ。ただの理論ではなく、真実に基づいている。人には何百万もの生がある。それは、マハヴィーラによって、仏陀によって、クリシュナによって、ラーマによって教えられた。あらゆるインドの宗教は、その点については同意している。あなたは、彼らがこの理論以外には、他のどんなことも合意していないと知ったら驚くだろう。

ヒンドゥー教徒は、神と魂の存在を信じている。ジャイナ教は神の存在はまったく信じていないが、魂の存在だけは信じている。そして仏教徒は、魂の存在も神の存在も信じてはいない。しかし輪廻転生については、その三つすべてが合意している——魂の存在を信じない仏教徒ですら、合意しているのだ。とても奇妙だ……それなら、誰が生まれ変わるというのか？ 魂の存在を否定できた彼らですら、輪廻転生という現象は否定できなかった。彼らは言う。魂は存在しないが、転生は存在する、と。そして、魂なしで転生について証明するのは、彼らにはとてもむずかしかった。それはほとんど不可能に見える。しかし彼らはある方法を見つけた——もちろん、それを理解するのは非常に微妙でむずかしいが、彼らはより真実に近い、もっとも近いように見える。

魂が存在し、あなたが死ぬときには身体は地上に残り、魂は別の身体、別の子宮に入るというのなら、容易に理解できる。それは単純で、理にかなっていて、数学的なことだ。しかし仏陀は、魂というものはない、連続したつながりだけがあると言う。それは、夜、ロウソクに火をつけ、朝、吹き消すときに、こう問うことができるようなものだ。あなたは夜に灯したのと同じ光を吹き消しているのか？ いや、それは同じ光ではない。しかし一方で、連続してはいる。夜、あなたはロウソクに火をつけた……そのときの炎はもうそこにはない。その炎は絶えず消えて、他の炎に置き換えられている。その置き換えはあまりに素早いので、隙間を見ることはできないが、高度な科学装置を使えば、見ることができる。一つの炎が消え、次の炎がやって来て、それが消え、次がやって来る。そこにはかならず小さな間《ま》があるが、裸眼では見ることはできない。

ちょうどロウソクの炎が同じではないように――同じ連続体だから、別の意味では同じではあるが、絶えず入れ変わっている――まさにそのように、魂という実体が物のようにあなたの中にあるわけではない、それは炎のようなものだ、と仏陀は言う。それは絶えず変わっている、それは川なのだ。

仏陀は名詞を信じてはいない。彼はただ、動詞だけを信じている。そして私は、彼に完璧に同意する。彼は真実のもっとも近くに来ている。少なくとも、表現においては、彼はもっとも深遠だ。

しかし、なぜイエス、モーセ、モハメッド――インド以外で生まれた三大宗教の創始者――は、輪廻転生について直接話さなかったのだろうか？　それは、ある理由のためだ。そしてその理由には、モーセも気づいていた……というのも、エジプトとインドは、絶えず交流があったからだ。以前、アフリカはアジアの一部だったが、その大陸はゆっくりと離れていったのではないかと言われている。インドとエジプトはつながっていた、だからこそ、ひじょうに多くの類似点があるのだ。そして、南インドの人々が黒いというのは不思議ではない――もしアフリカがアジアとつながっていれば、アーリア人とアフリカ人は確実に入り混じっていたに違いないからだ。そして南インドは黒くなった。

モーセはインドに完璧に気づいていたに違いない。カシミールの人々がモーセとイエスの両者はそこで葬られたと主張していることに、あなたは驚くだろう。墓はそこにある。一つはモーセので、一つはイエスのだ。彼らは、輪廻転生の理論を通して、インドで何が起こったかを見たのだ。

輪廻転生の理論ゆえに、インドは無気力になった。急ぐ必要はない。インドには時間の観念がない。今ですらそうだ。誰もが腕時計をしているにもかかわらず、時間の感覚がないのだ。もし誰かが、「夕方五時にあなたに会いに行くよ」と言えば、それはどんな意味にもなりうる。彼は四時に現れるかもしれないし、六時に現れるかもしれない、まったく現れないかもしれない——そして、それは深刻に取られてはいない！　彼が約束を守らなかったというわけではない——時間の感覚がないのだ！　永遠が手に入るとき、どうして時間の感覚を持つことができようか？　とてもたくさんの人生があるときに、なぜそんなに急ぐ？　ゆっくりと行けばいい。いずれはたどり着くからだ。

輪廻転生の理論は、インドをとても無気力に、不活発にした。それはインドを、時間に関してまったく無意識にした。それは、人々が先送りする助けをした。そしてもしあなたが明日に先送りできれば、今日あなたはこれまでと同じままだろうし、明日はけっしてやって来ない。インドは明日だけでなく、来世にさえ延期する方法も知っているのだ。

モーセとイエスはともにインドを訪れ、ともに気づいていた。モハメッドはインドを一度も訪れなかったが、完全に気づいていた。というのも、彼はインドにとても近く、インドとアラビアの間には絶えず往来があったからだ。彼らは人々に「たった一度の生しかない。これが最後の——最初で最後の——チャンスだ。もし逃せば、永遠に逃すことになる」と言った方がいいと決めた。これは強烈な切望を作り出すための方便、人々の中に非常に大きな強烈さを生み出し、彼らを容易に変容させるための方便なのだ。

すると、問いが湧き起こる。マハヴィーラ、仏陀、クリシュナは、気づいていなかったのだろうか？この輪廻転生の理論は無気力を生み出すと、気づいていなかったのか？　彼らはまったく異なる方便を試みていたのだ。そして、それぞれの方便には時がある。ひとたび使われれば……永遠に使えない。人々はそれに慣れてしまう。仏陀、マハヴィーラ、クリシュナが輪廻転生という方便を試したとき、彼らはそれを、まったく違う角度から試みていたのだ。

インドは当時、非常に裕福な国だった。この世の黄金の国、もっとも豊かな国だと思われていた。そして豊かな国にとって、ほんとうの問題、もっとも大きな問題とは退屈だ。それは今、西洋で起こっている。今、アメリカは同じ状況にあり、退屈がもっとも大きな問題になっている。人々はすっかり退屈している。死にたくなるほど退屈なのだ。

クリシュナ、マハヴィーラ、仏陀はこの状況を利用した。彼らは人々に言った。「これは何でもない、一生の退屈など何でもないのだ。あなたは今まで何生も生きてきた。そして覚えておくがいい。もし耳を傾けなければ、さらに多くの生を生きることになる。あなたは何度も、何度も、何度も退屈することになる。生と死という同じ車輪が動いていくのだ」

彼らは退屈をとても暗い色で描いたので、一度の生でさえすでに退屈していた人々は、宗教に非常に深く関わるようになった。生と死を一掃しなくてはならない。この車輪から、この誕生と死という悪循環から抜け出さなくてはならない。それゆえ、当時はそれに意味があったのだ。

その後、インドは貧しくなった。ひとたび国が貧しくなったら、退屈は消えた。いいかね、貧しい人は、けっして退屈しない。金持ちだけが、退屈する余裕がある。それは、金持ちの特権なのだ。貧しい人は退屈を感じられない。彼には時間がないのだ。彼は一日中働き、うちに帰るころには、疲れ切って眠りにつく。彼にはそれほど多くの娯楽は必要ない――テレビや映画、音楽や芸術や美術館――そういったものは彼には必要ないのだ。彼はそういうものを手にはできない。彼の娯楽といえば、セックスだけ。自然な、生来のものだ。だから貧しい国は、豊かな国よりも子供を生み続ける――唯一の娯楽なのだ。

もしあなたが貧しい国の人口を減らしたければ、もっと娯楽を与えることだ。テレビを与え、ラジオや映画を与える――何かしら、彼らの関心をセックスからそらすことのできるものを。

テレビに取り憑かれ、愛を交わしている間も、テレビを見続けているアメリカのカップルの話を聞いたことがある。愛は二番目で、テレビが一番。彼らは放送されている番組を見逃したくないのだ。

貧しい国では、たった一つの娯楽しか知られていない。他のものには手が届かないからだ。手に入るのは、自然な、生来のものだけ。だから貧しい国では人が生まれ続け、ますます混み合っていく。そして彼らは、生にうんざりしてはいない。彼らにどんな生があるというのかね？　生にうんざりするには、まず生を手にしていなくてはならない。金にうんざりするには、金が必要だ。女性にうんざりするには、多くの女を自分のものにしなくてはならない。この世を終わりにするためには、この世でのたくさんの体験が必要なのだ。

インドが貧しくなった瞬間、輪廻転生の理論が逃避に、希望になった——退屈ではなく、希望、先送りの可能性になったのだ。「今世、僕は貧乏だ。心配はいらない。生はたくさんある。来世、もうちょっと努力すれば、もっと金持ちになれる。今世では、醜い女をつかまえてしまった。でも心配はいらない。一度の生限りの話だ。次は、同じ間違いを犯さないようにしよう。今回は、過去のカルマで苦しんでいる。次の生で人生を楽しめるように、今世は、悪いことをしないようにしよう」

それは延期になった。

イエスはそれを見た。この方便は、元々意図されたような形では、もはや働いていないということを見たのだ。状況は変わってしまった。さて、イエスは別の方便を作り出さなくてはならなかった——一度きりの生しかないという方便だ——だから、あなたが宗教的になりたければ、瞑想したければ、探求者になりたければ、たった今、なることだ——明日は定かではないからだ。明日はないかもしれない。

だからこそ、西洋は時間を意識しすぎるようになった。誰もが急いでいる。この忙しさは、キリスト教のせいだ。方便はまた失敗してしまった。永遠に有効な方便はない。

私自身の体験では、ある方便はそのマスターが生きている間だけ働く。というのも、彼こそがその魂だからだ。彼はそれがうまくいくような算段をする。マスターが逝ってしまったら、方便は機能しなくなる。あるいは、人々は新しい解釈を見つけるようになる。

今、西洋では、この方便は完全に失敗している。今、それは問題になってしまった。人々は絶えず急ぎ、緊張し、不安になっている。たった一度の生しかないからだ。イエスは彼らに覚えていてほしかった。一度の生だから、神のことを覚えていてもらいたかったのだ。ところが、彼らはどうしているだろう？ たった一度の生しかないと知って、彼らは飲んで、食べて、楽しみたいと思う。というのも、生はこれっきりだからだ。だから、できる限り耽溺《たんでき》しようというわけだ。たった今、生のジュースのすべてを絞り出せ！ そして「最後の審判の日」に何が起こるかなんて、誰がかまうのか？ 「最後の審判の日」があるかどうかなんて、誰に分かる？

西洋では、あらゆることに関して、大忙しになってしまった。生はこれっきりだからだ。

メアリーとジョンは二人とも、ニューヨーク市のとある大きなマンションに住んでいた。ある日彼らは出会い、そのとたんに互いに恋に落ちたが、連絡を取ることはなかった。それが六か月続くと、ジョンはもはや緊張に耐え切れず、一杯やらないかとメアリーを自分のフラットに誘った。彼女はためらいがちに招待に応じたが、彼のフラットに着くやいなや、一緒になって玄関のドアを閉めて寝室に駆け込み、ベッドに飛び乗った。

数分後、ジョンは声を荒げ、言い訳をした。「ああ、ほんとうにすまなかった。君が処女だと分かってたら、もっと時間をかけたのに」

メアリーは答えた。「あら、もっと時間があるって分かってたら、私、パンティを下ろしたのに！」

これほど急いでいる！　もっと速く、もっと速くと、スピード狂なのだ。誰もあなたの行き先など気にしてはいないが、あなたはとにかく速く行かなくてはならない。もっと速い乗り物を発明することだ。

そしてこうしたすべては、この方便によって起こってきた。それはイエスの時代にはうまくいっていた。彼は絶えず周りの人たちに言っていた。「気をつけるがいい！『最後の審判の日』がすぐそこまで近づいている。あなたはまさにこの生で世の終わりを目の当たりにすることになる。そして、他の生は存在しない。もし逃せば、あなたは永遠に地獄へ投げ込まれるのだ！」

彼はただ、ある心理的な雰囲気を作ろうとしただけだ。それは彼が生きているときにはうまくいっていたし、彼が逝ってからも数日間はうまくいっていた。それがさらに数日間うまくいっていたのは、イエスとともにいたときの雰囲気、オーラのようなものを持った近しい弟子たちがいたからだ。しかしその後、それはまったく逆の効果を生み出した。

それはこの世に今まで知られた中で、もっとも世俗的な文明を生み出した。そこでの望みとは、一度の生という観念は、人々を非常に注意深くし、気づきで満たすので、彼らは神性を探し求めるようになるだろう、それ以外のあらゆる欲望、あらゆる関心事を落とすだろう、彼らの一生は、超越を求める一つの探求、一つの問い直しへと集約されるだろう、ということだった。それこそが、この方便の背後にあった考え方なのだ。しかし、最終的な結果として、人々はまったく世俗的になってしまった。他には生はない、一度きりの生しかないのだから――それをできる限り楽しむことだ！楽しめ、明日に延期するな。

インドの方便は失敗した。人々は無気力になったからだ。それは仏陀がいるときには役に立った。彼はほんとうに、世界でもっとも大きなムーブメントの一つを作り出した。何千もの人々が世を捨て、サニヤシンとなった。それはつまり、彼らがすべてのエネルギーを真理の探求に捧げたということだ。彼はあまりにも退屈な雰囲気を作り出したので、もしあなたが逃したら、退屈してしまう、というわけだ。

しかし以後に起こったことはまったく逆だった。それはいつもそうなる。マスターたちは必ず誤解される。そして人々は非常にずるく、非常に如才ないので、つねに方便全体を台無しにする方法を見出すことができる。

イエスは、生は永遠で、輪廻転生は事実だと完璧に分かっていた。彼は、おそらくとても近しい弟子たちには、間接的な形でそのことに触れている。しかし、大衆にではない——それは単純な理由による。彼はそれがインドで失敗したのを見た。何か別のことが試されるべきだったのだ。

Q6

仏陀が神について語ろうとしなかったのは、神を証明することはできないからだ、とあなたは言います。けれども彼は、魂は存在しないと言いながら、次の瞬間には、他の生や輪廻転生について語っています。これは、科学的な事実とどう合致するのでしょうか?

この質問は、たいへん意味深い。それは、仏陀が人間意識にもたらした、もっとも根本的な貢献の一つ——無自己という観念だ。

それは、非常に複雑だ。理解するためには、とても静かに醒めていなくてはならない。というのも、それはあなたの条件づけのあらゆるパターンに逆らうからだ。

無自己という言葉で彼が意味するものについて、あなたがある観念を得ることができるように、まずいくつかのたとえ話をしよう。あなたの身体は、皮の袋だ。皮が、あなたの身体を定義し、あなたと世界がどこで始まるのかを定義している。それはあなたの周りにある境界線だ。あなたを世界から守り、世界から分けている。そして、一定の開口部を通してのみ、あなたが世界へと入り、世界があなたの中に入るのを許している。もし皮がなければ、あなたは存在できない。あなたは自分を取り巻くすべてとの境界線を失ってしまう。けれどもあなたは皮ではない。そして皮膚はどんどんと変わっている。

それは、蛇が古い皮を繰り返し脱ぐようなものだ。あなたもまた、皮膚を繰り返し、何度も脱ぐ。生理学者に尋ねれば、彼らは言うだろう。「人が七十歳まで生きれば、皮膚は十回近く、完全に入れ替わっていますよ」けれどもそのプロセスは非常に遅いので、あなたはまったく気づかない。瞬間ごとに、あまりにも微小な部分が変わるので、感じることはできない。あなたの感覚は、そこまで繊細ではないのだ。その変化は、とても微妙だ。皮膚はどんどん変わっていくが、それでもあなたは、これは自分の身体だ、同じ身体なのだと思い続ける。それは、同じ身体ではない、それは連続体なのだ。

母親の子宮に宿った最初の日、あなたは肉眼では見ることのできない、ほんの小さな細胞だった。それが、当時のあなたの皮膚、あなたの身体だった。それ以後あなたは成長し、まったく違った身体になって、九か月後に生まれた。もし突然、生まれた日の自分に出くわしたとしても、あなたにはそれが自分だと認められないだろう。あまりにも変わってしまっているからだ。しかし、それでもあなたは、自分は同じだと考えている。ある意味では同じだ、あなたは同じ連続だからだ。ある意味では同じではない、あなたは絶えず変わっているからだ。

同じように、ちょうど皮膚のようなもの、それがエゴだ。皮膚は、あなたの身体をあるパターン、ある定義、ある境界の中に保ち、エゴは、あなたのマインドの中身をある境界の中に保持している。

エゴとは、あなたに自分が誰かが分かるようにするための、内なる皮なのだ。それがなかったら、あなたは途方に暮れる——あなたには、誰が誰だか分からない。誰が自分で、誰が他人なのか、分からなくなるだろう。

自己という観念、私、エゴは、あなたに定義を、実用的な定義を与える。あなたを他の人から明確に分離する。しかし、それもまた皮膚なのだ。非常に精妙な皮膚、あなたのマインドの中身のすべてを保つ皮膚——あなたの記憶、あなたの過去、あなたの欲望、あなたの計画、あなたの未来、あなたの現在、あなたの愛、あなたの憎しみ、怒り、悲しみ、幸せ——そうしたすべてを、その袋の中に保っている。しかし、あなたはそのエゴでもない。それも変わり続けているし、身体の皮膚よりも、もっと変化しているからだ。それは瞬間ごとに変わっている。

仏陀は、炎の比喩を使っている。ランプに明かりがともされると、あなたにはその炎が見える。だが、それは絶えず変わり、けっして同じではない。朝になって、火を吹き消すとき、同じ炎を吹き消すわけではない。それは一晩中、変わり続けていたのだ。

一瞬ごとに、煙の中へと炎は消え失せ、新しい炎へと置き換えられる。しかし、それはあまりにすばやく置き換えられるので、一つの炎が去って、次の炎がやって来るまでの隙間を見ることはできない。それが去り、別のものがやって来ている。その動きが速すぎて、その二つの間の隙間を見ることができないのだ。さもなければ、そこには連続しかない。それは同じ炎ではない。しかしそれでも、ある意味では、それは同じ炎だ。同じ炎の連続だからだ。それは同じ炎から生まれている。

それはちょうど、あなたが両親から生まれたようなもの——あなたは連続なのだ。同じものではない。あなたは父親ではないし、母親ではない——しかし、それでもあなたは、父親であり、母親でもある。同じ伝統、同じ血筋、同じ遺産を引き継いでいるからだ。

仏陀は、エゴとは連続性だと言っている。それは実体ではない——炎のような連続性、川のような連続性、身体のような連続性なのだと。

問題が持ち上がる……私たちは、それでオーケーだ、それはそうかもしれないと譲歩することはできる。もし人が死んで、すべてが消え失せるとしたら、それは完璧に真実だ——たぶんそれは、ただの炎なのだ。しかし仏陀は、人は生まれ変わると言う——そこで問題が持ち上がる。だとすれば、誰が生まれ変わるのか？

それではまた、いくつかの例えを見てみよう。大きな家の火事、あるいは山火事を見たことはあるかね？　それを見れば、ある現象が理解できるだろう。ある炎が一つの木から別の木へと飛び移る。何の実体もない、ただの炎だ。そこには物質的なものはない。ただの純粋なエネルギー、エネルギーの量子、ある量のエネルギー——それが一本の木から別の木へと飛び移って、燃え始める。

あるいは、火のついていないたいまつを、燃えているたいまつに近づけてもいい。何が起こるだろう？　燃えているたいまつの炎が、燃えていないたいまつへと飛び移る。それが量子的飛躍、ジャンプだ。純粋な炎が別のたいまつに飛び移って、別の連続性を作り出すのだ。

あるいは、たった今、あなたは私の話を聞いている。ラジオをつければ、突如として、放送されているどこかの局の放送を耳にすることだろう。必要なのは受信機だけだ。受信機がそこにあり、ロンドンやモスクワ、北京から何かが放送されていれば、あなたはそれを受信する。

実体のあるものが来ているわけではない。純粋な思考波が、北京からプーナにジャンプしているだけ……単なる思考波だ、実体があるものではない。手で捕まえることも、見ることもできないが、それはそこにある。ラジオが、テレビがそれをキャッチするからだ。

ある人が死ぬと、一生の間に蓄えた欲望、一生の間に蓄えた記憶、一生のカルマは、エネルギー波のように新しい子宮に飛び移る、と仏陀は言っている。それはジャンプだ。正確には、物理学では「量子的飛躍」と呼ばれている――「何の実体も伴わない純粋なエネルギーの飛躍」なのだ。

仏陀は、最初の量子物理学者だ。アインシュタインは二十五世紀後に彼を追ったが、両者とも、同じ言語で話している。そしてやはり私は、仏陀は科学的だと言う。彼の言語は現代物理学のものだ。彼は、自分の時代より二十五世紀先を行っていた。

人が死ぬとき、肉体は消える。物質的な部分は消え失せる。だが、非物質的な部分、マインドの部分は、波動だ。その波動は解き放たれ、まき散らされる。今や、どこであれ、この波動のための準備が整った、ふさわしい子宮へと入っていくことになる。

自己が去るわけではない。去る人はいないし、去っていくエゴは存在しない。実体のあるものが去る必要はない。たんに、エネルギーが押し出されるのだ。ここでの強調点は、これもまた、エゴという同じ袋のジャンプだということだ。ある家にはもう住めなくなった、ある肉体と一緒には、もう生きられない。生に対する古い欲望、渇望――仏陀の言葉でいうタンハ、生への渇望――はまだ息づき、燃えている。その欲望そのものがジャンプするのだ。

さて、現代物理学に耳を傾けてごらん。彼らは、物質は存在しないと言っている。私の背後に、このとてもしっかりした壁が見えるだろう？　それを通り抜けることはできない。そうしようとすれば、ケガをすることになる。しかし、現代物理学は、それは物ではない、実体のあるものではないと言う。それはたんに、純粋なエネルギーがあまりにもすごいスピードで動いているので、その動きそのものが偽物、幻想、実体があるという見せかけを作り出すのだ。

高速で回転する扇風機を見たことがあるだろう――そのとき、羽根を見ることはできない。羽根は三枚しかないのに、あまりにも早く回っているために、まるで円のように、皿のように見える。羽根と羽根の間の隙間を見ることはできない。もしその扇風機が、電子が動くのと同じ速度――それはとてつもない速度だが――で回れば、あなたはその扇風機の上に座れるし、そこから落ちることはない。私が椅子に座っているように、そこに座ることができ、どんな動きも感じることはない。その動きが、非常に速いからだ。

それとまったく同じことが、この椅子にも起こっているし、あなたの下にある床にも起こっている。それは大理石の床ではない、ただそう見えるだけだ。だが、エネルギーの粒子がものすごい速度で動いているために、その動き、その速さそのものが、実体があるような幻想を作り出している。実体は存在しない、純粋なエネルギーだけが存在している。現代科学は、物質は存在しない、実体のないエネルギーだけが存在していると言っているのだ。

だからこそ私は、仏陀はとても科学的だと言う。彼は神については語らないが、実体を持たない無自己について語っているからだ。ちょうど現代科学が、その形而上《けいじ》学から実体という観念を取り去ったように、仏陀は彼の形而上学から自己という観念を取り去った。自己と実体は相互に関係している。壁に実体がないと信じるのはむずかしい。同様に、あなたの中に自己がないと信じるのもむずかしい。


さて、それをさらに明瞭にしてくれることを、さらにいくつか話そう。あなたにそれが理解できるかは分からないが、より明瞭にはしてくれるだろう。

あなたが歩く。あなたが歩いている。あなたが朝の散歩に出かけた。こうした言い回しそのものの――「あなたが歩いている」という表現――が問題を作る。私たちの言語そのものに問題があるのだ。誰かが歩いていると言ったとたん、そこには誰か歩いている人が――歩く人がいるような気がする。歩く人なしで、どうして歩くことができるのか、と私たちは問うことになる。

仏陀は言う。歩く人はいない、歩くことがあるだけだ、と。生は物で成り立っているわけではない、出来事から成っている、と仏陀は言う。そしてそれはまさに現代科学が言っていることだ。ただ、プロセスがあるだけ、物ではなく、出来事があるだけなのだ。

生が存在すると言うことさえ、正しくはない。何千何万もの生きたプロセスが存在しているだけなのだ。生とは、観念にすぎない。生というようなものは存在しない。

ある日、空に黒い雲が集まり、雷鳴がとどろき、稲妻が光る。稲妻が光るとき、あなたは「稲妻の背後に何かがあるのだろうか？　誰が光っているのか？　何が光っているのか？」と聞くだろうか？　あなたは言うだろう。「稲妻は、ただの稲妻だ——背後に誰かがいるわけじゃない。それは、ただのプロセスだ。光っているものがあるわけじゃない。ただ光っているんだよ」と。

言語によって、二元性が持ち込まれる。あなたは歩いている——しかし仏陀は、歩くことだけがある、と言う。あなたは考えている——仏陀は、思考があるだけ、考えている人はいない、と言う。考えている人は、言語によって作られたものにすぎない。私たちが二元性に基づいた言語を使っているために、すべては二元性へと分割されてしまう。

あなたが考えているとき、思考の群れがある、というのは分かる——だが、そこに考える人はいない。もしほんとうにそれを理解したかったら、あなたは深く瞑想し、思考が消え失せる地点に至らなくてはならない。思考が消える瞬間、あなたは驚くだろう——思考する人もまた消えている。思考とともに、考える人もまた消える。それはただ、動いている思考の見せかけにすぎなかった。

あなたは川を見る。川はほんとうに存在しているのか、それともそれは、たんなる動きにすぎないのだろうか？　もし動きを取り去れば、川はあるのだろうか？　ひとたび動きが取り去られたら、川はなくなる。川が流れているのではない。川とは流れ以外の何ものでもないのだ。

言語が困難を生み出す。ある言語の、こうした特定の構造ゆえに、仏陀は日本、中国、ビルマでだけ重要で、意義深くなり、根づいたのかもしれない――彼らの言語はまったく異なっているからだ。中国人のマインドにとって、仏陀がなぜそれほど重要になったのか、なぜ中国が彼を理解できたのに、インドにはできなかったのかを理解するのは、とても意味深い。中国は、仏教の観念体系に絶対的に合致する、異なった言語を持っている。中国語は二つに分割しない。中国語や韓国語、日本語やビルマ語は、サンスクリット語、ヒンディー語、英語、ギリシャ語、ラテン語、フランス語、ドイツ語とは構造がまったく異なっているのだ。

初めて『聖書』がビルマ語に翻訳されたとき、たいへんな困難が持ち上がった。まったく訳せない文がいくつかあったからだ。訳したとたんに、すべての意味が失われる。たとえば、「神が在る」という簡単な文、それをビルマ語に翻訳することはできない。もし訳せば、「神が成る」になってしまう。「神が在る」は翻訳できない。というのも、「ある」に相当する言葉がないから、「ある」は静止を表わしているからだ。

私たちには「木がある」と言えるが、ビルマ語では、「ある」ではなく、「木が成る」と言わなくてはならない。「ある」に相当する言葉がないのだ。木は「成る」のだ。「木がある」と言い終わるまでに、それはもう同じものではなくなっている。だから、なぜ「ある」と言うのだ?

「ある」は静止した質を与える。それは川のような現象――「木が成りつつある」のだ。私は、「木《トゥリー》が《イズ》成りつつある《ビカミング》」と言わなくてはならないが、ビルマ語ではたんに、「木《トゥリー》が成る《ビカミング》」となる、「ある《イズ》」はないのだ。「川がある」――もし翻訳したければ、「川が流れる」「川が川に成る」というのがビルマ語での正確な訳になる。

しかし、「神が成る」と言うのは非常にむずかしい。キリスト教徒には、そうは言えないからだ。神は完璧なのだ、成ることなどできない。彼はプロセスではない、成長の可能性はない――彼はすでに到着している。彼は絶対者だ――「成る」とはどういう意味なのか？　もし不完全な存在だったら、成ることも可能だろうが、神は完璧だ。成ることはできない。だからどう訳せばいい？　とてもむずかしい。

しかし仏陀はビルマ人、中国人、日本人、韓国人のマインドに即座に浸透した。即座に浸透したのだ。言語の構造そのものが、それを可能にした。彼らは仏陀を、非常に楽に理解できたのだ。

生においては、出来事があるだけだ。食べることはあるが、食べる人はいない。食べることをただ見守ってごらん。ほんとうに食べている人がいるのだろうか？　そう、あなたは空腹を感じる、空腹がそこにある。しかし、お腹を空かせている人はそこにはいない。そしてあなたは食べる――食べることはそこにある。しかし食べる人はいない。そして空腹は満たされ、あなたは満腹感を感じる――この満腹感はそこにあるが、満腹している人はいない。

仏陀は言う、生は出来事からなっている、と。生とは、生きるということだ。生は名詞ではなく、動詞だ。そして、あらゆるものは動詞なのだ。見守ってごらん。そうすれば、すべては成りゆく、何も静止してはいないと分かるだろう。

エディントンは、英語にはいくつかの絶対的に誤った言葉があると言った。たとえば、「レスト」だ。いまだかつて休息《レスト》したものはない。言葉そのものが間違っている。現実に相当するものがないからだ。今まで休息したものを見たことがあるかね？　あなたが休んでいるときですら、それは休んでいるのであって、休息ではない。それはプロセスなのだ。何かが起こっている、あなたはまだ息をしている。

横になり、くつろいでいる——しかし、それは休息ではない。たくさんのこと、千もの物事が起こっている。今まで休息したものを見たことがあるかね？　それは不可能だ。休息は存在しない。人が死んでも、肉体はそのプロセスを続ける。

あなたは聞いたことがないかもしれないが——ときには起こることだ。イスラム教徒、キリスト教徒、死体を土葬する人たちは、人が死んでも、ひげが伸び、髪が長くなり、爪が伸びているのを知ることになる。その人は死んでいるのだよ！

さて、これはとても不気味だ。あなたがある人のひげを剃って墓に入れ、六か月後に墓を開けてみると、ひげが伸びている……さあ、なんと言えばいい、彼は生きているのだろうか、死んでいるのだろうか？　あなたは、とても怖くなるだろう。家に逃げ帰るだろうが、彼の顔は夜、あなたにつきまとうだろう。何が起きたのか？　死んだはずなのに、どうしてひげが伸びたのだろう？　もしひげが伸びるなら、彼はほんとうに死んだのだろうか——死んだフリをしているだけなのか？

生とは、何百万ものプロセスだ。あなたのエゴがこの基地から消え失せ、飛行場を飛び立ち、他の子宮に着陸するときでさえ、たくさんのプロセスはまだ続いている。すべてのプロセスが止むわけではない。というのも、あなたのエゴとは何の関係もない、たくさんのプロセスがあるのだからね。あなたのエゴとは何の関係もない——あなたのエゴは去ることができても、そうしたプロセスは続いていく。髪が伸び、爪が伸びるのは、何の関係もない……。

そして、あなたのエゴが去ったとたん、何百万もの微生物が活性化し、仕事を始め、機能し始める。あなたはほとんど市場のようになる。そんなふうに、あなたは活気にあふれるだろう。たくさんのことが起こっていく。たくさんの微生物があちこちを走り回り、愛を交わし、結婚をし、死んでいき、ありとあらゆることが起こっていく。あなたが肉体から去ったとたん、あなたの身体は、「どいて！　私たちを中に入れてちょうだい」と言いながら待っていた、他のたくさんの人々が詰めかける着陸場になるのだ。

生は絶え間ないプロセスだ——一つではなく、複数のプロセス、連続性なのだ。

仏陀は、自己という観念そのものが言語によるものだと言う。あなたは空腹を感じる。それを言葉にすれば、「私は空腹だ」となる。言語が、「私」という観念を生み出す。それなら、どう言うべきだろう？　完全に正確な表現をするなら、「空腹」としか言えない。「私は空腹だ」というと、絶対的な嘘を持ち込むことになる。「空腹」――それで十分だ。

自分のプロセスを見守ってごらん。そうすれば、感じられるだろう。今日、お腹が空いたら、ただ見守ることだ。お腹を空かせた人がほんとうにいるのか、それとも空腹があるだけなのか？　それをひねって二つに分割し、それであなたが「私が空腹だ」と感じ始めるのは、ただ言語上のパターンにすぎないのか？

仏教は、このメッセージを世界にもたらした、最初の宗教だ――つまり、あなたの宗教、あなたの哲学は、他の何よりも、あなたの言語パターンに基づいているのだ。もしあなたが自分の言語をもっと理解できれば、あなたは自分の内なるプロセスをもっと理解できるようになる。彼は最初の言語学者だった。そして彼の洞察は、とてつもなく意味深い。

「仏陀が神について語ろうとしなかったのは、神を証明することはできないからだとあなたは言います」

そうだ、彼は神について語ろうとはしなかった。それは証明できないからだ。そして、彼が神について語ろうとしなかったのは、あなたが考えるような神は存在しないからだ。あなたの神もまた、自己に関するものと同じ古い誤謬《ごびゅう》だ。あなたは、自分には自己がある、だから宇宙全体にも自己があるに違いないと思う。自分に自己があるのだから、宇宙全体には至高の自己があるに違いない。その至高の自己が神だ。

仏陀は、あなたには自己はないと言う。宇宙はあるが、そこには至高の自己は存在しない……何百万というプロセスはあるが、至高の自己はない。それにはどんな中心もない。それはすべて周辺なのだ。

それを捉えるのはたいへんむずかしい――あなたが瞑想しない限りは。だからこそ、仏陀はけっして形而上学的な討論に入っていきはしない。彼は言う、「瞑想しなさい」と。瞑想の中では、こうしたことがとても明瞭になるからだ。思考が止まると、突如としてあなたは、思考する人が消えたことを知る。それは影だった。そして思考する人が消えるとき、どうして「私がある」と言えるだろう？　どうして「私がある」と感じられるだろう？「私」は残っていない。あなたは純粋なスペースだ。それは仏陀が「アナッタ」と呼ぶ、自己のない純粋なスペースだ。それはとてつもない体験だ。

「けれども、彼は次の瞬間には、また別の生や、輪廻転生について語っています」

彼は語る。そしてそのために、仏教徒はいつも困難に陥ってきた。仏陀はあまりにも科学的なので、事実を曲げることができない。もし彼がそれほど科学的な人でなければ、もし彼がただの形而上学者であれば、自分の哲学全体が首尾一貫して見えるように、自己を受け入れるか、あるいは輪廻転生という観念を落としただろう。なぜなら、この両者は矛盾して見えるからだ。しかし彼はあまりにも科学的な人だったので、自分のマインドをけっして現実に押しつけようとはしない。彼はただ、事実を述べた。もしそれが矛盾しているとすれば、「矛盾しているのだろう。しかしそれはそうなのだ」と彼は言う。

これこそ、現代科学で起こっていることだ。ほんの五十年前、科学者が物質のもっとも内なる核心へと踏み込んだとき、彼らは非常に戸惑った。というのも、電子はまったく筋の通らない振る舞い方をしていたからだ。

さて、電子に筋が通るようなあり方を強いることはできない。彼らを大学に送り込んで、アリストテレスを学ばせることはできないし、「筋が通らない振る舞いをしているぞ、ちゃんとしろ！これは正しくない」とは言えない。そうは言えない。彼らが筋の通らない振る舞いをしているとすれば、筋の通らない振る舞いをしているのだ――あなたはそれを理解しなくてはならない、それだけのことだ。何ともしようがない。

そして、その非論理性たるや、ほんとうにすごいものだった。それはまったく普通ではなかった。同じ電子が、あるときには波のように振る舞い、あるときには量子のように、粒子のように振る舞うのだ。さて、この二つはありえない。彼らは非ユークリッド派であり、非アリストテレス派だ――あたかもこうした電子は、ユークリッドやアリストテレスを信じてはいないかのようだ。彼らは何をしているのだ？　ユークリッドのことを耳にしたことはないのか？

それは単純な幾何学で、誰もが学校で学んだもの――点は線ではありえず、線は点ではありえない、というものだ。線とは、たくさんの点が一並びに合わさったもの、だから点は、線のように振る舞うはずはない。さもなければ、幾何学全体が乱されてしまう。あなたが点を描いてトイレに行って帰ってくると、それが線になっているのだ！　だとしたら、あなたはどうする？

しかし、これこそまさに物質のもっとも内なる核心で起こっていることなのだ。あなたが見守り続けていると、点のように見えていたものが、突如として線になっている。それはジャンプで、あなたにはそれが線へと成長するところさえ見ることはできない。

ある瞬間、それは点だが、次の瞬間、それは線だ――線に成長するのですらない。ただのジャンプ……あまりにも唐突で、あまりにも非論理的だ。もしゆっくり成長するなら、私たちにも理解できる。おそらくそれは種のようなもので、芽を出し、木になるのだ、と。オーケー、理解できる。ある瞬間、それは種だ。別の瞬間、それは育って、少しずつ少しずつ、木になる。私たちには理解できる。

もし点がゆっくりと線になるのなら、私たちにも理解できる。しかし、唐突に？　しかも唐突なだけではない。さらに非論理的なこととは、二人の観察者がいるとき、ある瞬間に、一人はそれを点、もう一人は線として同時に観察することもあるのだ。さて、どうすればいい？　ある観察者はそれを種として見ているし、もう一人は木として見ているのだ。それも同時に。

西洋科学はすべて、ギリシャ的な論理から育っている。こうした電子は、アリストテレスに反抗していた。そして彼らを正す方法はない。科学者は多くの方法を試みた。マインドは自分の概念、パターンにしがみつく傾向があるからね。くつろいで、この馬鹿げた電子に降伏することは、それほど簡単ではないのだ。

ほとんど二、三十年もの間、科学者は首をひねり、それを説明する方法を何とか見出そうとしてきた。あるいは少なくとも、それがなぜ起こっているのかという理由についてつじつまを合わせようとしてきた。しかし、ついに彼らはその事実を認め、受け入れるしかなかった。それゆえの、量子物理学の理論なのだ。

「量子」という言葉そのものが考案された。以前にはまったく存在しなかった言葉だ。なぜなら人は、これほど非論理的な現象に出くわしたことがなかったからだ。「量子」とは、同時に点と線を意味する。量子は、同時に粒子と波を意味する。私たちは絶対的に非論理的なものに名前を見つけなくてはならなかった。そして私たちには、そのためのいかなる象徴の持ち合わせもなかった。

そして人々が科学者に「これをどう説明するのです？　これは筋が通っていません」と聞くと、彼らは言う。「筋は通っていませんが、それはそうなのです。どうすることもできません。私たちは現実に耳を傾けなくてはなりません。もし、現実が論理的でないとすれば、私たちの論理がどこか間違っているに違いありません。それだけです。私たちは論理を変えることはできますが、現実を変えることはできません」

それが、仏陀がこの世にやって来たときに起こったことだ。あなた方のいわゆる自己と呼ばれるもののもっとも内なる核心に入った彼もまた、首をひねった——どうすべきだろう？　自己は存在しないが、輪廻転生は存在する。さて、もし彼がこれほど偉大な科学者ではなく、たんなる平凡な哲学者であったら、忘れてしまっただろう。彼はこの事実についてまったく話すことはなかっただろう——彼は選択しただろう。その選択とは単純なものだ。つまり、自己は存在しないから、輪廻転生はないと言うか……。

それこそ、魂を信じない人々がいつも言っていることだ。無神論者、快楽主義者、彼らはいつも、自己は存在しないと言っている——死ぬときは、ただ死ぬ。何も生き残らず、再誕生もない。それはシンプルで、論理的だ。あるいは、永遠主義者、有神論者、自己を信じる人々がいる。彼らは言う。あなたは死ぬが、死ぬのは身体だけで、あなたの自己、あなたの中心は生き残る。あなたの魂、あなたのアートマは生き残る。それは永遠なのだ、と。それもまた論理的だ。

仏陀はまったく論理的ではない。現実に反しないという彼の主張が絶対的であるがゆえに、非論理的なのだ。彼の強調点とはこうだ。何であれ、現実が明らかにするものには、耳を傾けなくてはならない。私たちはここで自分のイデオロギーを押しつけることはできない。私たちは何様だと言うのか？

もしこれが事実なら、私たちの論理、私たちの言語、私たちの考え方に何か間違いがあるのだ。私たちは現実を避けたり、現実から逃げたりするのではなく、そうしたものを変える必要がある。

だから彼は、世界でもっとも馬鹿げた思想家に見える。というのも、それはもっとも馬鹿げた発言だからだ――あなたは存在しないが、あなたは生まれ変わると言うのだからね。

それは馬鹿げたことだと、はっきりと分かる。もしあなたが存在しないなら、どうしてまた生まれることができる？　そして彼は言う。「それは私には分からない。あなたは存在しないが、また生まれてくる――それだけは分かっている。それを私は知るに至った。それを私は知ったのだ。そしてもし、あなたがそれを知りたければ、瞑想するがいい。私が自分の存在に入っていったように、あなたも自分自身の存在の奥深くへと入っていきなさい。そうすれば、あなたも首をひねり、非常に混乱することだろう。しかし、次第に現実へと落ち着いていくだろう。そうなれば、あなたは自分の言語全体を変えるだろう」

仏陀は言語全体を、哲学的な様式全体を変えた。それ以前に、これほど独創的な人が存在したことはなかった。彼を理解するのはほとんど不可能だった。というのも、彼はあなたが話すのと同じ言葉で話してはいなかったし、ある新しいヴィジョンをこの世へともたらしていたからだ。

魂の存在を信じない人はとても古い。そこにはまったく新しいものはない。マルクスは何も新しいことを言ってはいない。何千年もの間、魂を否定し、生まれ変わりを否定する無神論者が存在してきた。マハヴィーラもパタンジャリも、何も新しいことは言っていない。というのも、魂や生まれ変わりを信じる人々はつねに存在してきたからだ。

仏陀は真のヴィジョン、非常に独創的なものをもたらしている。魂は存在しないが、輪廻転生は存在する、と彼は言う。それは量子的飛躍なのだ。

だから私が、彼は科学者だと言うとき、私は本気だ。そしてもし、あなたに現代物理学の言語が理解できれば、仏陀を理解できるだろう。実のところ、現代物理学を理解せずして、仏陀は理解できない。初めて現代物理学が、類似したものを提供した。ハイゼンベルク、プランク、アインシュタイン、彼らは似たものを提供している。物質は消え失せた。あるのは、エネルギーだけ、そこには自己はない、それには実体はない。そして仏陀が言うのも同じ——アナッタ、無自己だ。

「これは科学的な事実とどう合致するのでしょうか？」

それは完璧に合致する。実のところ、質問者は科学的な事実とどう合致するのか聞いているが、彼の科学の観念は、十九世紀のものだ。彼は現代物理学に気づいてはいない。最新の発展に気づいてはいない。彼の科学の観念はとてもオーソドックスで、とても古く、時代遅れのものだ。科学はとてつもなく変わってきている。

ニュートンが戻ってきても、彼にはまったく科学を理解できないだろう。科学はあまりにも目まぐるしく変わり、その洞察はあまりにも不可解なものになったので、科学者たちは形而上学者か神秘家のように話しているからだ。彼らはもはや数学者のようには話してはいない。神秘家や詩人のように話している。

Q7

仏陀は、魂は存在しないと言います。死後に残るものとは、何なのでしょうか？　私はおぼろげながら、残るものは形なきものだろうと理解していますが、それが個人という実体を持つことはありうるのでしょうか？　同じ波は生まれ変わりません。

質問者は言う。

「私はおぼろげながら、残るものは形なきものだろうと理解しています」

いや、それを頭で理解することはできない。というのも、あなたが言う形なきものは、やはりある形を持つだろうからね。どうして形なきものを思い描くことができよう？　その言葉はオーケーだ。しかし、形なきものを思い描こうとしたとたん、即座にそれはある形を取り始める――思い描くことができるのは、形だけだからだ。形のないものは思い描けない。それは空虚な言葉だ。

あなたは、神には形はないと言い続けることはできるが、それを思い描くことはできない。形なき神について語ったシャンカラのような人ですら、礼拝に行くとなると、いつでもある形の前で礼拝することになる。そして彼らは献身歌を歌い始める。するとそこにはまた、像が、儀式が、神が、女神が、形がある。

シャンカラのような人でさえ、形なきもの、属性のないもの――ニルグナ――について語り続けながら、彼の礼拝、彼の祈りはサグナ――属性を持った、形あるものだ。というのも、形なきものについて思い描くことはできないからだ。概念とは、形あるものに限られる。あるいは、何であれあなたが思い描けるものは、まさに思い描けるという可能性によって、形を取ることになる。だから、それはおぼろげな観念にすぎない。

「私はおぼろげながら、残るものは形なきものだろうと理解しています」

いや、それはおぼろげに理解する問いではない。頭では無理だ。唯一の道は、瞑想的、実存的であることだけだ。知能を通して分かるものではない。あなたはただ、さらに瞑想の中へと入る、新しいヴィジョンの次元を開くのだ。仏陀ほど瞑想を強調した人はいない。彼の方法論のすべては、瞑想なのだ。

そして瞑想とは何か？　瞑想とは、次第に思考がなくなることだ。眠り込んでしまうことなく――醒めたままでいながらも、思考なしになる。ひとたび思考が消えれば、すべてはクリスタルのようにクリアだ――思考する人は、動いている思考の副産物にすぎなかった。それは、思考の束であり、それ以外の何ものでもなかった。それは分離した存在を持ってはいなかったのだ。

そうなれば、あなたは歩くが、歩く人はもうそこにはいない。そうなれば、あなたは食べるが、食べる人はもうそこにはいない。そうなれば、あなたは眠るが、眠る人はもうそこにはいない。あなたは生きるが、もうそこには生きている人はいない。そしてあなたは死ぬが、死にゆく人はいない。あなたはただ、何百万ものプロセスが存在している純粋なスペースだ。そこで生は、ありとあらゆるプロセスとともに流れていくが、あなたはそれに染まることがない。あなたは広々とした空のようなもの……雲は来ては去っていく。

仏陀に与えられた名前の中で、もっとも美しいものの一つはタターガタだ。それは「そのように来て、そのように去った」という意味だ。来た者はなく、去った者もいない――ただ、来て、去る。それがタターガタの意味だ――ただ来るというプロセスと、去るというプロセス。来た者はなく、去った者もいない。

禅の師はいつでも、この人は存在していなかった、ゴータマ・ザ・ブッダと呼ばれたこの人はけっして存在しなかったと言っている。そう、彼は確かにやって来た、そして去りもしたが、彼はけっして存在しなかった。それはただ夢のプロセスのようなもの。夢はやって来ては去る。そして朝までに、あなたはそれが存在していなかったことを知る。

ひとたび自分はたくさんのことが起こっている純粋な空間だと理解したら、あなたは超然とする。そうなれば、あなたは恐れ知らずになる。というのも、失うものは何もないし、何かを失うような人は存在しないからだ。そうなれば、あなたはもはや、生に対する渇望でいっぱいではない。

どんな自己も思い描かないからだ。そうなれば、あなたは死を恐れず、生への渇望に囚われもしない。過去について考えもせず、未来に投影することもない。そのとき、あなたはただ在る――外側の広大な空《そら》と同じぐらい純粋に。あなたはまた、内側でも純粋な空になる。そしてこの二つの空、内と外の空の出会いこそ、仏陀がニルバーナと呼ぶものだ。

「私はおぼろげながら、残るものは形なきものだろうと理解していますが、それが個人という実体を持つことはありうるのでしょうか」

いや、それには個人という実体はない。

「同じ波は生まれ変わりません」

その通りだ。実際に、もしあなたが近くで見れば――川か海に行って、波をよく見てごらん。以前は考えてもみなかった新しいものを見て、驚くことだろう。波があなたのところに来るのを見るとき、何も来てはいない。波はけっしてあなたのところへは来ない。あなたはそれが、自分の方へと動いてくるのを見るが、それは動いてはいない。一つの波はたんに、次の波が隣でせり上がるのを助ける。その波は、その次の波がせり上がるのを助ける。しかし、それがあまりにも速く起こるので、幻影、錯覚が生じる――あなたは同じ波があなたの方へ来るのだと思う。何もあなたの方には来ない。

一つの波がせり上がると、その波の衝撃で、他の波がせり上がる。すぐそばで、別の波、というように。最初の波の力によって二番目の波、二番目の波の力によって三番目の波、三番目の波の力によって、四番目――というように、波はせり上がる。あたかも同じ波があなたの方へとやって来るかのような幻想を与えるが、それはけっしてやって来ない。一つの波が遠く水平線上でせり上がるのを見るとき、それはそこにとどまって、けっしてあなたのところには来ないのだ。

それは起こりうる。川の真ん中に流木を置いてみるといい。その流木はあなたの方にやって来るだろう。しかし、それに騙されてはいけない――その波は来ない。ある波が高くなるとき、流木は他の波の方へと動く。その波が高くなると、それは三番目の波へと動く。高くなり、低くなる波とともに、流木は岸へとやって来るが、波はけっして来ない。これは科学的な事実だ。それはただ、到達するように見えるだけだ。

そうだ、それこそまさに、仏陀が言っていることだ。

「同じ波は生まれ変わりません」

彼はあなたが生まれ変わるとは言っていない。彼は、生まれ変わりはある、と言っているだけだ。しかし、ある意味で、あなたは生まれ変わると言える。それは連続性なのだから。同じ波だ。Aの波がBの波を創り、Bの波がCの波を創る――それが連続性だ。連続体というのが正しい言葉だ。それもまた、現代物理学から来ている――連続体だ。

仏陀はそれをサンタティと呼んでいる。それはちょうど、子供があなたの元に生まれたようなものだ。彼はある意味であなただが、それでもなお、あなたではない。完全にあなたというわけではない。彼は独自の人格を持っているだろう。しかしあなたがその波を生み出したのだ。新しい波を生み出すのは、父親と母親のエネルギーなのだ。この波は去っていく——父親は死ぬだろう、母親は死ぬだろうが——この波は続いていく。そしてこの波は、自分なりのやり方で、ふさわしいときに、別の波を生み出す。サンタティ——連続体だ。あなたは生まれない、あなたの願望だけがまた生まれる。あなたはいないのだから、あなたは生まれようがない。それゆえ仏陀は言う。もしあなたが欲しがることを落とせば、あなたは二度とふたたび生まれることはない、と。それゆえ、もしあなたが欲望の無益さ全体を理解し、欲しがるのをやめれば、欲しがるのを落とせば、あなたにとって、誕生はなくなるのだ。

Q8 輪廻転生とは何ですか?

私はあなたに、一つのことを言いたい。輪廻転生の観念全体が誤解なのだ。人が死ぬとき、その人の存在は全体の一部になるというのはほんとうだ。彼が罪人だろうと、聖者だろうと、関係ない。しかし、彼はまた、マインド、記憶と呼ばれるものを持っていた。過去においては、記憶を思考の束や思考波として説明するような情報は手に入らなかったが、今や、それは簡単になってきている。

そしてそれこそ、私が多くの点で、ゴータマ・ブッダが彼の時代よりもはるかに先んじていたと思うところだ。彼は私の説明に同意したであろう唯一の人間だ。彼は示唆を与えはしたが、どんな証拠も提供できなかった。何も言えることはなかったのだ。人が死ぬと、その記憶――自己ではなく――が、新しい子宮へと旅をする、と彼は言っていた。

さて、あなたが死にゆくときに、記憶を空中のありとあらゆるところに残していくというのは理解できることだ。もしあなたがずっと惨めだったら、あなたのあらゆる惨めさは一定の場所を見つけるだろう。他の記憶システムの中に入るだろう。その惨めさが全部一つの子宮に入るかどうかは別として——そのように、人は自分の過去を思い出す。それはあなたの過去ではない。あなたが受け継いだのは、他の誰かのマインドだったのだ。

ほとんどの人は覚えていない。その塊《かたまり》の全体、一人の個人の記憶システムの遺産すべてを受け取ってはいないからだ。彼らはあちこちからの断片を受け取っているのかもしれない。そしてそうした断片が、あなたの惨めさのシステムを創り出す。地上で死んだそうした人々はすべて、惨めさの中で死んでいった。喜びの中で死んでいった人は、ほとんどいない。ノーマインドを実現して死んだ人は、ほとんどいない。彼らは足跡を残さない。自分の記憶で他の人に重荷を負わせることがない。彼らはただ宇宙へと散っていく。どんなマインドも持たず、どんな記憶システムも持たない。彼らはすでに瞑想の中で、それを解消させてしまった。だからこそ、光明を得た人は、けっして生まれない。

しかし、光明を得ていない人々は、死のたびに、あらゆる種類の惨めさのパターンを放り出し続ける。富がより多くの富を引き寄せるように、惨めさはさらなる惨めさを引き寄せる。もしあなたが惨めならば、何キロも先から、惨めさがあなたへと旅をしてくる——あなたはふさわしい乗り物なのだ。これは、電波のように、まったく目につかない現象だ。それはあなたの周りを旅しているが、あなたには聞こえない。それを受信する適切な機器がありさえすれば、即座にそれは手に入るようになる。以前、そこにラジオがなかったときにも、それはあなたの脇を旅していたのだ。

輪廻転生はないが、惨めさは転生する。何百万もの人々の傷が、進んで惨めになろうとしている人を探して、あなたの周りでうごめいている。

もちろん、至福に満ちた人はどんな跡も残さない。目覚めた人は、鳥が空へと飛び立つように、どんな道も跡も残さずに死ぬ。空は空っぽのままだ。至福は、どんな跡も残さずに進む。ブッダたちからどのような遺産も手に入れることがないのは、そのためだ。彼らはただ消え失せる。

ありとあらゆる愚か者たち、低能な輩は、彼らの記憶の中で輪廻転生し続け、それは日に日に密度を増していく。ひょっとしたら、今という時は、それが理解され、解消される地点に来ているのだろう。さもなければ、それはあまりにも重くなり過ぎて、あなたには生きることも、笑うこともできない。

あなた自身の意識には、どんな傷もない。あなた自身の意識は、どんな惨めさも知らない。あなた自身の意識は無垢で、まったき至福に満ちている。あなたを自分自身の意識に触れさせるために、マインドからあなたの注意をそらす、ありとあらゆる努力がなされている。マインドには、あなたのあらゆる惨めさ、あらゆる傷が含まれている。あなたが気づかない限り、どうやってそうしたものが作られるのかさえ分からないやり方で、マインドは傷を作り続けていく。

私はあなたに見守る者を教える。

古いものだろうと、新しいものだろうと、惨めさのパターンから抜け出す唯一の方法は観照することだ。私はそれを、唯一の方法だと言う。観照者にならずして、マインドから逃れた人は誰もいないからだ。ただ観照してごらん。そうすれば突如として、あなたは自分の惨めさを笑い始めるだろう。私たちの惨めさはすべて、とても表面的なもの——そして、何よりも肝心なのは、それはすべて、借り物だということだ。

もしすべての人が注意深く、瞑想的になれば、この世には傷はなくなる。それはたんに消え失せてしまうだろう。どんな家も、どんな隠れ家も見出すことはないだろう。これは可能だ。もし私に可能なら、誰にとっても可能なのだ。

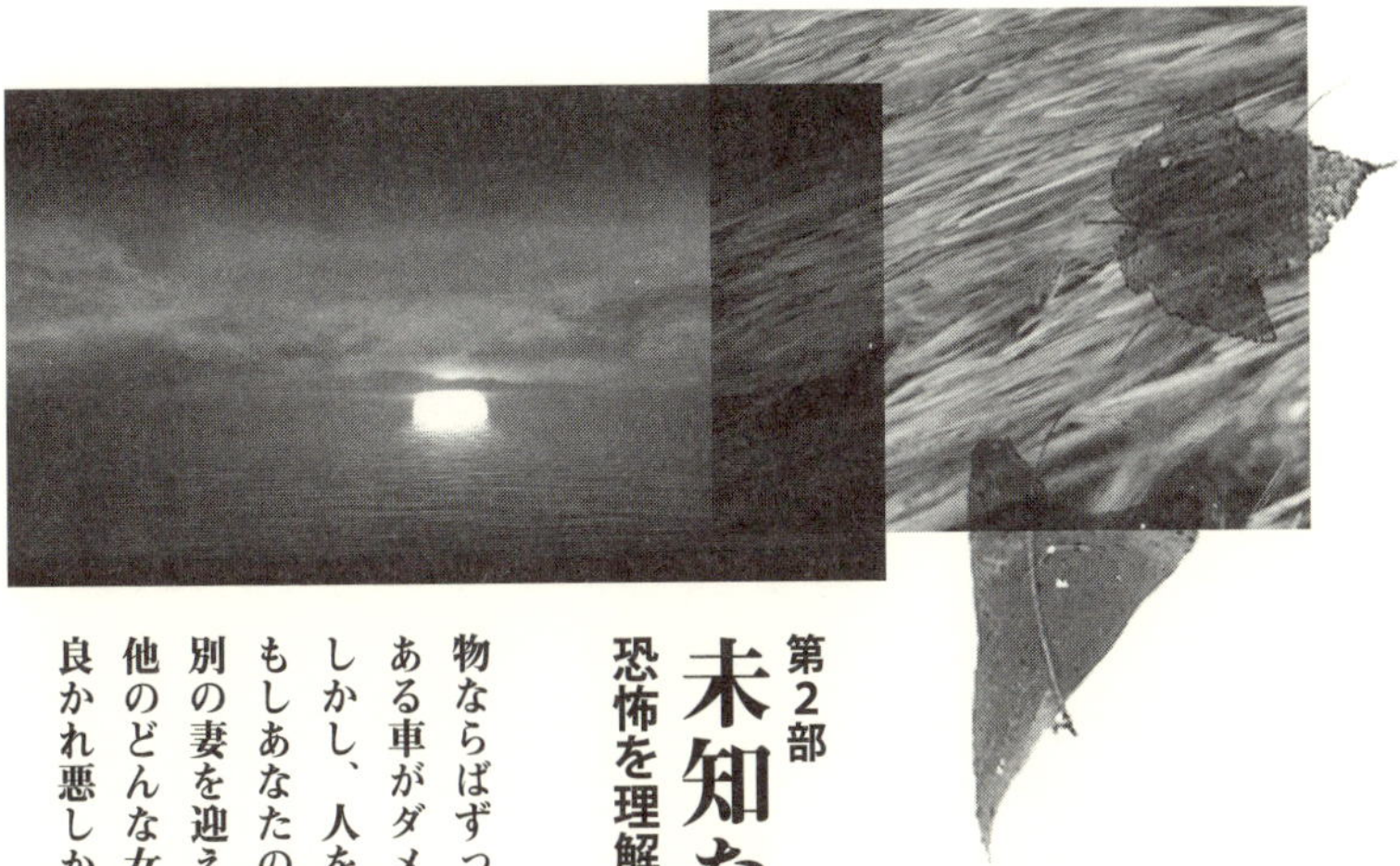

第2部
未知なる旅
恐怖を理解し、それに直面する

物ならばずっとずっと持っていられるし、さらには取り換えもきく
ある車がダメになれば、まったく同じ型の車が代わりになる
しかし、人を取り換えるわけにはいかない――
もしあなたの妻が死ねば、永遠に死ぬのだ
別の妻を迎えることはできても
他のどんな女性も彼女の代わりにはなれない――
良かれ悪しかれ、他の女性は誰も、その同じ女性にはなれない

1 生まれもせず、死にもしない

私たちは、自分は分離していると信じ続けている。

そうではない。ほんの一瞬ですら、そうではないのだ。あなたが何を信じていようと、あなたは全体と一つだ。しかしあなたの信念は、悪夢を作り出すことができるし、作り出さずにはおかないだろう。「私は分離している」と信じることはすなわち、恐怖を生み出すことだからだ。

もしあなたが全体から分離していたら、恐怖を取り除くことなどけっしてできない。というのも、全体はあまりにも広大で、あなたはあまりにも小さく、あまりにもちっぽけで、原子のように極めて小さいからだ。だからあなたは、全体に飲み込まれないように、つねに戦わなくてはならない。大海にすっかり取り込まれないように、絶えず見張り、油断せずにいなければならない。あなたは幾重もの壁の後ろで、自分を守らなくてはならない。こうした努力はすべて、恐怖以外の何ものでもない。そうなれば、死があなたに手を伸ばして、その分離を壊すことになると、絶えず意識することになる。

これこそ、死の何たるかだ。死とは、全体が部分を取り戻そうと主張すること。そしてあなたは、死がやって来ること、死ぬことを恐れている。どうしたら長生きできるだろう？　どうしたら、ある種の不死に到達できるのか？　人は、多くの方法を試みる。

子供を持つのは、そうした方法の一つだ。だからこそ、子供が欲しいという絶えざる衝動がある。子供を持ちたいという、この欲望の根源は、子供とはまったく関係がない。それは死と関係している。あなたは、自分が永遠にここにいることはできないと分かっている。どれほど努力しようと、それは失敗に終わる。あなたにはそれが分かっている。数えきれない人たちが失敗してきたし、誰も成功してはいないからだ。あなたは望みがないのに望みをかけている。そして何か別の方法を見つける。もっとも単純な方法の一つ、もっとも古い方法が、子供を持つということだ。あなたはここからいなくなるだろうが、何かあなたのもの、あなたの一部、あなたの細胞は生き続ける。それは、不死身になる代理の方法なのだ。

科学は今、それよりもずっと洗練された方法を見つけている――というのも、子供はあなたに少しだけ似ているか、あるいは、まったく似ていないかもしれない。彼は、ほんの少ししかあなたのようではないかもしれない。彼があなたにそっくりだという本質的な必然性などない。だから、科学は今、あなたの複製を作る方法を見出した。細胞をいくつか保存しておいて、あなたが死んだら、その細胞から複製を作ることができる。その複製は、あなたと瓜二つだ。双子でさえ、それほど似てはいない。あなたが自分の複製に会えば、驚くだろう。彼は寸分たがわず、そっくりなのだからね。

今や、さらに安全を期すためには、あなたが生きている間に複製を作って、冷凍しておけばいいと言われる。そうすれば、もし何か事故が起こっても――もし交通事故であなたが死んでも――あなたは即座に置き換えられる。あなたの妻はけっして見破れないだろう、子供たちも、このお父さんはそっくりな偽物だとはまったく分からないだろう。あなたに瓜二つだからだ。

人は、それよりもずっと洗練された別のやり方も試してきている。本を書き、絵を描き、素晴らしい交響曲を創るがいい。あなたはいなくなるが、音楽は残る。あなたはいなくなるが、あなたのサインは本に残る。あなたはいなくなるが、あなたの造った彫刻はそこにある。人々はそれを見て、あなたを思い出すだろう。あなたは彼らの記憶に残るだろう。あなたはこの地上を歩くことはできなくなるが、人々の記憶の中を歩くことはできる。何もないよりましだ。有名になり、歴史の書に跡を残すことだ。もちろん、それは脚注にすぎないが、それでも何もないよりましだ。

人は昔から、何とかして何らかの不死を得ようと努力してきた。死の恐怖はあまりに大きく、一生の間あなたにつきまとう。

分離という観念を落としたとたん、死の恐怖は消える。

それゆえ私は、明け渡しの状態はもっとも逆説的だと言う。もしあなたが自発的に死ねば、あなたはまったく死ぬことはない。全体はけっして死なないからだ。その一部だけが置き換わる。もしあなたが全体と一つになれば、あなたは永遠に生きる。あなたは誕生と死を超える。それが涅槃《ニルバーナ》、光明、解脱《モクシャ》、「神の国」――不死の状態の探求だ。しかし満たすべき条件は、非常に恐ろしい。その条件とは、まず、あなたは分離した存在としては死ななくてはならない、というのだ。

それこそが、明け渡しの何たるかだ。分離した存在として、エゴとして死ぬということ。そして実のところ、心配はまったくいらない。あなたは分離してはいないのだ。それは思い込みにすぎない。だからあなたではなく、思い込みだけが死ぬ。それは概念、観念にすぎない。

それはあなたが夜の闇の中で縄を見て、蛇だと思い込むようなものだ。あなたはとてつもなく怖くなり、震え、大汗をかき、蛇から逃げようとする。すると誰かがやって来て、こう言う。「心配はいらない。私はそれを昼間見て、ただの縄だと分かっている。私の言うことが信じられないなら、一緒に来てごらん！　それがただの縄だということを見せてあげよう」

これが、ブッダたちが長きに渡ってしてきていることだ。「イー パッシコー、一緒に来てごらん！来て、見てみなさい！」

彼らは縄を手に取り、ただの縄なのだとあなたに見せる。蛇など最初からいなかった。恐怖はすっかり消えて、あなたは笑い出す。なんと愚かだったのかと、あなたは自分を笑うようになる。そもそもまったく存在していないものから、逃げ続けていたとは！　しかし存在しようとしまいと、流れた汗は本物だった。恐怖、震え、早鐘のような鼓動、血圧――それは、すべて本物だった。

現実に存在しないものが、現実の物事の引き金を引くこともある、それを覚えておくがいい。もしあなたが現実だと思えば、それはあなたにとっては現実として作用する――あなたにとってのみの話だがね。それは夢の現実だが、あなたに影響を与えることはできる。あなたの人生全体、ライフスタイルすべてに影響を与えかねないのだ。

エゴはそこにはない。あなたが少し目覚め、気づき、意識的になったとたん、エゴはまったく見つからなくなる。それは、縄になる。あなたはそれを蛇だと誤解してきた——どこにも蛇は見つからない。

死は存在しない、死は現実のものではない。

しかし、あなたはそれを創り出す。分離を生み出すことで、それを創り出すのだ。

明け渡しとは、分離という観念を落とすことを意味する。すると、死は自然に消える。もはや恐怖はなくなり、あなたの人生の味わい全体が変わる。そうなれば、あらゆる瞬間がクリスタルのようにとてつもなく純粋に……純粋なる喜びと歓喜と至福になる。

そうなれば、あらゆる瞬間が永遠だ。そして、このように生きることが詩だ。エゴなしで、瞬間から瞬間へと生きること、それこそが詩なのだ。エゴなしで生きることは恩寵であり、音楽だ。エゴなしで生きることは、生きること、真に生きることだ。その生を、私は詩と呼ぶ。存在に明け渡した人の生だ。

いいかね、繰り返させてほしい。あなたが存在に明け渡すとき、あなたは何か現実のものを明け渡しているわけではない。あなたはただ、偽りの観念を明け渡しているだけ、ただ、幻想を明け渡しているだけ、マーヤを明け渡しているだけなのだ。あなたは、そもそも自分がまったく持っていなかったものを明け渡している。そして、自分の持っていないものを明け渡すことで、自分の持っているものを手にするのだ。

「私は家にいる。今までもずっとそうだったし、これからもそうだ」と知ることは、大いなるくつろぎの瞬間だ。「私はよそ者ではない。疎《うと》んじられてはいない、根こぎにされてはいない」と知ること、「私は存在に属しているし、存在は私に属している」と知ること——あらゆるものが落ち着き、静まり、静止する。この静止こそが明け渡しだ。

「明け渡し《サレンダー》」という言葉は、あたかも何かに降伏《サレンダー》するかのような、とても、とても間違った観念を与える。あなたは何かに降伏するわけではない、ただ夢を落とすだけ。あなたは社会が恣意《しい》的に創り出したものを落とすにすぎない。

エゴは必要だ。それは社会の中で、果たすべき一定の機能を持っている。誰かが存在に明け渡したとしても、その人は「私」という言葉を使い続ける。しかし今や、それは実用的なものに過ぎず、実存的なものではない。その人は、自分は存在しないと知っている。その人がこの言葉を使うのは、もしそれを使わなければ、他の人たちをいたずらに困らせ、コミュニケーションが不可能になるからだ。それはすでに不可能なのだ！　人々とのコミュニケーションはさらにむずかしくなるだろう。

だからそれは、ただの恣意的な方便だ。もしそれが方便——恣意的で、役に立ち、便利なものだが、まったく存在に即したものではない——と分かっていれば、あなたに問題を生み出すことはけっしてない。

身体は大地に属し、あなたは空《そら》に属している。身体は物質に属し、あなたは存在に属している。身体は粗雑なものだが、あなたはそうではない。

身体には限界がある。身体は生まれて、死ぬが、あなたは生まれもせず、死にもしない。これが信念ではなく、あなた自身の体験となる。

信念は恐怖に方向づけられている。あなたは、不死だと信じたいだろうが、信念は信念にすぎない。偽物であり、外から塗り固めたものだ。体験はまったく違う。それはあなたの内側から湧き上がり、あなた自身のものだ。あなたがそうと知ったとたん、あなたの知を揺るがすものも、あなたの知を破壊できるものもなくなる。世界中が反対しても、それでもあなたは自分が分離していると分かっている。世界中が魂など存在しないと言っても、あなたにはそれがあると分かっている。世界中が神など存在しないと言っても、あなたは微笑むだろう——というのも、体験は外からの承認を必要とせず、おのずと明らかだからだ。

2 生きられなかった生が、死にパワーを与える

死とは運命だ。

それはそうでしかありえない。というのも、それこそが源泉だから――あなたは死からやって来て、死へと赴《おもむ》く。生とは、二つの無の間のつかの間、二つの非在の状態の間の、鳥の飛翔でしかない。

もし死が運命ならば――そしてそれはそうなのだが――生全体はそのための準備、トレーニング――いかに正しく死ぬか、いかにトータルに、完全に死ぬかという修練になる。生全体は、いかに死ぬかという学びの中にある。けれども、死に関する間違った考えが人類に入り込んでしまった。死は敵だという観念だ。これこそ、ありとあらゆる間違った観念の根本であり、これこそが人類が永遠の法から、道《タオ》から離れ、道に迷ってしまった根本なのだ。それはいったいどのように起こったのか？　そのことを理解しておく必要がある。

人は死を、生の敵として捉えている。あたかも、死が生を破壊するもの、生に敵対するものであるかのように。もしこうした観念があれば、もちろんあなたは死と戦わざるをえない。そして生と

は、死を乗り切るための努力となる。そうなれば、あなたは自分自身の源泉と戦い、自分の運命と戦い、これから起こることと戦っていることになる。そうした戦い全体が馬鹿げている。死は避けられないからだ。

もし、それがあなたの外にあるものなら、避けることもできよう。しかし、それは内側にある。生まれたまさにその瞬間から、あなたはそれを携えている。ほんとうのところ、呼吸し始めた瞬間、まさにその瞬間から、あなたは死に始めてもいるのだ。死が最後にやって来るというのは、正しい言い方ではない。死は、最初の最初から、いつもずっとあなたと一緒なのだ。死はあなたの一部であり、あなたの内奥の中心であり、あなたとともに成長し、ある日、それは絶頂に至り、開花を迎える。死の日とは、死がやって来た日ではなく、死が花開く日なのだ。あなたの中でずっと育っていた死が、今や、頂点を迎えた。そしていったん死が頂点に至れば、あなたは源泉へと戻り、消えていく。

しかし人は間違った態度を身につけたために、その間違った態度が葛藤を、戦いを、暴力を生み出す。死が生に反するものだと思う人は、けっして非暴力にはなれない。それは不可能だ。死が敵だと思う人は、けっしてくつろぎ、気楽ではいられない。それは不可能だ。敵がいついかなるときも待ち構えているとなれば、どうしてくつろぐことができる？　敵はあなたにつかみかかり、あなたを打ち砕くだろう。そしてあなたの上には、つねに死の影が落ちているのではないかね？　死はいつでも起こりうる。死がそこにあるとき、どうしてくつろぐことができる？　どうしてリラックスできる？　敵は、あなたがリラックスするのを許さないだろう。
それゆえ、人類の緊張、不安、苦悩がある。死と戦えば戦うほど、あなたは不安に駆られるようになるだろう。そうならざるをえない。それは当然の結果なのだ。もし死と戦えば、負けることになるのは分っている。最後には敗北で終わるような人生で、どうしてハッピーでいられるかね？どれほどがんばろうと、死に対しては成功しないと分かっている。深いところで、あなたにとって確かなものは一つだけ、それが死なのだ。生において、他のすべては不確かだが、死だけは確実だ。確かなものは一つしかないのに、その確実なものと、あなたは敵対している。確実なものと戦い、不確かなものに望みを託して、あなたはどうして安らぐことができるだろう？　どうしてくつろぎ、穏やかに、落ち着いていられよう？　できはしない。

人々は私のところにやって来て、安らぎが欲しい、この世で気楽にいたい、静けさが欲しい、一定のくつろぎが必要だと言う。しかし、彼らの目をのぞき込めば、死の恐怖がそこにある。彼らはたぶん、死に対してもっと楽に戦えるように、くつろごうとしているだけなのだろう。彼らはたぶん、死に対してもっと強くなれるように、安心を見出そうとしているのだろう。しかし、もし死がそこにあれば、どうしてくつろぎ、静まり、安らぎ、気楽にしていられるだろう？　もし死が敵だとすれば、つまるところ、生全体が敵だということになる。そうなれば、あらゆる瞬間に、あらゆるところに影が落ちる。そうなれば、あらゆる瞬間にあらゆる場所から、死がこだまする。生全体が敵意に満ち、あなたは戦うようになる。

西洋的なマインドの概念全体は、生き残るためには戦わねばならない、というものだ。彼らは、「適者生存」、「生は格闘だ」と言う。なぜ格闘なのだろう？　それが格闘であるのは、死を対立するものとして捉えているからだ。ひとたび死は生に対立するものではなく、その一部、欠くべからざる部分であり、生から分離することなどできないと理解したら——ひとたび死を友として受け入れたら、突如として変容が起こる。あなたは変貌し、今やあなたのヴィジョンは新しい質を帯びる。もはや戦いも、戦争もなく、あなたは誰に対しても戦ってはいない。今こそあなたはくつろぎ、今こそ気楽になれる。ひとたび死が友人になれば、そのときにのみ、生もまた友となる。これは逆説的に見えるかもしれない。だが、そうなのだ。ただ一見、逆説的なだけだ。もし死が敵であれば、深いところで生もまた敵になる。生は死に至るからだ。

あらゆる種類の生が死に至る——貧乏人の生、金持ちの生、成功者の生、失敗者の生、賢者の生、愚か者の生、罪人と聖者の生。ありとあらゆる生は、どれほど違っていようと、死に至る。もし死に敵対していれば、どうして生を愛することができよう？　だとすれば、あなたの愛はただの所有欲以外の何ものでもない、あなたの愛は執着以外の何ものでもない。死に逆らって、あなたは生にしがみつくが、この生そのものが死を毎日近くへともたらしていると分かっている。だからあなたには希望はない、すべての努力が絶望的だ。すると不安が湧いてきて、存在全体が震える。あなたは震えながら生き、暴力的になり、気が狂う。

西洋では、狂人の割合は東洋よりずっと高い。その理由は明らかだ。西洋は死を生に敵対したものと捉えているが、東洋では、まったく異なった見方をしているからだ——生と死は一つ、同じ現象の二つの顔なのだ。ひとたびあなたが死を生の一部として受け入れたら、多くのものがたちまちのうちに受け入れられる。実のところ、もしあなたが死を生の一部として受け入れれば、他のすべての敵もまた、友情の一部として受け入れられるようになる。というのも、根本的な二元性、生と死、存在と非在という二元性が解消されるからだ。根本的な二元性が解消されれば、他の二元性はただ表面的なものとなり、すべて解消される。突如として、あなたは家にいる——まなざしは澄み、どんな曇りもなくなる。知覚は完全に明晰になり、周りにはどんな闇もない。

しかしなぜ、なぜこうしたことが西洋で起こったのか？　そしてそれは、東洋でも起こっている。東洋も、日に日に西洋化しているからね。あらゆる教育、科学的な姿勢において、東洋はもはや純粋に東洋ではなく、すでに汚染されている。今や東洋も、不安に、心配にさいなまれている。西洋には、時間に対する意識がとても強いが、東洋ではそれほどではなく、もしあったとしても、それは知的な、教育を受けた階層だけだと気づいたことがあるだろうか？　村に行けば、時間に対する意識はまったくない。実のところ、時間に対する意識とは、死に対する意識だ。あなたが死を恐れていれば、時間は短くなる。すべきことは山ほどあり、あまりにも時間が少ないので、秒刻みで時が過ぎるのを意識するようになる。生は短くなっていく。だからあなたは緊張し、走り回り、たくさんのことをし、そのすべてを楽しもうと、ある場所から別の場所へ、ある楽しみから別の楽しみへと走り回ることになる——そして、何も楽しまない。というのも、あまりにも時間が気になるからだ。

東洋では、それほど時間に対する意識はない。人々は生を受け入れているからだ。インドでは、死に、時間という名前をつけてきたのを、あなたは知らないかもしれない。私たちは死を「カル」と呼び、時間も「カル」と呼ぶ。カルとは時間を意味し、また死を意味する。両者に同じ言葉を使うのは、非常に深い理解を意味する。それは非常に意味深い。時間は死であり、死は時間だ。死を意識すればするほど、時間を意識するようになる。死を意識しなければしないほど、時間を意識しなくなる。そうなれば、時間という問題はなくなる。もしあなたが完全に死を生に吸収させれば、時間の意識はたんに消え失せる。なぜ西洋には、そして今や東洋においても、死に対するこれほどの不安、生をまったく楽しめなくなるほどの不安があるのだろう？

岩は時間のない世界に生き、人よりも幸せだ。木は、死が知られていない世界で生き、人よりも至福に満ちている。彼らが死なないというわけではない。けれども、死は知られていない。動物は幸せで、お祝いし、鳥たちは歌っている。人間以外の存在はすべて至福に満ち、まったく死に気づかずにいる。人間だけが死に気づき、他のありとあらゆる問題を生み出している。それが問題の源、根源的な亀裂なのだ。

これは、そうであるべきではない。というのも、人はもっとも高次の、もっとも洗練された、存在の頂点なのだ――なぜ人がそうでなくてはならない？　頂点を極めれば、ほとんど同時に並行的に、谷も深くなる。高い頂上は、深い谷とともにしか存在できない。岩には不幸はない。谷の部分はない。彼らの幸せもまた、平面的なものだからだ。人間は頂点だ、高みへと昇ったのだ。しかしその上昇ゆえに、それと並んで、深み、谷も存在することになる。もし下をのぞき込めば、気分が悪くなる。下を見れば、怖くなる。谷は頂上の一部だ。頂上がなければ存在できない。そして頂上もまた、谷がなければ存在できない。それは共存し、一体なのだ。しかし頂上の高みに立つ人は、下を見下ろし、気分が悪くなる。めまいを感じ、恐れ、不安になる。

人には意識がある――そこにこそ、すべての困難がある。

意識とは両刃の剣で、それは両方向に切る。それはあなたを、存在の中のどこでも知られていないほどに、完全に幸せにすることもできれば、この世のどこにも知られていないほどに不幸に、惨めにすることもできるのだ。人には二重の可能性がある。意識を持つことで、二つの道が、突如として目の前に開ける。

意識は祝福にもなりうるが、呪いにもなりうる。あらゆる祝福は、呪いとともにやって来るのだ。そこでの問題は、あなたがどう選ぶかにかかっている。あなたに説明させてほしい。

人には意識がある。人が意識を持ったとたん、終わりも――つまり、自分が死ぬということも――意識するようになる。人は明日を意識し、時間を意識し、時間の経過を意識するようになる

——そうなれば、遅かれ早かれ、終わりが近づいてくる。人は意識的になればなるほど、死が問題に、唯一の問題になる。それをいかに避けるべきか？　これは、意識の間違った使い方だ。それはちょうど、子供に望遠鏡を渡したものの、その子は使い方が分かっていないようなものだ。彼は、逆側からそれをのぞくこともできる。

意識は望遠鏡であり、逆側からのぞくこともできる。そして逆側には、それなりの恩恵があり——さらなる困難が生まれる。望遠鏡を逆側からのぞけば、たくさんの恩恵が可能になるのが分かるだろう。短い期間であれば、多くの恩恵が可能だ。時間を意識する人たちは、時間を意識しない人たちに比べ、何かを手に入れる。死を意識する人たちは、死を意識しない人たちよりも、多くのものを手にする。だからこそ、西洋は物質的な富を蓄積し、東洋は貧しいままなのだ。もしあなたに死の意識がなければ、誰がかまうだろう？

人々は瞬間から瞬間へと、明日が存在しないかのように生きる。誰が貯め込んだりする？　何のために？　今日はとても美しい、どうして祝わないのか？　そして、明日のことは、明日が来れば分かるだろう。

西洋では、人々は無限の富を蓄積している。とても時間を意識しているからだ。彼らは人生全体を、物、物質的な物——摩天楼におとしめてしまった。彼らは多くの富を手に入れた……それが、逆側からのぞき込むことによる恩恵だ。彼らには、近くの、目先の特定のものしか見えない。遠くのものは見えない。彼らの目は、遠くを見ることのできない盲人の目のようになってしまった。最終的には、たいへんな代価を支払うことになるかもしれないとは考えもせず、たった今、集められるだけのもの、それだけにしか目がいかない。長い目で見れば、こうした恩恵は恩恵とは認められないかもしれない。大きな家を建てることはできるが、それが建つころには、あなたはもう逝かんとしている。あなたはそこに、まったく住めなかった。あなたは小さな家に美しく住むこともできたかもしれない。小屋でもよかったかもしれない。けれどもあなたは御殿に住もうと思った。さて、御殿はできたが、その人は逝ってしまった。彼はそこにはいない。

人々は自分自身を犠牲にして、富を蓄積する。とうとう、結局のところ、いつか彼らは、自分を失ってしまったこと、役に立たないものを買い込んでいたことに気づく。代価は大きかったが、もうどうしようもない。時は過ぎたのだ。

もし時間を意識すれば、あなたは物を貯め込むことに必死になり、すべての生命力を物に変えようとするだろう。生の全体を意識する人は、この瞬間をできるだけ楽しむ。彼は浮かぶだろう。明日のことを気に懸けることはない。明日はけっして来ないと知っているからだ。彼は、結局のところ実現すべきものはただ一つ——自分自身の自己だけだと、深く理解しているのだ。

生きなさい。自分自身に触れるほど、トータルに生きるのだ……。自分自身に触れる方法は、それ以外にない。あなたがより深く生きれば生きるほど、関係性の中で、独りの中で、より深く自分を知るようになる。あなたが関係性へと、愛の中へと深く入っていけばいくほど、あなたはより深く知るようになる。愛が鏡となる。そして一度も愛したことのない人は、独りにはなれない。せいぜい孤独になれるだけだ。

愛し、関係性を知った人は、独りになることができる。今や彼の独りあることは、まったく異なる質を持つようになる。それは孤独ではない。彼は関係性を生き、愛を成就し、他者を知り、他者を通して自分自身を知った。彼はもう、直接自分を知ることができる。もう鏡は必要ではない。鏡に出会ったことのない人のことを考えてごらん。目を閉じて、自分の顔を見ることができるだろうか？できはしない。彼は自分の顔を想像することすらできず、それに瞑想することもできない。しかし鏡に出会い、それをのぞき込み、それによって自分の顔を知った人であれば、目を閉じて、自分の顔を内側で見ることができる。それが関係性で起こることだ。ある人が関係性へと入っていくとき、その関係性は、彼自身を映し返し、彼は自分の中にあるとまったく知らなかった多くのことを知るようになる。

他者を通して、彼は自分の怒り、貪欲さ、嫉妬、所有欲、慈悲、愛、そして自分の存在の何千もの心の状態を知るようになる。他者を通して、彼は多くの風土に出会う。徐々に彼には、もう独りになれる瞬間がやって来る。彼は目を閉じて、自分自身の意識を直接知ることができる。だから私は、愛したことのない人たちには、瞑想はとても、とてもむずかしいと言うのだ。

深く愛した人たちは、深く瞑想する人になれる。関係性の中で愛した人たちは、今や、自分自身でいられる位置にいる。彼らは今や成熟し、相手はもう必要ではない。もし相手がそこにいれば、分かち合うことはできる。しかしその欲求は消えている。もう依存はない。

意識は、ついには死を意識するようになる。もし意識がついに死を意識するようになれば、恐怖が湧いてくる。その恐怖はあなたの中で、絶えざる逃避を創り出す。そうなれば、あなたは生から逃げている。生があるところがどこであろうと、あなたは逃げ出す。というのも、生があるところにはどこでも、死の気配、一瞥《いちべつ》がやって来るからだ。あまりにも死を恐れる人たちは、けっして人に恋しない、物に恋する――物は死なないからね。物はまったく生きてはいないからだ。

物ならばずっとずっと持っていられるし、さらには取り換えもきく。ある車がダメになれば、まったく同じ型の車が代わりになる。しかし、人を取り換えるわけにはいかない――もしあなたの妻が死ねば、永遠に死ぬのだ。別の妻を迎えることはできても、他のどんな女性も彼女の代わりにはなれない――良かれ悪しかれ、他の女性は誰も、その同じ女性にはなれない。もし子供が死ねば、別の子を養子に取ることはできるが、実の子と同じ質の関係を、養子との間に持つことはできない。その傷は残り、癒されることはないだろう。あまりに死を恐れる人たちは、生を恐れることになる。

そうなれば、その人たちは物を貯め込む――大きな御殿、大きな車、何百万ものドルやルピー《インド通貨》、あれやこれやと、死ぬことのない物を。ルピーは、バラより不死だ。彼らはバラのことなどかまわずに、ルピーを蓄え続けるだけだ。

ルピーはけっして死なない。それはほとんど不滅だ。

しかしバラとなれば……朝には生きていたのに、夜になれば、もうなくなっている。彼らはバラを恐れるようになり、目を向けようともしない。あるいはときには、もし願望が湧き上がれば、造花を買うだろう。それはいいものだ。造花とならば気楽にいられる。それはある意味で不死だからだ。それは永遠に、永遠に、永遠にそこにある。本物のバラとなれば——朝には、それはとても生き生きとしているのに、夜までには散って、花びらは大地に落ち、同じ源泉へと還っている。それは大地からやって来て、しばらくの間花咲き、その香りを存在全体へと放つ。そして使命が果たされ、メッセージが届けられれば、それは静かに土に還る。涙の一粒もこぼさず、何の格闘もなしに。

あなたは花びらが大地に散っていくのを見たことがあるかね？　その散り際のなんと美しく、なんと優雅なことだろう。何の執着もない。一瞬ですらしがみつこうとしないのだ。そよ風がやってくれば、花全体が大地に落ち、源に還っていく。

死を恐れる人は、生を恐れるようになり、愛を恐れるようになる。というのも、愛は花だから——愛はルピーではないからね。生を恐れる人は、結婚はしても、けっして恋に落ちはしないだろう。結婚はルピーのようなもの、愛はバラの花のようなものだ。それはそこにある、それはなくなるかもしれない。しかしあなたは、けっして確信を持つことはできない。法的な不死性はそこにはない。結婚とはしがみつくことのできるもの、証明書があり、裁判所が背後に控えている。それは警察力を持ち、大統領が背後にいて、何かがうまくいかなくなれば、そろってやって来てくれる。しかし、愛となれば……もちろんバラの力というものもある。しかし、バラは警察官ではないし、大統領ではない。彼らには守ることはできない。

愛はやって来ては去る。結婚はただやって来る。それは死んだ現象であり、制度なのだ。人々が制度の中で生きたがるのは、まったく驚くべきことだ。恐れて、死を恐れて、彼らはあらゆるところから死の可能性を殺してしまった。そして自分たちの周りに、すべてはそのままでとどまるという幻想を創り出している。すべてが安心で安全だ。この安全の陰に隠れ、彼らはある種の安心感を得ているが、それは愚かで馬鹿げたことだ。何も彼らを救うことはできない。死がやって来て、彼らの扉を叩き、彼らは死ぬことになる。

意識には、二つの見通しを持つことが可能だ。一つ目は、生を怖れること。死は、生を通してやって来るからだ。もう一つは、死をも愛するようになるほど、生を深く愛すること。死は、生のもっとも内なる核心だからだ。最初の姿勢は思考から、二番目の姿勢は瞑想からやって来る。最初の姿勢は、あまりに多くの思考から、二番目の姿勢は、思考のないマインド、ノーマインドからやって来る。意識は思考にもなりうるし、思考がふたたび意識へと溶け入ることも可能なのだ。

寒い冬の川を考えてごらん。氷山が現れてくるころには、水の一部はもう凍りついている。さらに寒くなれば、気温は氷点下となり、川全体が凍りつく。そうなればもう、どんな動きも、流れもない。意識とは川、流れなのだ——思考が増えれば増えるほど、流れは凍りつく。もし、あまりにも多くの思考、あまりにも多くの「思考という障害物」があれば、どんな流れの可能性もなくなる。川は完全に凍りつく。あなたはすでに死んでいる。

けれどももし、川が完全に流れていれば、もしあなたが氷山をすっかり溶かし、凍っていたものすべて、思考のすべてを溶かすなら……。それこそが瞑想の何たるかだ。それは、あらゆる思考を解凍する努力だ。それはふたたび意識へと転換されうる。そうなれば、川は流れる。川は流れとなり、生き生きと、脈打ちながら、踊りながら、海へと向かう。なぜ人々は凍っていたいのだろう？なぜなら、凍った川は海に流れていくことはないからだ。海は死を意味する。その川は消え失せる、永遠に消える。それは、無限なるものと一つになり、もはや個ではなくなる。それは、自分の名前を持たなくなる。そうなれば、ガンジス川はガンジス川ではなくなり、ボルガ川はボルガ川ではなくなる。それは地図に記されていないところへと消え失せる。

もしマインドが恐れれば、それはつむじ風のような思考となる。もしあなたが思考過多の人で、朝から晩まで、夜から朝まで考えに考えているとすれば、昼間は思考に次ぐ思考、夜には夢また夢だとすれば——あなたの川は凍りついている。それもまた、恐怖の一部なのだ。あなたの川はあまりにも凍りつき、あなたは身動きがとれない。だから海はずっと遠いままだ。もし動けば、あなたは海へと流れ込んでしまう。

瞑想とは、あなたを解凍するための努力だ。思考は徐々に雪のように溶け、もう一度流れるようになる。そして、マインドは流れとなる。もはや何も妨げるものはない。それは妨げられることなく海へと向かう。

もし意識が瞑想的になれば、あなたは死を受け入れる。そうなれば、死は分離したものではない。それはあなたなのだ。そうなれば、あなたは死を休息として受け入れる、死を最後のくつろぎとして受け入れる、死を引退として受け入れる。あなたは退く。一日中懸命に働いてきたのだ。夜になれば、家に帰り、眠りにつく。あなたは退く。生は昼のようなもの、死は夜のようなものだ。

＊

しかし恐怖、不安、時間ノイローゼ――それは慢性のものとなっている。時間の流れに絶えず目を見張り、恐れることが、ほとんど第二の天性のようになってしまった。その恐怖とは基本的に、こういうものだ。「まだ生きることができていないのに、時は去っていく。それは取り返せない。元には戻せない。ひとたび去れば、永遠に去ってしまう。そして日に日に生は縮まって、どんどん、どんどん短くなっていく」

その恐怖は、死に対してではなく、時間に対するものだ。もし、その恐怖を深くのぞき込めば、生きてはこなかった生に対する恐怖だと分かる――あなたはまだ、生きることができていない。もしあなたが生きていれば、恐怖はない。もし生が充足に至っていれば、恐れはない。もしあなたが楽しみ、生が与えられる頂点を手にしていれば――もしあなたの生がオーガズミックな体験、内側で脈打つ深い詩、歌、祝祭、式典であり、あなたがあらゆる瞬間を余すところなく生きたならば――そのときには、時間に対する恐怖はない。そのとき、恐怖は消える。

もし今日、死がやって来たとしても、あなたには準備ができている。あなたは生を知ったのだ。それどころか、あなたは死を歓迎するだろう。というのも、新しい機会が開かれるからだ。新しい扉、新しい神秘が啓示される。「私は生を生きた。今度は死が扉を叩いている。急いで扉を開けるとしよう。いらっしゃい！　生のことは分かったからね、今度は君のことも知りたいよ」

それこそ、ソクラテスが死のうとしていたときに起こったことだ。彼の弟子たちは涙を流し、泣いたり叫んだりし始めた――そして、それは自然なことだった。ソクラテスは目を開け、言った。「やめなさい！　お前たちは何をしている？　なぜ泣いているのだ？　私は自分の人生を生きた、生き切ったのだよ。今や死がやって来て、私はそれに、とても、とても魅了されている。大きな愛と憧れと希望とともに、待っているのだ。新しい扉が開いて、生が新しい神秘を明かそうとしているのだからね」

ある人が尋ねた。「怖くないのですか？」

ソクラテスは言った。「なぜ死を恐れなくてはならないのか、私には分からない……なぜなら、そもそも、それがどんなものになるのか、分かっていないのだ。次に、可能性は二つしかない。私が生き残るか――だとすれば、恐れという問題はない――あるいは、生き残らないか。だとしたら、これも恐れるという問題ではない。もし私が生き残らなければ、問題はない――私がいなければ、問題の持ちようがない――そしてもしここにいる私のまま生き残るならば、もし私の意識が生き残るならば、問題はない。そこに私はまだいるのだから。問題は生きる上でもあったが、私は解決してきた。だからもし私がそこにいて問題があれば、私がそれを解決するだろう」

問題を解決するのは、つねに喜びだ。それはチャレンジを与えてくれる。あなたはチャレンジを受けて立ち、その中へと入る。そしてそれを解けば、大きな喜びが解き放たれる。

死の恐怖は、時間の恐怖だ。そして時間の恐怖とは、深いところでは、生きられなかった瞬間への恐怖、生きられなかった生に対する恐怖だ。

ならば、どうしたらいい？

もっと生きること、もっと強烈に生きることだ。危険をかえりみずに生きなさい。それは、あなたの人生だ。今まで教わったどんな馬鹿げたことのためにも、それを犠牲にしてはいけない。あなたの人生なのだ。生きるがいい！　それを、言葉のため、理論や国や政治ために犠牲にしないように。他の誰かのために犠牲にしないように。生きることだ！　死ぬのは勇気あることだなどと思わないようにしなさい。

唯一の勇気とは、生をトータルに生きることだ。それ以外の勇気はない。

死ぬのは、とても楽で簡単だ。崖から飛び降りたり、首を吊ったりすることもできる――それはとても簡単なことだ。国のため、神のため、宗教のため、教会のために殉教者になることもできるが……。すべて殺戮《さつりく》者！　すべて人殺しだ！

自分を犠牲にしないようにしなさい。あなたがここにいるのは自分のためであって、他の誰かのためではない。

ならば、生きるがいい。完全な自由をもって、あらゆる瞬間が永遠へと変容するほどに強烈に生きるのだ。もしある一瞬を強烈に生きれば、それは永遠へと変容する。もしある一瞬を強烈に生きれば、あなたは水平なるものから抜け出し、垂直なるものへと移行する。


時間と関わる二つの方法がある。一つは、ただ海の表面を泳ぐだけ。もう一つは深く潜る、深みへと入っていく方法だ。

もし、時間という海の表面を泳いでいるだけであれば、つねに恐れがつきまとう。表面は実在ではないからだ。表面はほんとうのところは海ではない。それはたんなる境界線、周辺にすぎない。深みへと行きなさい、深みへと向かいなさい。ある瞬間を深く生きるとき、あなたはもはや時間の一部ではなくなる。

もしあなたが愛していたら、深い愛の中にいるとしたら、時間は消える。あなたが最愛の人や恋人や友人といるとき、突如として時間はなくなる。あなたは深みへと動いている。もしあなたが音楽を愛していれば、もし音楽的なハートを持っていれば、時が止まるのが分かるだろう。もしあなたに美的感覚があったら、美への感受性と繊細さがあったら――バラを見つめてごらん。時は消える。月を見てごらん。どこに時間がある？　時計はすぐに止まる。時計の針は動き続けるだろうが、時は止まる。もし、何であれ、あなたが深く愛したら、時を超えるのが分かるだろう。その秘密は、何度もあなたに明かされてきた。生そのものが、あなたにそれを明かすのだ。

生はあなたに楽しんでもらいたい。生はあなたに祝ってもらいたい。生は、あなたに深く関わってもらいたがっている。過去に対する後悔がなくなるほどに、過去を思い出すことがないほどに。というのも、瞬間ごとに、あなたはさらなる深みへと向かうのだからね。瞬間ごとに、生はもっと、もっと美しく、もっとオーガズミックになり、至高の体験となる。徐々に、あなたが頂点に調子を合わせるようになると、そこがあなたの住まいとなる。

それが、光明を得た人の生き方だ。彼はトータルに、瞬間から瞬間へと生きている。ある禅師に尋ねた人がいた。「光明を得たあと、何をなさっているのですか？」

「井戸から水を汲み、森で木を切る。腹が減ったら食べ、眠くなったら眠る――それだけだ」と彼は言った。

しかし、よく覚えておきなさい。自分自身の存在を深く理解した人が木を切るとき、彼はただ木を切る。そこには他に誰もいない。実のところ、木を切る人はそこにはいない。ただ、木を切ること、伐《き》ることだけがある。木を伐る人はそこにはいない。というのも、木を伐る人は過去だからだ。

食べるときには、彼はただ食べる。

また別の偉大な禅師は言った。「座るときは座れ。歩くときは歩け。何よりも、ふらつくな」

時間が問題となるのは、あなたが正しく生きてこなかったからだ。それは象徴的で、ある兆候なのだ。もし正しく生きていれば、時間という問題は消える。時間の恐怖は消える。それでは、どうしたらいい？

瞬間ごとに、何をしていようと、トータルにすることだ。単純なこと、風呂に入るときには、トータルに入りなさい。全世界を忘れることだ！　座るなら座る、歩くなら歩く。何よりもふらつかないことだ。シャワーの下にいるときは、全世界があなたへと降り注ぐにまかせなさい。あなたに降り注いでいる、そうした素晴らしい水滴と溶け合うことだ。家の掃除や料理、洗濯や朝の散歩といった小さなこと、それをトータルにするがいい。そうすれば、どんな瞑想も必要ではない。

瞑想とはまさしく、一つのことをいかにトータルにするかを学ぶための方法だ。

ひとたびあなたが学んで、生のすべてが瞑想となったら、瞑想のことはすべて忘れてしまいなさい。生が唯一の法に、唯一の瞑想になるにまかせることだ。そうなれば、時間は消える。そして覚えておくがいい。時間が消えるとき、死もまた消える。そうなれば、あなたは死を恐れはしない。それどころか、あなたはそれを心待ちにする。

こんな現象を思い浮かべてごらん。あなたが死を待つとき、どうして死が存在できるだろう？

この待機は自殺のようなものではない、この待機は病的なものではない。あなたは自分の生を生きた。もし自分の生を生きたなら、死はまさしくそのすべての頂点となる。死は生のクライマックス、頂上、絶頂となる。

あなたは食べたり、飲んだり、眠ったり、歩いたり、愛を交わしたりという小さな波をすべて生きた――小さな波や、大きな波を生きた。そして、もっとも大きな波がやって来る。あなたは死ぬのだ。あなたはそれもまた、トータルに生きなくてはならない。そのとき、人は死ぬ準備ができている。その準備そのものが、死そのものの死だ。

このようにして人々は、死ぬものは何もないと知るようになった。もしあなたに死を生きる用意があれば、死は無力なものになる。もしあなたが恐れれば、死は非常にパワフルになる。

生きられなかった生が、死にパワーを与える。トータルに生きられた生は、死からすべてのパワーを奪う。死は存在しないのだ。

3 生きる勇気

誰もほんとうには死を恐れてはいない。さもなければ、生きることは不可能になるだろう。自然の安全策というものがある。それは、理解すべきとても基本的な性質の一つだ。

自然は、あなたに死の恐怖を感じてもらいたくはない。もし死の恐怖に圧倒されるようになったら、生きることはできなくなるという単純な理由のためだ。人は、自分が永遠に生きると信じ続けてこそ、生きることができる。物事は移り変わり、人々は死んでいくが、あなたはそうしたすべての変化の外にとどまる。それはあなたの体験に基づいているのだ。

詩人は言う。「誰がために鐘は鳴ると問うなかれ、それは汝がためなり」

だが、汝のために鐘が鳴るとき、あなたはそこにいない、それを聞くことはない――それは厄介だからね。私はあなたに言おう、鐘はいつも、他人のために鳴る、だからあなたはそれを聞くことができるのだ。その詩人は、人間意識のより深い領域を知らない。ある意味では、彼の言っていることは真実だ。その通り、それは汝のために鳴る。しかし、あなたがそれを聞くとなると……。その意味するところは理解できる。しかし、その意味するところが、あなたの中に恐怖を生み出すことはない。これを書いた詩人ですら、死を恐れてはいなかったと、私は確実に言える。彼ですら、鐘が鳴るのを聞きながら、それが自分のために鳴っているとは思っていなかったのだ。それはいつも他の誰かのため、いつも他者のためなのだ。

人々はガンになるのを恐れ、エイズになるのを恐れ、視力が衰えるのを恐れ、体の自由が効かなくなるのを恐れている。人々は、年老いたときに起こる、ありとあらゆることを恐れている、老いを恐れているのだ。死を恐れる人はいない。死はとても清らかだ――なぜ恐れなくてはならない？

実際、老いが近づけば近づくほど、そして死が近づけば近づくほど、あなたはより死がすみやかにやって来るのを望むようになる。死はまったく清らかで純粋だ。それはけっして誰をもわずらわせず、けっして誰をも拷問にかけてはこなかった。誰も死を恐れてはいない。私は死を恐れている人に出会ったことがない。人々は確かに、病院の奇妙な種類のベッドに寝かされるのを恐れている。足が持ち上げられ、手を下げられ、ありとあらゆる種類の器具を頭や胸に取りつけられる……。こうしたすべてを恐れてはいるが、死についてはどうだろう？　今まで死が誰かに害を及ぼしたことを見たことがあるかね？　なぜそれを恐れなくてはならない？

人は死ではなく、生を恐れている。というのも、生は、解決すべき問題だからだ。生には解決すべき、何千もの複雑な問題がある。生にはあまりにもたくさんの次元があるので、あなたは絶えず悩んでいる。自分が今進んでいる次元は正しいのか？　それとも、自分は正しい方を後にしてしまったのか？

あなたが何をしていようと、この疑問符がなくなることはない。これはほんとうにしたいことだったのか？　あるいは、ほんとうのところ、こうするように運命づけられていたのか？　誰もが、生によってつねにかき乱されている。人々は生きることを恐れているので、できるだけ制限された形で生きようとする。彼らは生を、制限された心配事にしてきた。

彼らは自分の生の周りに垣根を作ろうとする。生という原野で生きたくはない。それは、大きな恐怖を生み出すのだ。人々は、家の周りに感じのいい垣根を巡らし、美しい英国式の庭――すべてが左右対称《シンメトリー》で、よく手入れされ、刈り込まれた庭――を造る。そして彼らは、これが生だと思う。これは生ではない、生を避ける努力にすぎない。

生はただ、野生的でしかありえない。

生に垣根を巡らすことはできない。英国式の庭のようにはできない。すべてがシンメトリーのヴィクトリア朝のものではないのだ。

人々は生を恐れている。彼らが恐れるのは、生は、あなたが野生的になることができて初めて可能だからだ――愛において野性的、歌において野性的、ダンスにおいて野生的であること。ここにこそ、恐怖がある。

生への恐れを落としてごらん……。というのも、恐れるか、生きるかしかないのだからね。それは、あなた次第だ。そして、恐れるような何がある？　あなたは、何も失いようがない。ただ得ることができるだけだ。そして、あらゆる恐怖を落とし、生にトータルにジャンプしてごらん。そうすればいつか、死は敵としてではなく、歓迎すべき客としてやって来る。そしてあなたは、生を楽しんだ以上に死を楽しむだろう。というのも、死には独自の美しさがあるからだ。そして死は、ほんのたまにしか起こらない、ごくまれなもの――生は毎日のものだ。

＊

あなたの中には、何層にもわたる、たくさんの可能性がある。

最初の層は、身体の層だ。もし身体に自己同一化すれば、あなたは一時的な、過ぎゆくものに同一化することになる。そうなれば、必然的に死を恐れるようになる。

身体は、川のような流動体だ――絶えず変わり、動いている。そこには、永遠なるものはまったくない。瞬間ごとに、身体は変わっている。実のところ、身体は瞬間ごとに死んでいる。七十年後のある日、突然死ぬわけではない。身体は毎日死んでいる。死は、七十年間続く。それはプロセスだ。死は出来事ではなく、長いプロセスなのだ。少しずつ、少しずつ身体は自らを保持できない地点へと至る。それは崩壊する。

もし、あなたが身体に同一化していれば、そこにはもちろん、死が近づいているという絶えざる恐れがあることになる。生きることはできるが、恐怖の中で生きることができるだけだ。そして、自分の土台が絶えず揺れているときに、どんな種類の生が可能だろう？　火山の上に座り、いつ何時にも死が可能だというときに？　一つのことだけ——死が近づいていることだけが確かで、他のすべてが不確かなときに？　人はどうして生きられるだろう？　どうして祝える？　どうして踊り、歌い、在ることができる？　できはしない。死がそれを許さないだろう。死は手に余るし、あまりにも近すぎる。

　そして、あなたの内側に第二番目の層がある。マインドの層だ——それは身体よりもさらに一時的で、さらにつかの間のものだ。マインドも、絶えず崩壊している。

　マインドは身体の内なる部分、身体はマインドの外なる部分だ。それらは二つのものではない。「マインドと身体」というのは、正しい表現ではない。正しい表現とは「心身《マインドボディ》」だ。あなたは心身的な存在なのだ。身体が存在し、マインドが存在するわけではない。身体は粗雑なマインドで、マインドは精妙な身体だ。それは同じコインの裏表——一方は外側、一方は内側だ。

　だから、身体に同一化している人々がいる。唯物論者たちだ。彼らには生きることはできない。もちろん絶望的に試みはするが、彼らにはできない。唯物論者は、生きているというフリをするだけで、生きることはできない。彼の生はそれほど深くなりようがない。それはただ、表面的で、薄っぺらなものでしかない。というのも、彼は身体を通して生きようとしているが、身体は絶えず死んでいるからだ。彼は、火のついた家に住んでいる。燃えている家で休もうしているのだ。どうして休める？　どうして愛することができる？

唯物論者にできるのはセックスだけ、愛することはできない。というのも、セックスは一時的なもの、愛は永遠なるものだからだ。彼には、ヒットエンドランのような接触は可能だが、関わりを持つことはできない。彼は身体に同一化しているから、絶えず走っている。身体はけっして休むことがない。それは、絶えざる動きだ。できるのは、せいぜいセックスだけ——一時的な、つかの間のもの。さらなる深みも、魂も、内奥の核に触れるものも何もない。互いの存在は、遠く離れたまま、身体と身体が出会い、交じり合い、また別れる。唯物論者とは、愚か者の最たるものだ。彼は死を通して生きようとしているからだ。それは愚かだ。

そして、また別の種類の人がいる。理想主義者——マインドに、観念に、イデオロギーに、理想に同一化している人だ。彼は、とてもはかない世界に生きている——いかなる意味でも、唯物論者のやることとよりよいわけではない。もちろん、エゴはもっと満たされるだろう。彼は、唯物論者を非難することができるからね。彼は神について語り、魂について語る。宗教や、偉大なことについて、あの世について語る——しかしそれはすべて、ただのおしゃべりだ。彼はマインドに住んでいる。絶えず考え、熟考し、観念や言葉で遊んでいる。彼はマインドのユートピア——偉大で美しい夢——を生み出すが、彼もまた、機会を無駄にしている。というのも、機会は今ここなのに、彼はどこか他の場所のことばかり考えているからだ。

「ユートピア」という言葉は美しい。それは「けっしてやって来ないもの」という意味だ。彼は、けっしてやって来ないもの、やって来ることなどありえないもののことを考えている。彼はどこか他の場所で生きている。ここに存在してはいるが、どこか他の場所、二分法の中、二元性の中で生きている。彼は、大きな緊張とともに存在している。政治家、革命家、いわゆる神学者や聖職者たち——彼らはすべて、マインドに同一化した生を生きているが、真の生は、身体とマインドの両方を超えている。あなたは身体にいるし、マインドにいるが、あなたはそのどちらでもない。身体はあなたの外側の殻、マインドは内側の殻だ。あなたはその両方を超えている。

この洞察こそ、真の生の始まりだ。

どうすればこの洞察を始められるだろう?

観照し始めてごらん。通りを歩くとき、観照者になるのだ。身体が歩いているのを見守ってみなさい。もっとも内なる核心から、ただ見守り、観照し、観察する。突如として、あなたは自由の感覚を手にするだろう。突如として、身体は歩いているが、あなたは歩いてはいないのを見るだろう。

身体には健康なときもあれば、病気のときもある。見守ってごらん。ただ見守っていれば、突如として、あなたはまったく違った存在の質を感じ取るだろう。あなたは身体ではない。身体はもちろん病むが、あなたは病んではいない。身体が健康でも、それはあなたとは何の関係もない。あなたは観照者、丘の上の見張りだ……はるか、超えている。もちろん、身体につながれてはいるが、身体に同一化してはいない。身体に根づいてはいるが、つねに超えている、超越している。

最初の瞑想は、あなたを身体から分離させる。そして少しずつ、身体の観察がもっと鋭くなったら、今度は絶えずマインドの中で続いている思考を観察し始めてごらん。けれども、最初は身体を見守ることだ。それは粗雑で、より楽に観察することができるし、大した気づきは必要ないからだ。ひとたびあなたの調子が合ったら、マインドを見守り始めなさい。

何であれ、見守ることのできるものは、あなたから分離する。何であれ、観照できるものは、あなたではない。あなたは観照している意識だ。観照されるものは客体、あなたは主体だ。あなたが観照者となるとき、身体とマインドもまたずっと遠くにとどまる。突如として、あなたはそこに在る――身体もなく、マインドもなく……純粋意識、ただ純粋なるもの、無垢なるもの、鏡として。

この無垢さの中で、初めてあなたは本来の自分を知る。この純粋さの中で、初めて存在が生となる。初めて、あなたは在る。その前には、あなたはただ眠って、夢を見ていた。今やあなたは在る。

そしてあなたが在るとき、死は存在しない。

そうなれば、あなたは自分の死をも観照するだろう、と分かる。生を観照できるようになった人は、死を観照できるようになったのだ。というのも、死は生の終わりではないからだ。それは生のまさに絶頂、まさに頂上なのだ。

生は、死の中で頂点を迎える。

恐れゆえに、あなたは見逃す。さもなければ、死は存在するもっとも大いなるエクスタシー、もっとも大いなるオーガズムだ。

あなたはセックスで小さなオーガズムを知ってきた。セックスでも、小さな、些細な死が起こる。あなたの身体からいくらかの生命エネルギーが解き放たれ、オーガズムを感じ、重荷を降ろし、くつろぎを感じる。死について考えてみてごらん。あなたの持っているエネルギーがすっかり解放される。死は、もっとも大いなるオーガズムなのだ。

性的なオーガズムでは、あなたのエネルギーのほんの小さな、ごくわずかな部分がくつろぐ。それでもあなたは、とても素晴らしく感じる。それでもあなたは、とてもくつろいで、深い眠りに落ちる。あらゆる緊張が溶け去る。あなたはハーモニーとなる。死を、生命全体が解き放たれるもの、あなたの身体のあらゆる毛穴から命がすっかり解き放たれて、全体へと還っていくものとして捉えてごらん。それは、存在するもっとも大いなるオーガズムなのだ。

そう、死はもっとも大いなるオーガズムだ。けれども人々は恐怖のために、それを逃し続ける。同じことが、性的なオーガズムでも起こる。多くの人々は、それを逃し続けている。彼らは恐怖ゆえに、どんなオーガズムも得られない。トータルにその中へと動いていけないのだ。これを覚えておきなさい、死を恐れている人は、セックスをも恐れるだろう。

このことを、インドで見ることができる。あの国は今でもセックスを恐れ、また、死をとても恐れている。他のどこにも、これほどの臆病者を見出すことはできない。他のどこを探しても、これほど臆病な人たちはいない。何が起こったのか？　死を恐れる人々は、セックスも恐れるようになる。セックスでは、小さな死が起こるからだ。セックスを恐れるようになる人たちは、あまりにも生にしがみつく。彼らはケチになる。ケチな人は性的なオーガズムを逃し、そして大いなるオーガズム、生そのものの成就を逃すことになる。

ひとたび死の何たるかを知れば、あなたはそれを大いなる祝祭とともに受け取る。あなたは歓迎するだろう。死はあなたの一生の努力の成就、あなたの一生の努力の結晶なのだ。旅は終わる。人は家に帰る。

死において、あなたは死にはしない。

ただ、身体とマインドを通してあなたに与えられたエネルギーが解き放たれ、世界へと帰るだけだ。あなたは家に帰るのだ。

もし正しく死ななかったら、あなたはふたたび生まれてくるだろう。さて、これについて説明させてほしい。あなたが正しい死に方をしなければ、死というトータルなオーガズムを達成しなければ、あなたはふたたび生まれてくるだろう。あなたは逃したからだ。だから別の機会が与えられなくてはならない。

存在はあなたに対し、とても忍耐強い。あなたにさらなる機会を与え続ける。存在は慈悲深いのだ。もしあなたがこの生を逃せば、存在はまた別の生を与える。今回がダメでも、もう一度やり直すために、この世へと戻される。目標を達成しなければ、あなたは何度も、何度も送り返されることになる。それこそ、生まれ変わりの理論が意味していることだ。

キリスト教の神は少しばかりケチだ。彼はたった一度の生しか与えない。それが、大きな緊張を生み出す。たった一度の生だって？　間違いを犯す時間すらないし、道に迷う時間もない。それは内面の、とても深い緊張を生み出す。東洋では、絶えず与え続ける、より慈悲深い神を創り出してきた。この生を逃した？　それでは、もう一つあげよう！　そしてある意味で、これは非常に理にかなっている。しかし、あなたに生を与える、人格を持った神のようなものがいるわけではない。

実のところ、それはあなた自身なのだ。

ときには、気づいたことはないかね？　夜、あなたは眠りにつく。ただ見守ってごらん。眠りに落ちるとき、眠りに落ちようとするとき、最後の思考、最後の欲望、マインドの中の最後の断片をただ見守ってみる。そして、朝、あなたが目覚めたと感じたら、目を開けないようにして、また、ただ見守るのだ。最後の断片が、最初の断片となる。

あなたが眠りに落ちるときにお金のことを考えていたら、まさにその同じ思考が朝の最初の思考となる。あなたはまたお金のことを考えているだろう——その思考がまだマインドの中にあって、あなたが戻ってくるのを待っていたからだ。何であろうと……もしあなたが、神のことを考え、祈り、それがクスのことを考えることになる。もしセックスのことを考えていたら、朝、あなたはセッその夜の最後のものだったら、朝、最初に、祈りがあなたの中から湧き上がってくるのが分かるだろう。

夜の最後の思考が、朝の最初の思考になる。この生での最後の思考が、別の生での最初の思考になる。今世あなたが死にゆくときの最後の思考が、あなたの次の生の最初の種となる。

しかしブッダ、達成した人が死ぬときは、どんな思考もなく、ただ死ぬ。彼はそのオーガズムを楽しむ。それはとてつもない充足、完全なる充足なので、彼には戻ってくる必要がない。ただ宇宙へと消え去る。彼にはもう一度身体をまとう必要はない。

東洋においては、私たちは人々の死の体験を見守ってきている。あなたの死に方が、あなたの全人生と、あなたのそれまでの生き方を映し出すのだ。

もし私があなたの死を見ることができれば、あなたの伝記をまるごと書くことができる——その一瞬の中に、あなたの全人生が凝縮されるからだ。その一瞬に、稲妻のように、あなたのすべてがあらわになる。

ケチな人はこぶしを握って死ぬだろう——いまだに執着し、しがみつきながら、いまだに死なないようにしながら、いまだにくつろがないようにしながら。愛に満ちた人は、手を開き、分かち合いながら死ぬだろう……生を分かち合ったように、死さえも分かち合いながら。この人が一生を少しも油断せず、気づきを持って生きたかどうか、顔に書かれたすべてから見て取ることができる。

もしそのように生きたなら、彼の顔は輝いているだろう。身体の周りには、オーラがあるだろう。彼に近づくと、静けさを感じるだろう——悲しさではない、静けさだ。もしその人が、トータルなオーガズムの中で、至福に満ちて死んだら、突如としてあなたは、彼のそばにいて幸せに感じるだろう。

私が子供のころ、そんなことがあった。私の村にいた、とても徳の高い人が死んだときのことだ。私は彼に、ある愛着があった。彼は小さな寺院の祭司で、非常に貧しかったが、私が通るたび——そして私は、少なくとも一日二回はそこを通ったものだ。その寺院のそばの学校に行くとき、そこを通ったから——彼は私を呼んで、いつも果物やお菓子をくれたものだった。

彼が死んだとき、彼に会いに行った子供は私だけだった。町中の人が集まっていた。そして、そこで突然起こったのは、信じられないことだった——私は笑い出したのだ！　そこにいた私の父は恥じ入って、私を止めようとした。死は、笑うべきときではない。彼は私を黙らせようと、繰り返し言った。「静かにしなさい！」

私は二度とあんな衝動を感じたことはない。後にも先にも、あれが最初で最後だ——あたかも何か素晴らしいことが起こったかのように、大声で笑いたくなるとは。私は抑えきれずに、大笑いした！　みんなは腹を立て、私は家に追い返された。父は私に言った。「あんなに深刻な状況なときに、二度と許されないことだ。お前のおかげで、私までひどく恥ずかしい思いをした。なぜ笑ってたんだ？　何が起こってたんだ？　死に、笑うような何がある？　みんな泣き叫び、すすり泣いていたのに、お前ときたら笑っていたんだぞ」

私は答えた。「何かが起こったんだよ……あのおじいさんから何かが出てて、ものすごく素晴らしかったんだ。彼の死はオーガズミックだったんだよ」

一字一句その通りではなかったが、私が父に言ったのは、彼の死はとても幸福なもの、至福に満ちたもので、自分も彼の笑いに参加したかった、ということだった。彼は笑っていた、彼のエネルギーは笑っていた。私は頭がおかしいと思われた。どうして人が笑いながら死ねるというのか？それ以来、私はたくさんの死を見てきたが、そうしたたぐいの死をふたたび見たことはない。

あなたが死ぬとき、あなたのエネルギーは解放され、そのエネルギーとともに、あなたの一生の体験が解き放たれる。何であれあなたが体験したもの――悲しみや幸せ、愛や怒り、情熱や慈悲、あなたの体験のすべて――そのエネルギーは、あなたの生全体のバイブレーションを運んでいる。聖者が死ぬときはいつでも、ただそばにいることが、大いなる贈り物になる。彼のエネルギーを浴びるだけでも、大いなるインスピレーションだ。あなたはまったく別の次元へと投げ込まれる。あなたは彼のエネルギーで我を忘れ、酔ったように感じるだろう。

死はトータルな充足になりうる。しかしそれが可能になるのは、生が生きられたときだけだ。

Q9

私はどうしてこんなに老いるのが怖いのでしょうか？　どうすれば恐れをなくせるのか、教えてください。

生が、もし正しく生きられれば、ほんとうに生きられれば、けっして死を恐れはしない。もし自分の生を生きてきたら、あなたは死を歓迎するだろう。それは休息のように、大いなる眠りのようにやって来るだろう。もしあなたが生き、頂点を、クライマックスを極めていたら、死は素晴らしい休息、祝福となる。しかしもしあなたが生きていなかったら、もちろん死は恐怖を生み出す。もしあなたが生きていなかったら、死は確かに、あなたの手から時間を、生きるための未来の機会をすっかり奪い取ってしまう。今まであなたは生きてこなかった。そして、未来はなくなろうとしている。恐怖が湧いてくる。恐怖は、死からではなく、生きられなかった生から湧いてくるのだ。

そして死への恐怖ゆえに、あなたは老いをも恐れるようになる。それは、死の最初のステップだからだ。さもなければ、老いもまた美しい。それはあなたという存在の成熟であり、円熟であり、成長なのだ。もしあなたが、生が与えるあらゆる挑戦に応え、瞬間から瞬間へと生き、生がもたらすあらゆる機会を活用するなら、生の呼びかけと招待に応えて、未知の中へとあえて冒険するなら、老いは成熟となる。さもなければ、老いとは一種の病なのだ。

不幸なことに、多くの人々は、年相応の成熟を手にすることなく、ただ歳を重ね、老いる。そうなれば、老いは重荷だ。身体は年老いるが、意識は若いままだ。あなたの身体は老いていくが、あなたの内なる生は熟してはいない。内なる光が欠けている。そして死は毎日近づいてくる。もちろんあなたは震え、怖くなるだろう。そしてあなたの中に、大いなる苦悩が湧き上がるだろう。

正しく生きた人たちは、老いを深い歓迎とともに受け入れる。というのも、老いとはただ、自分が今や開花を迎え、実りを迎えようとしているということ、今や何であれ得てきたものを分かち合うことができるということを語っているにすぎないからだ。

たいていの場合、老いは醜い。それはたんなる病だからだ。あなたの有機体は成熟することなく、どんどん病んで、弱り、無力になっていくばかりだからだ。さもなければ、老いは生においてもっとも美しい時期だ。子供時代のありとあらゆる愚かさが去り、青年期のありとあらゆる熱っぽさや情熱が去り……穏やかさが、静寂が、瞑想が、サマーディが湧き上がってくる。

老いはとてつもなく美しい、そしてそれはそうあるべきだ。というのも、生のすべてはそこに向かっているのだからね。それは、頂点であるべきだ。頂点がどうして初めにありうる？　頂点がどうして中ほどにありうる？　しかし多くの人のように、自分の頂点は子供のころだと思えば、もちろんあなたの一生は苦しみとなる。あなたは頂点を手にしてしまった――今やすべてが下り坂で、下降線をたどるからだ。もし多くの人のように、若いころが頂点だと思えば、もちろんあなたは三十五歳を過ぎれば悲しく、落ち込むことになる。というのも、毎日あなたは失って、失って、失って、得るものは何もないのだ。エネルギーは失われ、あなたは弱くなり、病気があなたの存在へと入り込んでくる。そして死が、あなたの扉を叩き始める。家はなくなり、病院が入り込んでくる。どうして幸福でいられるだろう？　いや、それは不可能だ。しかし東洋では、子供時代や青年期が頂点だとはけっして考えられてはこなかった。頂点はまさに終わりに待っている。

そしてもし、生が正しく流れれば、あなたは少しずつ、さらに高い頂点へと至る。死は、生が獲得する究極の頂点、最高潮なのだ。

しかし、なぜ私たちは生を逃しているのだろう？　なぜ私たちはただ年を取るばかりで、成熟しないのだろうか？　どこかで何かが間違ってしまった。どこかであなたは、間違った道に入ることに合意したのだ。その合意は、破られなくてはならない。その契約書は、燃やされなくてはならない。今に至るまで、自分は間違った生き方をしてきた――妥協を重ね、ほんとうには生きてはこなかったという理解に至らなくてはならないのだ。

あなたが小さな子供だったとき、あなたは妥協した。あなたは自分の存在を売ったのだ、まったくつまらないもののために。あなたが得たものは、ただただつまらないもの、ただのゴミにすぎない。些細な物事のために、あなたは魂を失った。あなたは自分以外の誰かであることに合意した。それこそ、あなたが道を見失ったところだ。母親は、あなたにひとかどの者になってもらいたがった。父親は、あなたにひとかどの者になってもらいたがった。社会は、あなたにひとかどの者になってもらいたがった。そしてあなたは、それに合意したのだ。少しずつ、あなたは自分自身であることをやめる決心をした。それ以来、あなたは他の誰かであるフリをしてきているのだ。

あなたは成熟できない。他の誰かは、成熟しようがないからだ。それは偽物なのだ。もし私が仮面をかぶっていれば、その仮面は成熟しようがない。それは死んでいる。私の顔は成熟できるが、仮面には無理だ。そして仮面だけが年老いていく。仮面の背後に隠れたまま、あなたは成長していない。自分自身を受け入れて初めて──自分は他の誰でもない、自分自身になるのだということを受け入れて初めて、成長は可能になる。

バラの茂みがゾウになることに合意し、ゾウはバラの茂みになることに合意してきた。ワシは不安に苛まれ、ほとんど精神科医にかからんばかりだ。というのも、彼女は犬になりたがっているのだからね。犬は病院に入っている。というのも、ワシのように空を飛びたがっているのだからね。これが人類に起こっていることだ。もっとも大きな不幸とは、他の誰かになることに合意する、ということだ。あなたはけっして成熟できない。

あなたはけっして、他の誰かのようには成熟することはできない。あなたはあなたらしく成熟できるだけだ。「〜べき」という考えを落す必要がある。そしてあなたは、人が言うことを気にしすぎるのをやめる必要がある。彼らの意見が何だというのか？　彼らは誰なのか？　あなたは、あなたであるためにここにいる。他の誰かの期待を満たすためにここにいるわけではない。しかし、誰もがそうしようとしているのだ。父親は死んだかもしれないが、あなたは彼と交わした約束を果たそうとしている。そして彼は、自分の父親との約束を果たそうとしてきた。そして、さらにさらにと続いていく。愚かなことが、最初の最初から続いているのだ。

理解しようとしてみてごらん。そして、勇気を持つことだ――自分の手に、自分の人生を取り戻すがいい。突如として、エネルギーが湧き上がるのを感じるだろう。あなたが「私は他の誰でもない、自分でいよう。どんな犠牲を払おうと、私は自分自身でいるのだ」と決めたまさにその瞬間に、あなたは大いなる変化を目にするだろう。あなたは活力を感じる。エネルギーがあなたの中を流れ、脈打つのを感じるだろう。

そうしたことが起こらない限り、あなたは老いを恐れることになる。というのも、自分は時間を無駄にしている、生きてはいないのに老いがやって来て、生きられなくなってしまうという事実を、どうして見逃すことができるというのかね？　死はそこで待っていて、毎日どんどん、どんどん近づいてくる。そして自分はまだ生きていないという事実を、どうして見逃せるだろう？　あなたは、必ず深い苦悩に陥ることになるだろう。

だから、もしあなたがどうすべきかと尋ねるなら、私は基本的なことを提案しよう。そしていつも肝心なのは、基本的なことだ。二義的なことは気にしないように。それを変えることができても、何も変わりはしないからだ。基本的なことを変えなさい。

たとえば、二義的なものとは何だろう?

「私はどうしてこんなに老いるのが怖いのでしょうか?　どうすれば恐怖をなくせるのか、教えてください」

この質問自体が、恐怖から来たものだ。あなたは恐怖を理解したいのではない、「なくしたい」のだ。だからもちろん、あなたはそれをなくすのを助けてくれる人やら、イデオロギーやらの犠牲になるだろう。私には、それをなくす助けはできない。実のところ、それが問題なのだ。私はあなたに理解して、人生を変えてもらいたい。肝心なのは、問題をなくすということではない。あなたの仮面、偽りの人格《ペルソナ》を手放すということ――今まで努力してきたあり方は、真実ではないのだ。

あなたは本物ではない。あなたは自分に対して誠実ではない。あなたは自分の存在を裏切ってきた。

だから、もしあなたが尋ねれば――聖職者や哲学者や民衆扇動家《デマゴーグ》のところに行って、そうしたものをなくすにはどうしたらいいのかと尋ねれば、彼らは言うだろう。「魂が老いることはない。心配はいらない。自分は魂だと覚えておきなさい。老いるのは身体で、あなたは身体ではないのだ」

彼らはあなたを慰めている。たぶんしばらくは、あなたも気分がいいだろうが、これは助けにはならないし、あなたを変えることはない。明日もまた、聖職者に影響されたまま、あなたは同じ舟に乗っていることだろう。

そして素晴らしいのは、あなたはけっして聖職者を見ない、ということだ。彼自身が恐れているというのに。あなたはけっして哲学者を見ようとしない。彼自身、恐れているのに、だ。

こんな話を聞いたことがある。

新しい教区牧師は働き過ぎて、検査の結果、肺がひどく冒されていることが判明した。医師は彼に、長期休暇が絶対に必要だと告げたが、牧師は反発し、仕事を離れる余裕はないと言った。

「さて」と医師。「スイスか天国かという選択なんですがね」

牧師は部屋をしばらく歩き回ったあと、言った。「あなたの勝ちです。スイスにします」

生きるか死ぬかという問題となれば、牧師や哲学者、あなたが答えを聞きに行く人たちでさえ――彼らもまた、生きてはいないのだ。おそらくは、彼らはあなたよりももっと生きていない。さもなければ、聖職者になどなれはしない。聖職者になるということは、自分の生を完全に否定したということだ。僧侶、苦行者《サドゥー》、聖人といった人々は、自分の存在を全否定し、何であれ、社会が望むあり方を受け入れてきた。彼らはそれに完全に合意してきた。そして自分自身を、自分の生命エネルギーを否定している。彼らは評価や尊敬といった、偽りの、愚かなものに合意しているのだ。そしてあなたは、彼らのところに行き、答えを求める。彼ら自身が震えている。深いところで、彼ら自身が恐れているのだ。彼らと弟子たちは、みんな同じ舟に乗っている。

こんな話を聞いたことがある。

バチカンで、法王が重篤《じゅうとく》な病に伏せっていた。そしてサン・ピエトロ大聖堂のバルコニーから、枢機卿《すうききょう》によって特別な告知がなされるというメッセージが公表された。

その日が来ると、名高い広場は信心深い人々でぎっしりと埋まった。年老いた枢機卿は、震える声で告げた。「聖下をお救いできるのは、唯一心臓移植のみ。本日ここに集われた、あなた方、すべての善きカトリック教徒のみなさんに、臓器提供者《ドナー》になっていただくよう要請いたします」

彼は一枚の羽根を掲げて続けた。「これからこの御羽根を、あなた方のところへと落とします。そしてこの御羽根が落ちた人、その人こそ、聖なる摂理によって、聖下の御命を救うべく選ばれし人です」

彼はそう言うと、羽根を落とした……そして、聞こえたのはただ、二万人もの熱心なローマカトリックの信者たちが、そっと息を吹き上げる音だった。

誰もが恐れている。ローマ法王が生き延びたがっているとしても、なぜこの可哀そうなカトリック教徒たちがドナーにならなくてはならないのかね？

私はあなたに、どのような慰めも与えはしない。「魂は永遠だ。心配はいらない。あなたはけっして死なない。身体だけが死ぬのだ」と言うつもりはない。私にはそれが真実だと分かっている。しかしその真実は、苦労して稼ぎ取らなくてはならないものだ。あなたはそれを、他人の言葉や声明によって手に入れることはできない。それは声明ではなく、体験なのだ。私には、それはそうだと分かっているが、あなたにとっては、まったく意味がない。あなたは生が何なのかを知らずにいる。どうして永遠が何なのかを知ることができるだろう？　あなたは時間の中で生きることすらできていないのだ。永遠の中でどうして生きることができるのかね？

人は、死を受け入れることができるようになったとき、不死なるものに気づくようになる。死の扉をくぐると、不死なるものはおのずから姿を現す。死とは、不死なるものがあなたへと自らを啓示する方法なのだ……しかし、恐怖にかられ、あなたは目を閉じて無意識になる。

いいや、私はあなたに、恐怖をなくすためのいかなる方法も、理論も与えはしない。それは、一種の症状なのだ。その症状が、偽りの生を生きていると知らせてくれているのはいいことだ。だからこそ、恐れがそこにある。ただ、そのヒントを手にしてごらん。症状を変えようとはしないことだ。そうではなく、根本的な原因を変えなさい。

いつでもいい、目を閉じてごらん。すると、聞こえてくるのは父親や母親、友人や教師の声ばかりで、自分の声はまったく聞こえないだろう。たくさんの人が私の元へとやって来て、「あなたは内なる声について語りますが、私たちには全然聞こえません」と言う。そこには群衆がいる。イエスが「あなたの父と母を憎みなさい」と言うとき、実際に父親や母親を憎めと言っているわけではない。彼は、あなたの中で良心となってきた父親、母親を憎むように、と言っているのだ。憎むがいい。というのは、それは、あなたがしたもっとも醜い合意――自殺的な契約だからだ。あなた自身の声が解き放たれ、自由を得ることができるように、自分が誰で、どうありたいのかを感じることができるように、そうした声を憎み、破壊することだ。

最初はもちろん、完全に道に迷った感じがするだろう。それが瞑想の中で起こることだ。たくさんの人々が私のところにやって来て、「私たちは道を見つけにきたのです。ところが逆に、瞑想のせいで、完全に道に迷ってしまったように感じます」と言う。それはいい兆候だ。他人からの締めつけが緩んできている。だから道に迷ったように感じるのだ。というのも、そうした他人の声が、あなたに導きを与え、あなたはそれを信じ込むようになってきていたのだ。あまりにも長い間、その声を信じ込んできたせいで、それがあなたのガイドになってしまった。さて、瞑想すると、そうした声は破壊される。あなたは罠から自由になる。あなたはふたたび子供になり、どこへ行くべきか分からない。というのも、あらゆる導きが消え失せてしまったからだ。父親の声はそこになく、母親の声もそこにない。教師はそこにいない、学校もそこにない。突如として、あなたは独りぼっちだ。人は怖くなる――「私のガイドはどこ？　いつも私を正しい道に導いてくれていた人たちはどこなのだ？」

実のところ、誰もあなたを正しい道に導くことなどできはしない。あらゆる導きは、間違いになるからだ。どんな指導者も、正しい指導者ではありえない。というのも、導くということ自体が、間違いだからだ。あなたが導かれることを許せば、誰が導くにせよ、あなたに害を与えずにはおかないだろう。彼は、何かをするようになる、何かを押しつけ、ある構造を与えるようになるからだ。ところが、あなたは構造のない生を生きなくてはならない。あらゆる構造や人格から自由な生、あらゆる枠組みや参考文献、外部の情報源から自由な生――この瞬間の、過去から自由な生を生きなくてはならないのだ。

だから、あらゆるガイドは見当外れだ。そしてそれが消え失せるとき、あまりにも長い間それを信じ込んできたために、突如としてあなたは空っぽに感じる。空しさに取り巻かれ、道はまったくなくなる。いったいどこへ行けばいい？

この時期は、ある人の生において、革命的な時期だ。人は勇気を持ってそれを通り抜けなくてはならない。もし恐れることなく、そこにとどまることができれば、まもなくあなたは、とても長い間抑圧されてきた自分自身の声を聞き始めるだろう。まもなくあなたは、その言葉を学び始めるだろう。というのも、あなたは言葉そのものを忘れてしまっているのだからね。あなたは教わった言葉しか知らない。そしてこの言葉、内なる言語は、言葉ではない。それは感じるものなのだ。そしてあらゆる社会は感じることに反対している。というのも、感覚はとても生き生きとして、危険だからだ。思考は死んでいて、危険ではない。だからあらゆる社会は、あなたを頭へと追いやってきた。全身から頭へと、あなたを押し込んだのだ。

あなたは頭の中だけで生きている。もしあなたの頭が切り落とされて、突如として頭のない身体に出くわしたとしたら、それが誰なのか、分からないだろう。区別がつくのは顔だけだ。あなたの身体はすっかり縮こまって、輝きも、柔らかさも、滑らかさもない。それは木製の足のような、ほとんど死んだものだ。あなたはそれを使って、機能の上では支障なく動き続けるだろうが、そこには生命は通ってはいない。あなたの生命全体が頭へと入り込んでしまった。そこで行き詰って、あなたは死を恐れている。というのも、生きることができる唯一の場所、生きることのできる唯一の空間は、あなたの身体全体でしかないからだ。あなたの生命は身体のすみずみにまで広がり、流れる必要がある。それは川に、流れにならなくてはならないのだ。

人は、トータルな有機的統一体として生きるべきだ。全身を取り戻さなくてはならない。というのも、足を通して、あなたは大地に触れるのだから——あなたは地に根づく——もし足や足の力を失って、それが死んだ状態になったら、あなたはもう地に根を張ってはいない。あなたは根が腐ったり、死んだり、弱くなってしまった木のようなものだ。そうなれば、木は長くは生きられないし、健康に、十分に、全体として生きることはできない。あなたの足は、大地に根づく必要がある。それはあなたの根なのだ。

頭がよく機能するためには、少しのエネルギーで十分だ。頭の中のエネルギーが多すぎたら、それは働きに働いて、終わりを知らない。というのも、そのエネルギーをどう発散したらいい？ それは考えに考え、考え続け、ひたすら夢を見続けることになる——昼も夜も、年がら年中、ずっと——七十年もの間だ。考えてみてごらん。あなたの生は、ただそれだけなのだ。そうなればもちろん、老いが怖くなる。時は過ぎていく。人は当然のことながら、死を恐れるようになる。死はどんなときにもやって来かねないのに、あなたときたら、ただ頭の中で思いを巡らせているだけ。他のどこにも行ったことがなく、生の領域全体が手つかずで残されているのだ。

生きることだ、身体のすみずみまで動いてごらん。それを、深い愛とともに受け入れるのだ。ほとんど身体と恋に落ちてごらん。それは神聖な贈り物、神が住まうことを決めた寺院なのだ。そうなれば、老いに対する恐怖はなくなる。あなたは成熟していくだろう。あなたの体験は、あなたを成熟させることだろう。そうなれば、老いは病のようなものではなくなる。それは美しい現象になるだろう。人生全体が、そのための準備になる。それがどうして病気でありうるだろう？　生涯をかけて、あなたはそこへと向かっていくのだ。それは最高潮だ、あなたが最後に歌うであろう歌、踊るであろうダンスなのだ。

そして、けっしてどんな奇跡も待たないように。あなたが何かをしなくてはならない。マインドは、あれやこれやが起こって、すべてはオーケーになるだろうと言うが、そんな風に事は起こらない。奇跡は起こらないのだ。

一つ、物語を話すとしよう。

エイブ・コーヘンは事故で、両足を骨折した。骨は回復したが、エイブは足に障害を負って一生、車椅子生活を強いられると申し立て、しかるべき会社を訴え、賠償の請求をした。保険会社は査定のために、外科医を雇った。医師の報告によれば、骨は完治して、コーヘンはちゃんと歩くことができ、たんに仮病を使っているということだった。しかし、裁判になってみると、裁判官は車椅子の若者を憐れに思い、一万ポンドの賠償金の支払いを命じた。その後エイブは、小切手を受け取るため、本社に車椅子で出向いた。

「コーヘンさん」部長は言った。「この小切手を持って帰れるとは思わないでください。仮病を使っていることはお見通しなんですからね。言っておきますが、あなたに関する膨大な調査書類を作成するつもりです。昼夜かまわずあなたを見張り、写真も撮らせていただきます。あなたが歩けるという証拠を私どもが提出できれば、賠償金を返していただくだけでなく、偽証のかどで召喚されることになりますよ」

「部長さん、僕は一生車椅子の生活ですよ」

「たいへんよろしい、これが一万ポンドの小切手です。これをどうするつもりです?」

「部長さん、実は僕と妻は、いつも旅をしたいと思っていました。ですから、ノルウェーの先から始めて、スカンジナビア半島を通って(視覚効果を出すために指を振りおろしながら)それからスイス、イタリア、ギリシャ――そして、あなたの代理人やらスパイが追っかけてきても、かまいませんよ。僕は車椅子の障害者ですからね――それから当然のことながら、イスラエルへ行って、それからペルシャとインド、日本へ渡って(視覚効果のために指を動かし)それから、フィリピン――僕はまだ車椅子ですから、あなたのスパイがカメラを持って追ってきても、かまやしません――そしてそこから、オーストラリアに渡り、南アメリカ、そこからぐるっとメキシコ(彼はルートを指し示し)、そしてアメリカ――そして、いいですか、僕はまだ車椅子の障害者なんですよ。だからカメラを持ったスパイに追わせてどうするんです? そしてカナダ。そこから海を渡って、僕たちはフランスの、ルルドと呼ばれる場所に行くんですよ。そこであなたは奇跡を目にすることでしょう!」

しかし、実際の人生では奇跡は起こらない。あなたのためのルルドは存在しない。もしあなたがダメになったなら、何かをしなくてはならない――完全に馬鹿げたことを受け入れ、自分をダメにしたのはあなたなのだからね。

だが、それを受け入れるしかなかったのは分かっている。ただ生き延びるために、あなたは死んだままでいようと決めた。生き延びるために、あなたは自分の存在を売ったのだ。しかしもう、そんな馬鹿げたことを続ける必要はない。あなたはそこから抜け出すことができるのだ。

Q10

死は永遠の眠りだといつも言われてきましたが、ほんとうのところ、それが真実だと納得してはいません。私は説得していただきたいのです——それが、私にとっての慰めになるでしょうから。

説得は、あまり助けにはならない。というのも、説得とは、他者があなたの疑いを黙らせ、抑圧することだからだ。あなたではない誰かが、あなたの権威になる。たぶん彼はより議論に長け、より卓越した、合理的なマインドを持っていて、死など存在しないとあなたを説得できるだろう。そしてあなたは黙らされ、疑いは静められるかもしれない。だが、疑いは静められたとしても、遅かれ早かれまた戻ってくるだろう。それは消えてはいないのだから——それは、理にかなった議論で抑え込まれただけだった。

説得は、あまり助けにはならない。疑いは、底に流れ続ける。説得されてキリスト教徒になる人もいれば、ヒンドゥー教徒になる人もいる。そして私は、ありとあらゆる種類の人々を見てきた——彼らはみんな、疑いでいっぱいだ。キリスト教徒、ヒンドゥー教徒、イスラム教徒、誰も彼も。実のところ、人は疑いでいっぱいになればなるほど、もっとかたくなになり、もっと信じようとする。そうした疑いは辛いものだからだ。彼は言う。「私は『ギータ』を、『コーラン』を、『聖書』

を固く信じています。私は断固たるカトリック教徒です」

なぜ断固たるカトリック教徒でなければならない？　何のために？　大きな疑問に悩まされているに違いない。もし疑いがなければ、あなたはどんな信念も持つことはない。

疑いとは病気であり、信念は薬だが、あらゆる信念は、逆症療法の薬だ——それは抑え込む、それはすべて毒なのだ。あらゆる信念は毒だ。そう、しばらくはもう問題などないという感じを与えることはできる。だがまもなく、疑いが自己主張するだろう。それはふさわしいときを待っている。ある日、それは切羽詰まって爆発することだろう。火山のように噴火し、復讐するだろう。というのも、あなたが抑圧してきたために、あまりにも多くのエネルギーを蓄えるようになったからだ。ある日、あなたが弱った瞬間、ガードがゆるんだ瞬間、それは復讐するだろう。あなた方のいわゆる聖者たちはすべて、大きな疑いに苦しんでいる。

あなた自身の体験こそ、真の変容となる。そうなれば、疑いはもう二度と戻ってこれない。そしてあなたが知ったとき、死は眠りだ、深い眠り、永遠の眠りだと告げてきた詩人たちはすべて嘘を語っていたことに驚くだろう。慰めになる嘘、美しい嘘、助けになる嘘だが、嘘は嘘だ。そしてその助けは、ほんの一瞬のものでしかない。

それは、あまりに心配し、あまりに緊張すると、アルコールを飲むようなものだ。そう、数時間は心配事やら緊張やらすべてを忘れられるだろう。しかしアルコールには永遠にあなたの心配をなくせはしないし、解決することもできない。そしてアルコールに溺れている間に、そうした心配は育っていって、さらに強力になる。あなたは彼らに、育つ時間を与えているのだ。次の朝、二日酔いとともに我に返ってみると、心配に頭痛が加わっている。そしてあなたは驚くだろう。あなたがほったらかしたときより、さらに大きくなっているのだ。

すると、それが生きる上でのパターンとなる。忘れていられるように、何度も何度も酔っ払うようになる――しかし、何度も何度もあなたは人生に直面せざるをえない。これは、知性的な生き方ではない。

私のアプローチはすべて、実存的な体験による。私はあなたに信者になってもらいたくはない。自分自身で体験してもらいたい。私はあなたを説得したくはない。私が、死は存在しないと言っているのは、私の体験だ。私はあなたに、「死は存在しないと信じなさい」と言っているのではない。私はただ、死は存在しないという自分の体験を表現して、分かち合っているだけだ。それはチャレンジだ。あなたを説得しようという努力ではない。それは探求しに行くべきチャレンジなのだ。

Q11

死の恐怖がひんぱんに、激しく強烈にやって来ます。この美しいもの、この友情と愛のすべてを後にしなくてはならないという恐怖です。この、確実に訪れる死に対して、どうしたらくつろぐことができるでしょうか?

そもそも、くつろぐことができるのは、死が確実なときだけだ。事が不確かなときには、くつろぐのはむずかしい。もしあなたが今日死ぬと分かれば、死の恐怖はすべて消え失せるだろう。時間を無駄にすることに、何の意味がある? あなたは一日生きることができるのだ。できるだけ強烈に生きるがいい。できるだけトータルに生きることだ。

死はやって来ないかもしれない。死は、とても強烈に、とてもトータルに生きている人のところへは来ることはできないのだ。そしてもし死が来たとしても、トータルに生きた人たちは、それを歓迎するだろう。というのも、それは大いなるくつろぎだからね。彼らは生きるのに疲れている。あまりにもトータルに、強烈に生きたので、死は友人のようにやって来るのだ。ちょうど一日中懸命に働いたあと、夜が大きなくつろぎとして、美しい眠りとしてやって来るように、生きた後の死も、そのようにやって来る。死はまったく醜いものではない。これほど清いものを見つけることはできない。

もし死の恐怖が入り込むとすれば、それは、生きることで埋められてない隙間がいくつかあるということだ。だからそうした死の恐怖は、とても示唆に富み、助けになる。それは、あなたがもう少し激しく踊る必要がある、人生というたいまつを両側から燃やす必要があると教えてくれているのだ。踊り手が消え失せ、ただダンスだけが残るほどに、激しく踊ってみるがいい。そうすれば、どんな死の恐怖もあなたを訪れることはできなくなる。


「この美しいもの、この友情と愛のすべてを後にしなくてはならないという恐怖です」


もしあなたがトータルに今ここにいれば、明日のことを誰がかまう？　明日の面倒は、明日が見る。イエスは正しくもこう神に祈っている。「主よ、今日の糧を与えたまえ」

彼は、明日のことさえ求めはしなかった。ただ今日だけで十分なのだ。

あなたは、あらゆる瞬間が完結しているということを学ばなくてはならない。すべてを後にしなくてはならないという恐怖がやって来るのは、たんにあなたが、完全に瞬間に生きるということをしていないからだ。さもなければ、時間はない、マインドもない、空間もない。

あるとき、ある商人が「おいくつですか？」と聞かれ、彼はこう答えた。「三百六十歳だよ」

男は信じられず、言った。「どうか、もう一度お願いします。ちゃんと聞いてなかったようですから」

商人は怒鳴り声を上げた。「三百六十歳だよ！」

男は言った。「すみませんが、どうにも信じられません。どう見ても、六十歳にしか見えませんよ！」

商人は言った。「それもまた正しい。暦からすれば、私は六十だ。しかし、私の人生に限って言えば、他の人より六倍生きてきた。六十年間で、三百六十年生きてきたというわけさ」


それは強烈さにかかっている。

二通りの生き方がある。一つは水牛の生き方——水平に、一本の線を生きる生き方。もう一つはブッダの生き方だ。彼は、垂直に、高みと深みを生きる。そうすれば、それぞれの瞬間は永遠となりうる。

あなたの時間をつまらないことで無駄にせず、できる限りトータルに、あふれるように、生き、歌い、踊り、愛してごらん。そうすれば、どんな恐怖も邪魔にならず、明日、何が起こるのか心配することもないだろう。今日は今日だけで十分だ。生きられた生は満ち満ちている。それは、他のことを考える余地を残さない。

Q12

私は死に瀕《ひん》しています。私はそれを受け入れています。あるいは、受け入れていると思っています。そしてたくさんの人が病み、病院に行き、死が起こり、私の胃には、この、とてつもない恐怖の塊《かたまり》があります。私は死ぬことがとてつもなく怖くて、気が動転しています。

死こそが問題だ。

あなたはそれを避けることも、先送りすることもできるが、完全に解消することはできない。あなたは死に直面しなくてはならない。それを果てまで通り抜けて初めて、解消できる。それはとても危険で、大きな恐怖をもたらすだろう。あなたの存在全体が揺さぶられ、震え出すだろう。死ぬという考え自体が受け入れがたい。それはあまりにも不当で、あまりにも無意味に見える。もし人が死ぬべき運命にあるとすれば、生きる意味とは何なのか？　それなら、なぜ私は生きているのだろう？　いったい何のために？　もし最後に死しか起こらないなら、どうして今、自殺しないのか？　なぜ毎日起きて、懸命に働き、床につき、また起きて、懸命に働き、床につく――いったい何のため？　ただ、最後に死ぬためなのか？

死は唯一の形而上的な問題だ。人が考え始めるのは、死のせいだ。人が思索にふけり、瞑想者になったのは、死のためなのだ。実のところ、宗教が生まれたのは、死のせいだ。信仰全体が、死に収束する。死は、あらゆる人の意識を揺さぶる。この問題は、解決されずには済まされない。だから、それには何も悪いところはない。

「私は死に瀕しています」——あらゆる人が死に瀕している。マルティン・ハイデガーはこう言っている。「人間とは死へと向かう存在だ」そして、それこそが人間の特権なのだ。動物は死ぬが、自分が死ぬ、死ぬだろうということは分からない。木は死ぬが、死に遭遇することはない。死にゆくと分かっているのは人間だけ。それは人間の特権なのだ。それゆえ、人は死を超えて成長することができる。それゆえ、死を見抜き、克服する可能性があるのだ。

「私は死を受け入れています。あるいは、受け入れていると思っています」——いや、受け入れることなどできはしない。あなたは自分を騙しているに違いない。自分は受け入れていると思うことはできる。というのも、死を見ることですら、とても厄介だからだ。それについて考えることさえとても骨が折れるので、人はこう思う。「そうか、分かった、私はもうすぐ死ぬ——だから何だというのか？　私は死ぬだろうが、疑問を持つんじゃない。そんな話をするんじゃない」人は死に出くわさないように、死を遠ざけ、脇に追いやり続ける。無意識の中に押し込め続けるのだ。受け入れることなどできない。あなたは死に直面しなくてはならない。そして、いったん直面すれば、受け入れる必要はなくなる。というのも、死は存在しないと分かるからだ。

「そして多くの人々が病み、死が起こり、入院し、私の胃には、この、とてつもない恐怖の塊があります」

それこそ、問題が解決されるべき場所だ。胃にある、この、とてつもない塊こそ、まさに死が起こる場所なのだ。日本人はそれを、丹田《ハラ》と呼んでいる。

へそのちょうど下、五センチほど下に、身体と魂の結び目がある。あなたが死ぬとき、そこで断絶が起こる。何も死にはしない。身体には死ぬことはできないからだ。身体はすでに死んでいる。そして、あなたは死ねない。あなたは生そのものだからだ。ただ、あなたと身体との間のつながりが消え失せる。その塊は、まさにワークが行われるべき場所にある。だから、その塊を避けないようにしなさい。

私はあなたに言っておきたい、そうした塊を感じるときはいつでも、非常に貴重な瞬間なのだ。目を閉じて、その塊に深く入ってごらん。それはハラだ。それを感じ、それにまかせなさい。その塊にはあなたへのメッセージがあって、何かを言いたがっている。もしあなたがそれにまかせれば、それはメッセージを伝えてくれるだろう。もしそこにくつろいで、その中に入っていけば、少しずつその塊は消え失せ、その代わりに、蓮の花が、花開いているものがあることに気づくだろう。それは、非常に美しい体験だ。もし、さらに深くへと入っていけば、それは橋だ、その花は橋だと分かるだろう。こちら側には身体があり、あちら側にはあなたの真実、あなたの魂がある。その花は、その両者をつないでいる。その花は橋なのだ。その花の根は、身体の中にある。その花の香りと花びらは魂の中にある。それはつなぎ目なのだ。しかし、もしあなたが恐れて、そこに向かわなければ、それは塊、緊張、ストレスのように感じられる。

「私は死ぬことが途方もなく怖いのです。私は気が動転しています」

気が動転《フリークアウト》する必要はない。内側に向かいなさい《フリークイン》！　人が死ぬたび、入院するたび、繰り返し自分の死を思い出すのはまったく自然なことだ。まったく悪いことはない。それは問題ではない。ただ内側に入り、直面してごらん！

あなたは死を避けている。それに直面する必要がある。それは生におけるワークの一部、人が学ぶべきもっとも大きなレッスンの一つなのだ。気が動転する必要はない。そうしても、助けにはならない。内側に入り、直面してごらん。そう、いつかあなたは入院するだろう、いつかあなたは病むだろう、いつかあなたは死ぬことになると覚えておくがいい。だから先送りしても仕方がない。手遅れになる前に、理解した方がいい。

ムラ・ナスルディンは病気になり、不安に駆られ、牧師に急いで電話をかけた。そして今後は、おざなりにしてきた魂の面倒を見るために、牧師に毎日立ち寄ってくれるようにと懇願した。

ある日、牧師が日課の訪問をしたところ、ムラ・ナスルディンはひどくご機嫌だった。「牧師様、あたしゃ調子がよくなってきましてね」彼は大笑いして言った。「ドクターは、あと十年は生きるって言うんですよ。ですから、しばらくはご心配いただかなくても大丈夫。次回は、九年十一か月と二十九日後にお立ち寄りいただくっていうのはどうですかねぇ?」

いつかは直面しなくてはならない。愚かなままではいないように、先送りしないことだ。というのも、もし最後まで先送りすれば、手遅れになるからだ。いつ最後の日が来るのか、定かではないのだ。それは今日かもしれないし、明日かもしれない。死はどの瞬間にも起こりうる。死を予測するのは、とてもむずかしい。私たちは死の中で生きているのだから、死は、どの瞬間にも起こりうる。直面し、出会いなさい。そして胃の中のその塊は、出会うのにふさわしい場所だ。それは、あなたが生に入り、生から出ていく、扉そのものなのだ。

Q13

死は恐ろしいですが、同時に、とてつもなく魅力的でもあります。これは何を意味するのでしょうか？

死は、生における最大の神秘だ。生には多くの神秘があるが、死と比較できるものは何もない。死はクライマックス、最高潮なのだ。人はそれを恐れる。というのも、その中で人は失われ、溶け去るからだ。人はエゴゆえに、死を恐れる――エゴには死を切り抜けることはできない。エゴは、あなたが彼岸へと動いていくとき、此岸《しがん》に残される。あなたと一緒に行くことはできない。そしてエゴとは、あなたが自分について知っているすべてだ。それゆえ、恐怖、大きな恐怖がある。「死の中では、私は存在しなくなってしまう」

しかし、大いなる魅力もある。エゴは失われるが、あなたの実在は失われない。実のところ、死はあなたの真のアイデンティティを明らかにする。あなたのすべての仮面を剥《は》ぎ取り、本来の面目を明らかにするのだ。

死は、どんなごまかしも、どんな見せかけも、どんな偽りの人格もなしに、あなたが自らの内なる最深、最奥の主観性と、初めてありのままに向き合うことを可能にする。

それゆえ、あらゆる人が死を恐れながらも、死に惹きつけられるのだ。この磁力を、ジグムント・フロイトは取り違えた。彼は、人間には死への願望――彼が「タナトス」と呼ぶもの――があると考えた。彼は言った。「人間には、二つの基本的な、根本的な本能がある。一つはエロス――生に対する、永遠に生きたいという深い欲望、不死への欲望だ。もう一つがタナトス――死への欲望、死ですべてを終わらせたいという欲望だ」彼は神秘家ではなかったから、要点のすべてを取り違えた。彼は、死の一つの顔だけ――生を終わらせるものとしての顔しか知らなかった――ただ一つのこと、終わりとしての死しか知らず、死がまた始まりでもあることには気づかなかった。何かの終わりはいつも、始まりだ。何も完全に終わりはしないし、終わるということはありえないからだ。

すべては続いていき、形だけが変わる。

あなたの形は死ぬが、あなたの中には、形なきものも存在している。あなたの身体はなくなるが、あなたの中、あなたの身体の中には、身体の一部ではないものも存在している。あなたの地上的な部分は大地に還り、塵《ちり》と化すが、あなたの中には空に属するもの、彼方のものがあり、それは新しい旅、新しい巡礼の旅を始める。

もし、あなたがエゴを自分だと思えば、死は恐怖を生み出すが、真の自己を自分だと思えば、死はあなたを惹きつけ、魅了する。それゆえ、人は漠然と死に惹きつけられているのだ。もしあなたが明確にこのことに気づけば、それは変容をもたらす理解となり、突然変異をもたらす力にもなりうる。

この恐怖とこの磁力の両方を理解しようとしてごらん。そして、それを逆のものとして捉えないように。それは重なり合ってはいない、逆でもない。互いに干渉していないのだ。恐怖は一つの方向、エゴへと向かっている。磁力は完全に別の次元、エゴのない自己へと向かっている。そしてその磁力は、恐怖よりもはるかに重要だ。

瞑想者は、恐怖を克服しなくてはならない。瞑想者は死に恋しなくてはならない。瞑想者は死を招待しなくてはならない——瞑想者は、死を待つのではなく、それを呼び出さなくてはならないのだ。というのも、瞑想者にとって、死は友人だからだ。そして瞑想者は、身体が死ぬ前に死ぬ。それは生において、もっとも美しい体験の一つだ。身体は生き続ける。外から見れば、あなたは以前と変わらず動き続ける。しかし、内側にはもうエゴはない。エゴは死んでしまった。

今やあなたは、生きると同時に死んでいる。あなたは、生と死が出会う場所になったのだ。あなたは今や両極を含んでいる。両極が含まれるときには、大いなる豊かさとなる。そしてそれらは、死と生という偉大なる両極なのだ。もしあなたにその両方を含むことができれば、神を含むこともできるようになる。神とは両者だからだ。彼の一つの顔は生であり、もう一つの顔は死なのだ。

これは素晴らしい——そこから問題を作り出さないように。それに瞑想し、それを瞑想にしなさい。そうすれば、あなたはとてつもない恩恵を受け取るだろう。

第3部
不死の発見

瞑想は、あなたの不死性を発見する唯一の方法だ
すると、あらゆる恐怖は消え失せる
他のすべての恐怖もまた、消え失せる
というのも、そうした恐怖は枝葉にすぎないからだ——
根からはるかに離れているかもしれないが
それでもそれは根とつながっている

1 死を歓迎する

死の中で、何が起こるのだろう？　突如として、あなたの身体がなくなっていく。突如として、あなたの心《マインド》がなくなっていく。突如として、あなたは自分自身から、あなたが自分自身だと信じているすべてから離れていくのを感じる。

それは痛みに満ちている。というのも、虚空に溺れていくように感じるからだ。あなたはもうどこにもいなくなる。というのも、あなたはつねに身体とマインドに自己同一化していたからだ。そしてそれを超えたものは、まったく知らなかった。身体とマインドを超えた自分自身をまったく知らずにいたのだ。あなたはあまりにも周辺に捕らわれ、取り憑かれ、中心はすっかり忘れられてしまった。死の中では、身体が去っていくという事実に向き合わなくてはならない。もはやそれを保っておくことはできない。マインドがあなたから離れていく――さあ、あなたはもうマインドをコントロールできない。エゴは溶けていく。あなたは「私」とさえ言えない。あなたは無の淵に立ち、恐怖に打ち震える。あなたはいなくなるのだ。

しかし、もしあなたが準備をしてきていれば、もし瞑想してきていれば——準備とは、もしあなたが死を活用するために、この無という深淵を活用するために、あらゆる努力をしていれば、という意味だが——死に引きずり込まれる代わりに、その中に飛び込む用意があるならば、それはたいへんな違いを生み出す。もし、あなたがいやいや引きずり込まれ——入っていきたくはないのに、連れていかれるとすれば、それは辛いし、そこには大きな苦悩がある。そしてその苦悩はあまりに強烈なので、あなたは死の瞬間、無意識になるだろう。そうなれば、あなたは逃す。

しかし、もしあなたに飛び込む用意があれば、そこには苦悩はない。もしあなたがそれを受け入れ、歓迎し、何の不平もなければ——それどころか、あなたはその瞬間がやって来たことがうれしくて、それを祝っていれば、そして今、私は制限であるこの身体から飛び出せる、牢獄であるこの身体から飛び出せる、つねに苦しみであったエゴから飛び出せるというのなら——もし、死を歓迎できるなら、無意識になる必要はない。あなたが、仏教徒がタターターと呼んでいるものを受け入れ、歓迎できるなら——それを受け入れ、ただ受け入れるだけではなく……。というのも、受け入れるという言葉はあまりよくないからね。深いところに、受け入れていない状態が隠れている——そうではなく、もし死を歓迎するのなら、もしそれがとてつもない祝祭、エクスタシーならば、もしそれが祝福であれば、あなたが無意識になる必要はない。

もしそれが祝福であれば、あなたはその瞬間、完璧に意識的になる。この二つのことを覚えておきなさい。もしあなたが拒絶すれば、もしノーと言えば、あなたは完璧に無意識になる。もしあなたが受け入れ、歓迎し、ハートのすべてでイエスと言えば、あなたは完全に意識的になる。

死に対する是認《ぜにん》はあなたを完璧に意識的にし、死に対する否認は、あなたを完璧に無意識にする

――これが、二通りの死に方だ。

2 意識的に死ぬための準備

意識を保った状態で死に入るためのもっとも素晴らしい準備とは、まず痛みに意識的に入ることだ。というのも、死はたびたび起こらないからだ。それは、毎日やってはこない。準備しようとしまいと、死がやって来るのは一度きりだ。死のためのリハーサルはありえない。しかし、痛みと惨めさは毎日やって来る。

痛みや苦しみを経ているとき、私たちは準備することができる――そして覚えておきなさい、もしあなたがそうしたものに直面しているときにそうできれば、それは死の際に役に立ったと証明されるだろう。

それゆえ、探求者はつねに苦しみを歓迎してきた。そこにはそれ以外の理由はない。苦しみがいいというわけではない。その理由とはたんに、苦しみは探求者に自分を準備させ、自己を獲得させる機会を提供するということだ。探求者はいつも、自分が体験する苦しみに対して存在に感謝してきた。それはただ、惨めなときには、身体との同一化から離れるチャンスを手にするという単純な理由によるのだ。

私たちは普通、苦しんでいるときには、痛みを忘れようとする。もし人が困難に陥れば、アルコールを飲んだりする。辛くなれば、映画館に出かける人もいる。惨めになれば、祈りと献身歌でその惨めさを忘れようとする人もいる。こうしたものはすべて、痛みを忘れるための方法であり手段なのだ。

酔っ払う人がいる。これは一つの戦略だと言える。映画を観にいくのは、別の戦略だ。コンサートに行く、これは痛みを忘れるための三つ目の方法だ。寺院に行って、祈りと賛歌に溺れる人もいる。これは四つ目の戦略だ。千と一つの戦略がある――それは宗教的なものかもしれないし、非宗教的なもの、世俗的なものかもしれない。それは、大した問題ではない。こうしたすべてに潜む基本的なこと、それは、人は自分の惨めさを忘れたいということだ。人は惨めさを忘れようとする。

惨めさを忘れようとして外に出ていく人は、惨めさに目覚めることはけっしてできない。忘れがちになる物事に、どうして気づくことができるだろう？　覚えていようとする姿勢があってこそ、私たちは何かに気づくことができるのだ。それゆえ、痛みを覚えていることによってのみ、それに気づけるようになる。

だから、いつでも惨めなときには、それを一つの機会として捉えてごらん。トータルにそれに気づいていることだ。すると、あなたは素晴らしい体験をするだろう。あなたが自分の苦しみに十分に気づくようになると、痛みから逃げずに、苦しみに面と向き合うと、あなたは自分がそれから分離しているという一瞥を得ることだろう。

人は自分の苦しみを誇張する。自分の惨めさを大げさに見せるが、実際はけっしてそれほどのものではない。この背後にある理由は同じ——身体との同一化だ。惨めさはランプの炎のようなものだが、私たちはそれを、ランプから広がる光のように体験する。惨めさは炎のようなもので、身体のとても小さな部分に限定されているが、私たちはそれを、ずっと広い範囲を覆う、四方八方に広がるランプの光のようなものとして感じるのだ。目を閉じて、その痛みのある場所を内側から突き止めようとしてみてごらん。

また、覚えておきなさい。私たちはいつも、身体を外から知ってきている。けっして内側からではない。自分の身体を知っているとしても、他の人が見るようなやり方で知っているのだ。もしあなたが手を見てきたら、それはいつも外からだ。しかしあなたは、自分の手を内側から感じることもできる。それはあたかも、人が自分の家を外から眺めるだけで満足しているようなものだ。しかし同様に、家には内側もある。

痛みは身体の内部で起こる。痛みがある部分は、身体の内側のどこかの場所に特定されるが、その痛みは、身体の外の部分に広がっている。それは、こういうことだ。つまり、痛みの炎は内側に存在するが、一方で、光は外に放たれる。私たちは身体を外から見ることに慣れているので、痛みはとても広がっているように見える。身体を内側から見ようとするのは、素晴らしい体験だ。目を閉じて、身体が内側からどう感じられるか、どう体験できるか、試してごらん。人間の身体には、内側の壁もある。同様に、内側の被膜もある。この身体には、内側の境界もある。その内なる境界線は、確かに目を閉じて体験できる。

あなたは自分の手が上がるのを見てきた。さあ、ときには目を閉じて、手を持ち上げてごらん。そうすれば、手が上がるのが、内側から体験できるだろう。あなたは外側から、空腹とはどのようなものかを知ってきた。目を閉じて、空腹を内側から体験してごらん。そうすれば、初めてあなたはそれを内側から感じられるだろう。

もし自分の惨めさを間近に見れば、惨めさとあなたの間に分離を見出すだろう。というのも、見ることができるのは、あなたから離れたものだけだからだ。当然ながら、あなたと分かちがたく一つになっているものを見ることはできない。自分の惨めさに気づいている人、意識で満たされている人、想起で満ちている人は、惨めさを一箇所にあるものとして体験する。そして彼は、どこか他の遠いところにいる。

人が自分自身と惨めさの違いを理解するようになる日、自分の痛みはどこか遠くで起こっていると知るやいなや、惨めさに由来する無意識は存在しなくなる。そしてひとたび人が、身体の幸福感と同様に、苦しみもどこか他の場所で起こり、自分はそれを知る者にすぎないという理解に至れば、彼の身体との同一化は断たれる。そのとき彼は、自分が身体ではないと知る。

これが最初の準備だ。

ひとたびこの準備が完了すれば、気づきとともに死に入るのは容易なことだ。

3 質問へのOSHOの答え

Q14

最近、医師のもとを訪れた際に、死が差し迫っているという事実に向き合わされることになりました。私の余命は、長くても二年だそうです。どうすればあなたが提案するように、お祝いによって応答できるのでしょうか？

死はつねにそこにある。気づいていないかもしれないが、それはいつも、あなたに突きつけられているのだ。あなたは次の瞬間も確かではいられない。しかし私たちは生き続け、誰もいつか自分が死ぬとは信じていない。死ぬのはいつも他人なのだ。

毎年の誕生日とは、実は誕生日ではなく、死の日だということを忘れるための努力だ。あなたはさらに一年分死んだのだ。しかし花やキャンドルやケーキで、人は差し迫った死を忘れる。死はいつもあなたとともにある。誕生とは、死の始まりなのだ。

だから医師からのこの知らせは、実のところ、あなたを深刻にすべきではない。反対に、あなたをもっと油断なく、もっと気づかせるものであるべきだ。というのも、あなたは、死が確実にやって来る珍しい人だし、もう自分を騙すことはできないからだ。あなたのような状況に置かれていない多くの人たちが、あなたよりも先に死んでいくだろう——しかしその死は、彼らの知らないうちにやって来る。そして、いつでも知っている方が、知らないでいるよりもいい。ある事実が起こると分かっていれば、何かをすることが可能だ。

あなたは二年以内に死ぬだろうと言われた。この差し迫った死は、あなたを目覚めさせるはずだ。さあ、あなたにはもうブラブラする暇も、自分を騙す暇もない。死がそこにいて、あなたを待っている。そして、それが分かっているあなたは幸運だ。自分の死を知ることは、変容になりうる。

もし二年以内に死ぬだろうと分かっていれば、その二年を瞑想に捧げることができる。さもなければ、人々はつねに延期する。彼らは明日には瞑想しようとする——そして、明日はけっして来ない。他にすべきことがあまりにもたくさんあって、あなたには瞑想のための時間はないのだ。だが、もうどうしようもない、明日は終わっている、手の内にあるのは、この瞬間だけだと完全に気づいている人には……。不治の病にかかっていようといまいと、これこそが現実なのだ。しかし、自分の死が近いと分かれば、それが身に沁みて感じられるだろう。そしてそれは、変装した祝福になりうる。瞑想の時がやって来たのだ。今やあなたは、以前なら巻き込まれていた瑣末《さまつ》な、くだらないことを忘れることができる。

トランプのゲームをしたり、サッカーの試合を見たりしている、何百万もの人々がいる――自分が何をしているのか、まったく気づかずに。もし彼らに尋ねれば、時間をつぶしていると言うだろう。上等だ！　時間があなたをつぶしているというのに、あなたは自分が時間をつぶしているのだと思い続けているのだからね。どうやって時間をつぶせるのかね？　それを見たこともないというのに。刀で切ることもできなければ、核兵器ですら触れることができないのだ。どうやって時間をつぶそうというのかね？　しかし時間は、あなたを毎瞬つぶしているのだ。

あなたの状況は、大いなる祝福だと理解されるべきだ。あなたはもうトランプのゲームをやめることができる、ブラブラするのをやめることができる、くだらないサッカーの試合を見るのをやめることができる。今や、すべての時間はあなたのものだ。そして死がやって来る前に残されているのはただ一つ、自分自身を知ることだけだ。死があまりに近いので、あなたは自分自身の存在に無知なままでいる余裕はない。死に対するその近さこそが、不死なるものの理解を可能にする。それは、あなたの内側にあるのだ。

それこそ、瞑想のアートのすべてだ。できる限り内側深く、あなたの存在のまさに中心へと入るのだ。自分の存在の中心においては、あなたは永遠だということに、驚き、感嘆するだろう。そこには死はない。死など、あったためしはなかった。

実際には、何一つ死にはしない。ただ、形が変わるだけだ。病気はあなたの身体をむしばむことはできるが、それは、いずれ朽ちるものだ。大した問題ではない。自分には生き延びる希望がないと分かっているほうがいい。医者の診断とともに、あなたの希望もまた死んだ。もはや治癒はない——あなたは事実に直面しなくてはならない。外からの助けは手に入らない。あなたは自分の内面に頼らなくてはならない。あなたは独りで取り残される。

実のところ、誰もがいつも独りなのだ。

誕生から死まで、旅の全体が独りだ。

あなたは群衆の中にいるかもしれないが、独りあることは破壊されえない。それはそこにある。あなたは独りだということを覆い隠すために、ありとあらゆる努力をする、しかし今までそれに成功した人はいない。真実は真実なのだ。あなたはそれを、少し先送りするかもしれないが……。

死がそこにある、それは絶対的に確かだ、と気づくようになったのはいいことだ。今こそあなたの内側に不死なるもの、死を超えたものを見出すときだ。瞑想のために、これ以上の時は見つからない。

そして深刻にならないことだ。死は自然なことだからね。原因が何かということに意味はない。パラノイアにならないことだ。実際、選ばれた少数の一人であることを喜ぶがいい。他の人はみな、自分の死に関して暗闇の中にいるが、あなたはそうではない。そして死が近づいていることを分かっている事実そのものがあなたに、自分自身を知るためのスペースを生み出さずにはおかないだろう。

あなたの永遠の存在を知ること、あなたはいつもここにいたし、いつもいるだろうと知ることは、とてつもない啓示だ。その啓示の中に、祝祭がある。

Q15

あまりにも多くの治療法の選択肢があり、たった一日のうちに、あまりにも多くの感情が湧いてきます。私は完全に混乱し、戸惑いを感じ、置き去りにされています。どうしたらいいのでしょう？　どうしたら、もう少し明晰さを見出すことができますか？

混乱は大いなる機会だ。

混乱していない人々の問題は大きい――彼らは、自分は分かっていると思っている。だが、分かってはいない。自分は明晰だと信じている人々は、ほんとうに大きな困難に陥っている。彼らの明晰さはとても薄っぺらだ。実のところ、彼らは明晰さとは何なのか、まったく分かってはいないのだ。彼らが明晰さと呼んでいるものは、ただの愚かさにすぎない。愚かな人々は、とてもとても明晰だ――混乱を感じるだけの知性を持ち合わせていないという意味で明晰なのだ。混乱を感じるためには、たいへんな知性がいる。

知性のある人たちだけが混乱を感じる。さもなければ、凡庸な人は、微笑み、笑い声を上げ、金を蓄えながら、さらなる権力や名声を得ようと格闘しながら生を動き続ける。彼らを見れば、あなたは少しばかり嫉妬を感じるだろう。彼らはとても自信に満ち、ハッピーにすら見える。あなたといえば、何をすべきで、何をすべきでないのか、何が正しくて、何が間違っているのか、混乱したまま、立ちつくしている。しかしこれはいつもそうだった。凡人は確かなままだ。混乱やカオスを感じるのは、より知性のある人々だけなのだ。

混乱は偉大な機会だ。それはたんに、思考《マインド》を通しては、どうしようもないということなのだ。もしあなたがほんとうに混乱していれば――あなたが「完全に混乱している」と言うように――もしほんとうに混乱していれば、あなたは祝福されている。今や何かが可能だ、途方もなく価値ある何かが。あなたはその瀬戸際にいる。もしあなたが完全に混乱していれば、それはマインドの敗北を意味する。もはやマインドは、どんな確かさもあなたに与えることはできない。あなたは、マインドの死にどんどんと近づいている。

それは、生において人に起こりうるもっとも偉大なこと、もっとも大いなる祝福だ――というのも、ひとたびマインドとは混乱であり、マインドによっては抜け出す道はないと分かれば、どれほど長くマインドにしがみついていられるかね？　遅かれ早かれ、あなたはそれを落とさなくてはならなくなる。あなたが落とさなくても、それはひとりでに落ちていくだろう。混乱が極まって、あまりに重くなれば、その重さゆえに、マインドは落ちる。そしてマインドが落ちるとき、混乱は消えるのだ。

私には、あなたが確かさを手にするとは言えない。いや、それは無理だ。というのも、それもまたマインドと、マインドの世界にのみ当てはまる言葉だからだ。混乱があるときには、確かさもありうる。混乱が消えれば、確かさもまた消え失せる。あなたはただ明晰だ——混乱も確かさもなく、ただ明晰で透明だ。そして、その透明さには美しさがある、その透明さは優美で、この上なく精妙だ。

生におけるもっとも美しい瞬間、それは混乱も確かさもないときだ。人はただ、在る。鏡があるがままを映し出している。どんな方向性もなく、どこにも向かわず、何かをしようという考えもなく、未来もなく……ただ完全にこの瞬間に、とてつもなくこの瞬間に在る。

マインドがないとき、未来はありえない。未来のためのプログラムはない。そうなれば、この瞬間がすべて、すべての中のすべてだ。この瞬間が、あなたの存在全体だ。存在のすべてが、この瞬間に収束していく。そしてこの瞬間が、とてつもなく意味深いものとなる。それには深みがあり、高さがある。それには神秘があり、強烈さがある。それには火があり、直接性がある。それがあなたをつかむ。それがあなたに取り憑き、あなたを変容する。

しかし、私はあなたに確かさを与えることはできない。確かさはイデオロギーによって与えられるのだ。確かさは、あなたの混乱に貼る絆創膏以外の何ものでもない。あなたが混乱していると、誰かが「心配はいらない」と言う。それも、とても権威的にそう言って、あなたを議論やら経典やらで説得し、あなたの混乱に絆創膏を貼り、美しい毛布で——『聖書』で、『コーラン』で、『ギータ』で覆う。あなたは気分がよくなるが、それは一時的なものだ。その混乱は、内側で煮え立っているからだ。あなたはそれを一掃してはいない。それは抑圧されているだけだ。

だからこそ、人々は信仰、教会、聖典、教義、思想体系にしがみつく。なぜ人々はそれほど思想体系に投資するのだろう？　なぜ人はキリスト教やヒンドゥー教の信者にならなくてはならないのだろう？　なぜ人は共産主義者にならなくてはならないのか？　何のために？　そこにはまた理由が、大きな理由があるのだ。誰もが混乱している。だから、確かさを提供してくれる誰かが必要なのだ。知性のある人はためらい、思索し、迷う。知性的ではない人は、けっして迷わないし、けっしてためらわない。賢者が囁《ささや》くところで、愚か者はただ屋根の上から宣言する。

老子は言っている。「この世で頭が混乱しているのは、私だけかもしれない。誰もがとても確かなようだ、私をのぞいては」

その通りだ。彼はとてつもない知性を持っているので、何についても確かではいられない。もしあなたがマインドを落とせば、私はあなたに確かさを約束することはできない。私が約束できるのはただ一つ、あなたは明晰になるということだ。そこには明晰さと透明さがあるだろう。そしてあなたは物事をあるがままに見ることができるだろう。あなたは混乱もせず、確かでもない。確かさと混乱は、同じコインの裏表なのだ。

存在はただそこにある。そこには選ぶべきものは何もない。そして覚えておくがいい。その間で選ぶものが何もないとき、あなたは分かたれないものとなる。その間で選ぶものがあれば、それはあなたをも分かつ。分割とは、両刃の剣だ。それは外では現実を分かち、内ではあなたを分かつ。

もし選べば、あなたは分割を選び、分裂することを選び、分裂症を選ぶことになる。もし選ばなければ、いいものも悪いものもないと分かれば、あなたは正気を選んでいる。

何も選ばないとは、正気を選ぶこと。選ばないでいるとは、正気であるということだ。というのも、もはや外に分裂はない。どうして内側が分かたれるだろう？　内と外は手に手を携えて行く。あなたは分割されないものになる。あなたは個人となる。これが個性化のプロセスだ。何もよくはないし、何も悪くはない。こうした理解の曙があなたの意識の中に訪れるとき、突如としてあなたは一つにまとまる。あらゆる断片が一つの統一体へと消え失せる。あなたは結晶化し、中心に定まっている。

Q16

私の医者や友人たち、家族は、どうすべきか、何を食べるべきで、何を食べずにおくべきかという、ありとあらゆるアドバイスをしてくれます。私はどうすべきなのか、どう決めたらいいのか分かりません。誰に従うべきでしょうか？

耳を傾けなさい、けれども従ってはいけない。よく聴くことだ。だが、あなた自身の洞察に従いなさい。他人のアドバイスには従わないように。もちろん、とても瞑想的に耳を傾けるがいい。彼らがあなたに何を伝えようとしているのか、理解しようとしてごらん。彼らはほんとうによかれと思っているのだろうが、もしあなたが盲目的に従うようになれば、自分自身の知性を手にすることはけっしてないだろう。あなたは松葉杖に頼り続けることになる。つねに他人を見上げ、どうすべきか、どうすべきでないかを告げてもらうようになる。つねにリーダーが必要になるだろう——リーダーを必要とするのは、とても不健康な状態だ。

耳を傾けてごらん。というのも、人々は素晴らしい体験をしているからだ。そしてもし彼らが分かち合っているなら、進んで分かち合おうとしているなら、あなたの側で耳を傾けないというのは馬鹿げている。彼らの体験の分かち合いは、あなたに大きな洞察を与えるかもしれない——それは、あなたがより気づく助けになるだろう——しかし、従ってはいけない。

人々はまさしく従って、ただ盲目になってしまう。他の人があなたの必要としているものをすべて与えてくれるとなったら、自分の目を持つ必要がどこにある？　そして他の人があなたのために噛み砕いてくれるとしたら、自分で咀嚼《そしゃく》する必要がどこにある？　徐々に、あなたはもっともっと弱くなる、もっともっと貧しくなる、もっともっと飢えるようになる。


最近店をオープンした人が、「ここで新鮮な魚販売中」と書いた大きな看板を掲げた。そこに友人がやって来て言った。「どうして『ここで』なんて看板に書くのさ？」そこで、彼は「ここで」という言葉を消した。

それから別の友人が来て言った。「『販売中』だって？　もちろん売ってるだろうよ。ただであげたりしないだろう？」それで、「販売中」という言葉もなくなった。

三番目の人が来て言った。「『新鮮な魚』だって？　そりゃ新鮮じゃなきゃな。腐った魚を誰が君から買うと言うんだい？」「新鮮な」という言葉もなくなった。

店主はありがたいと思った。今、看板に残っているのは、「魚」という言葉だけだったが、そこに四番目の人が来て言った。「魚だって？　そんなのを掛けておくなんて奇妙だな。何キロ先からでも匂うよ」店主は、この最後の言葉を看板から消した。

五番目の人が来て言った。「店の上に真っ白な看板を掛けとくってのは、どんな了見なのかねえ？」店主は看板を外した。

六番目の人がその場に来て言った。「こんなに大きな店をオープンしたんだ。『ここで新鮮な魚販売中』って書いた看板をかけたらどうだい？」

さて、人の話を聞き続けていたら、あなたはもっともっと混乱するだろう。こうして、あなたは混乱してしまうのだ。あなたの混乱とは、こういうことだ。あなたはたくさんの種類の人の話を聞いてきているが、みんなが違うアドバイスをしている。彼らの意図を疑っているわけではない。彼らはよかれと思ってやっている。だがそれは、あまり意識的なよかれではない。さもなければ、彼らはあなたにアドバイスをしたりはしない。アドバイスではなく、洞察を与えるだろう。あなたにどうすべきだとか、どうすべきではないとは言わないだろう。あなたがもっと気づくようになる助けをするだろう。そうすることで、何をすべきで、何をすべきではないか、あなた自身が見て取ることができるように。

真の友人とは、あなたにアドバイスをするのではなく、あなたが生に対して――その問題、そのチャレンジ、その神秘に対して――もっと注意深くなり、もっと気づき、もっと意識的になるのを助ける人だ。そしてあなたが自分の旅を続ける助けをし、あなたに実験する勇気を、探求する勇気を、多くの間違いを犯す勇気を与える人だ……というのも、間違いを犯す用意がない人は、まったく何も学ばないからね。

真の友人は、あなたが自分の知性を磨く助けをする。あなたに決まりきったアドバイスを与えはしない。決まりきったアドバイスなど、役には立たないからだ。今日真実であるものが、明日は真実ではないかもしれない。そして、ある状況では正しいことが、他では間違っているかもしれない。

状況はつねに変わり続ける。だからあなたが必要としているのは、生きる上での固定したパターンではなく、物の見方なのだ。それによって、どこにいようと、どんな状況にいようと、あなたが自分自身を見出せるように。内発的に行動する方法、自分自身の存在に頼る方法が分かるように。

Q17

私は尋ね続けています。「どうして私なのか?」と。私に起こっていることに関して、あまりにも大きな怒りがあります。この感情に、どう対処したらいいのでしょう? 見守っていようとしたり、日々の生活に専念しようとしてきましたが、何も助けになっていません。

あなたが感じるあらゆる感情を生きてごらん。それは、あなたなのだ。

憎しみ、醜さ、無価値感——何であろうと、実際にその中にいることだ。まずは感情に、意識の中へとすっかり浮上する機会を与えなさい。今は、見張っていようと努力することで、そうした感情を無意識の中へと抑圧している。それから日々の仕事に巻き込まれ、それらをまた無理やり呼び戻すことになる。それは、感情から自由になる方法ではない。

感情が出てくるにまかせるがいい——感情を生き、苦しむことだ。困難で、うんざりすることだろうが、大いに報われる。ひとたびあなたがそれらを生き、苦しみ——これが自分なのだ、こんなふうに自分を仕向けたわけではないのだから、自分を非難する必要はない。気がつけばこれが自分自身の姿だったと——それらを受け入れたら……。ひとたび何の抑圧もなく、意識的に生きられれば、感情はおのずと消え失せていくのに驚くだろう。あなたに及ぼす力は少なくなって、もはやあなたの首をそれほどきつくつかまなくなる。そしてそれらが去っていくとき、あなたにも見守ることができるようになるときがやって来る。

ひとたび意識的なマインドへとやって来れば、あらゆるものは実体を失う。そしてそこにあるのがただ影だけになるとき、それこそが気づくようになるときだ。今のところ、それは分裂症を生み出す。のちにはそれは、光明を生み出すだろう。

Q18

私は戦士です。戦うこと以外何も知らないし、さらに悪いことには、戦いを愛しています。最強の嵐に立ち向かい、笑うことが大好きなのです。私は日の光を浴びて横になり、溶けるのは好きではありません。

そこには問題はない。もし自分を戦士だと感じるのなら、戦うことが楽しいのなら、それだけでなく、戦士であることを誇りに思うのなら——くつろぐことだ。トータルに戦いなさい！　あなたの戦士の質と戦わないようにすることだ。それが、あなたにとって、手放し《レット・ゴー》になるだろう。

最強の嵐に立ち向かい、笑うのは、まったく素晴らしいことだ。後ろめたく思わないように。たった一つのことを理解してごらん。私がレット・ゴーという言葉で言おうとしているのは、あなたは何も変える必要はない、ということだ。私はただ、あなたが自分を何と感じようと、トータルにそれにまかせなさいと言っている。

あなたの全存在をあげて戦士でいてごらん。そうすれば、この全面性《トータリティ》の中で、自分のハートが溶けていくのが分かるだろう。それが、トータルであることの報酬なのだ。そのために、あなたは何もしなくていい。報酬は、おのずからやって来る。ただトータルであること、あなたが愛を感じるもの、あなたが誇りを感じるものが何であっても、その中にトータルにいてごらん。分裂を生み出してはいけない。生半可で、中途半端にならないことだ。もしあなたがトータルであれば、ある日——最強の嵐に向かって立ち、笑い声をあげていると——突然、ハートが太陽の光を浴びて溶けるのを感じることだろう。それは、報酬としてやって来る。

人はいらない問題を創る。私はあなた方に、理解してもらいたい。自分で創る問題以外に、生において問題など存在しないのだ。ただ、分かろうとしてごらん。何であれ、あなたにとっていい感じがするものは、いいものだ。だとしたら、その道を果てまで行きなさい。全世界が反対したとしても、かまいはしない。そしてあなたがトータルに、果てまで行ったかどうかは、その報酬によって決まる。

もしあなたがある地点で突然溶けるのを感じ始めれば、あなたは自分をごまかしてはいなかった、自分は誠実で真実だったと分かる。その今こそが、あなたが誇ることのできる地点なのだ。

Q19 私は自分が知っている方法でトータルに怒りを表現していますが、それはまだ、あらゆる思考の底流となって続いています。

あなたは怒りに対処する方法を、たった二つしか知らない。表現か、抑圧かだ。そして、ほんとうの対処法とは、そのどちらでもない。それは表現ではない。表現すれば、相手の中に怒りを生み出し、それは連鎖を呼ぶからだ。そうなれば、相手は怒りを表現し、あなたもまた挑発される。そうなれば、それはどこで終わるのかね？ そして表現すればするほど、それは習慣、機械的な習慣になる。表現すればするほど、熟練することになる！ あなたがそこから自由になるのはむずかしくなる。

この恐怖から、抑圧がやって来る。表現するな、というのも、相手も自分もとても惨めになるから――しかし、役には立たない。それはあなたを醜くし、生に醜い状況を生み出す。そうなれば、あなたはそのすべての代価を支払わなくてはならない。そしてゆっくり、ゆっくりと、それがあなたの第二の天性になる。表現への恐れから、抑圧がやって来る。しかし抑圧すれば、毒を貯め込むことになる。それは、爆発せざるをえなくなるだろう。

第三のアプローチ、世界中のあらゆる光明を得た人たちのアプローチは、表現することでも、抑圧することでもなく、見守ることだ。怒りが湧いてきたら、静かに座って、怒りがあなたの内なる世界であなたを取り巻くにまかせる。その雲があなたを取り巻くにまかせ、静かな見張りになることだ。見てごらん、「これは怒りだ」と。

仏陀は弟子たちにこう言っていた。怒りが湧いてきたら、それに耳を傾け、そのメッセージを聞くように、と。そして覚えておいてごらん。繰り返し自分自身に「怒り、怒り……」と語りかけることだ。注意を保ち、眠り込まないように。怒りがあなたを取り巻いているのに醒めていること。あなたはそれではない！　あなたはそれを見守る者なのだ。そして、そこにこそ鍵がある。ゆっくり、ゆっくりと見守るうちに、怒りはあなたからすっかり分離して、あなたに影響を与えられなくなる。あなたはあまりにもそれからかけ離れ、あまりにも超然とし、あまりに涼やかで、あまりに離れてしまい、その距離はとても大きくなるので、まったくどうでもよくなるのだ。それどころか、以前はこの怒りゆえに自分がやっていたあらゆる馬鹿げたことを笑い始めるだろう。それはあなたではない。それはあなたの外側にあって、あなたを取り巻いているのだ。けれども同一化がなくなったとたん、あなたはそこにエネルギーを注がなくなる。

いいかね、私たちが怒りにエネルギーを注いでいる。そうして初めて、それは活気づくのだ。それ自身にはエネルギーはない。私たちの協力次第なのだ。見守ることで、その協力は断ち切られる。

あなたはもうそれを支持してはいない。少しの間、数分間は、それはそこにあるだろうが、それから行ってしまうだろう。あなたの中に根がないのに気づいて、あなたが開いていないのに気づいて、あなたが遠く、丘の上の見張りになっているのを見て、それは散り散りになり、消え失せるだろう。そして、それが消えるのは素晴らしい。それが消えるのは、大いなる体験だ。

怒りが消え失せるのを見ていると、大きな穏やかさがやって来る。嵐のあとの静けさだ。怒りが湧き上がるたび、もし見守ることができれば、今まで知らなかった静謐《せいひつ》さへと落ちていくのに、あなたは驚くだろう。あなたはとても深い瞑想へと落ちていくだろう。怒りが消え失せると、あなたは今まで知っていた自分よりも、もっとみずみずしく、若々しく、無垢になっているのに気づくだろう。そうなれば、あなたは怒りにさえ感謝するだろう。あなたは怒りに対して怒りはしないだろう――それはあなたに生きるべき美しくも新しいスペース、通り抜けるべき新しい、完全にみずみずしい体験を与えてくれたのだからね。

あなたはそれを活用した。そこから踏み石を作り出したのだ。

Q20

私はとてもひんぱんに、この人生を後にすることへの途方もない悲しみに圧倒されます。いったい何ができるでしょうか？

悲しみが悲しいのは、それが気に入らないからだ。その悲しみが悲しいのは、あなたがそこにいたくはないからだ。その悲しみが悲しいのは、あなたがそれを拒絶しているからだ。もしあなたが好きになれば、悲しみさえ大いなる美しさの開花、静寂の、深遠の開花となる。

何も悪くはない。起こることは何でも、悲しみでさえ、好きになることができる。それはそうあるべきなのだ。死でさえも、愛されるべきだ。そのとき初めて、あなたは死を超える。もし死を受け入れることができれば、死を愛し、歓迎することができれば、死はもはやあなたを殺すことはできない。あなたはそれを超えたのだ。

悲しみがやって来たら、受け入れてごらん。その歌を聞いてみなさい。それには、あなたに与えるものがある。それは、幸せには与えることのできない贈り物を携えている。その贈り物は、悲しみだけが与えることができる。

幸せはつねに薄っぺらだ。悲しみはつねに深い。幸せは波のようなもの、悲しみはもっとも深い海の底のようなものだ。悲しみの中では、あなたは自分自身とともにとどまり、独り残される。幸せの中では、あなたは人とともに動き、分かち合い始める。悲しみの中では、あなたは目を閉じ、自らの内面を深く掘り下げていく。

悲しみには歌がある……とても深い現象、それが悲しみだ。

それを受け入れなさい。それを楽しんでごらん。どんな拒絶もせず、味わうのだ。そうすれば、幸せにはけっしてもたらすことのできないたくさんの贈り物を携えていることが分かるだろう。

もしあなたが悲しみを受け入れられれば、それはもう悲しみではなくなる。あなたはそれに、新しい質をもたらした。あなたはそれを通して成長する。それはもはや、道を阻《はば》む石や岩ではなく、踏み石となる。

そしていつも覚えておきなさい、深い悲しみを知らない人は、貧しい人なのだ。彼はけっして、内なる豊かさを持つことはない。いつも幸せで、微笑んで、薄っぺらな生き方をしてきた人は、自分の存在のもっとも奥深い寺院に入ってはいない。彼は内奥の寺院を逃している。

あらゆる両極を動いていけるようにしておきなさい。悲しみがやって来たら、ほんとうに悲しむことだ。そこから逃げようとしないように——悲しみにゆだね、協力してごらん。悲しみがあなたの中で溶け去るにまかせ、あなたが悲しみの中で溶け去るにまかせてごらん。それと一つになるのだ。どんな抵抗も、葛藤も、格闘もなしに、ほんとうに悲しんでごらん。幸せがやって来たら、幸せでいるがいい。踊り、エクスタティックになることだ。幸せがやって来たときに、しがみつこうとしないように。いつもいつも、このままであるべきだと言わないことだ。それこそ、それを逃すやり方だからね。悲しみがやって来たら、「私のところには来ないでくれ」とか「来るとしても、どうか早く行ってくれ」と言わないように。それこそ、それを見逃すやり方なのだ。

悲しみを拒絶しないように、そして幸せにしがみつかないようにしなさい。まもなくあなたは、幸せと悲しみは同じコインの裏表だと理解するだろう。そうなれば、あなたには幸せの中にも悲しみがあり、悲しみの中にも幸せがあるのが分かるだろう。そうなれば、あなたの内なる存在は豊かになる。そうなれば、あなたはすべてを楽しむことができる。朝も晩も、日の光も暗い夜も、昼も夜も、夏も冬も、生も死も——すべてを楽しむことができるのだ。

Q21

このところ、あまりにも多くの入り混じった、矛盾した考えや感情があります。まるで、ジェットコースターに乗っているようで、ある瞬間から次の瞬間に、自分がどう感じるのか、まったく分かりません。

あなたの思考を、あなたの感情を見守ってごらん。すると、ただ見守ることで、新しい要因――見守る者――を理解するようになる。この理解こそ、内なる革命の始まりだ。あなたは見守る者であり、見守られるものではない。あなたはマインドではなく、身体ではなく、あなたの内側深くに隠れているもの――見守る者だ。

その見守る者は、生のあらゆる浮き沈みを見守り続ける。もう同一化する必要はない。あなたが落ち込んでいるとき、悲しくなる必要はない。というのも、見守る者は見守る者にすぎないからだ。あなたの気分が高揚しているとき、エゴイスティックになる必要はない。あなたはたんなる見守る者なのだ。ゆっくり、ゆっくりと、あなたの周りのあらゆる騒ぎが落ち着いていく。

自分ではない物事に同一化すること、それが問題だ。
その同一化から外れること、それが瞑想なのだ。

純粋に見守る者だけが残るまで、あらゆるものとの同一化を外すことだ。あなたが何をしていようと、どこへ行こうとしていようと、見守る者に落ち着いていなさい。あなたは、みずみずしさを持つ新しい人、今までけっして知ることのなかった生を生きる、新しい人になるだろう。瞳に永遠なるものを湛《たた》えた人、あらゆる動作に不死なる存在の何かを携えた人に。

Q22

たくさんの人が周りにやって来て、病気の私をサポートしてくれればくれるほど、私はより独りぼっちだと感じます――そしてそれはとても辛いことです。私に何ができるでしょうか？

独りで自分自身に直面するのは、怖いし、辛いことだ。人は、その苦しみを味わわなくてはならない。それを避けるために、何もすべきではない。気を紛らわせるため、そこから逃れるために、何もすべきではない。人はそれを苦しみ、通り抜けなくてはならない。この苦しみとこの痛みはたんに、新しい誕生が近づいているというよい兆候だ。あらゆる誕生の前には痛みがあるからだ。それは避けられないし、避けるべきではない。それは、あなたの成長の一部だからだ。

しかし、なぜそこにこの痛みがあるのだろう？　これは理解されるべきだ。というのも、理解は、あなたがそれを通り抜ける助けとなるからだ。もしあなたがそうと分かりつつ、通り抜けるなら、より楽に、すばやく抜け出すことができるだろう。

独りのとき、なぜそこに痛みがあるのだろう？　第一に、あなたのエゴが病むということだ。あなたのエゴは、他の人たちとだけ存在することができる。それは、関係性の中で成長してきた。独りでは存在できない。だからもし、エゴがもはや存在できないような状況に置かれれば、エゴは窒息するように感じる。まさに死の淵にあるのを感じる。これがもっとも深い苦しみだ。あなたは、まるで自分が死んでいくように感じる。しかし、死んでいくのはあなたではなく、あなたが自分だと思ってきたエゴにすぎない。あなたはそれに同一化してきたのだ。エゴは存在できない。というのも、それは他人によって与えられてきたものだからだ。それは寄贈された物なのだ。他の人たちから離れるとき、あなたはそれを連れていくことはできない。

だから独りでいると、自分について知っているすべてが落ちていく。それは徐々に消え失せるだろう。ある程度の期間なら、エゴを引き延ばすこともできるが——そしてそれも、自分の想像によってするしかないのだが——長くは引き延ばせない。社会がなければ、あなたは根こぎにされる。糧を得るための土は、そこにはない。これが根本的な痛みだ。もはや自分が誰なのか、定かではない。あなたは散っていく人格、溶けていく人格にすぎない。しかし、これはよいことだ。というのも、この偽りのあなたが消えない限り、本物が現れることはできないからだ。あなたが完全に洗われ、もう一度まっさらにならない限り、本物が現れることはできない。

この、偽りのあなたが王座を占めている。それは王座から引きずり降ろされなくてはならない。孤独の中で生きることで、偽りのすべては去りうる。そして、社会から与えられたものはすべて偽りだ。ほんとうに、与えられた物はすべて偽りなのだよ。あなたが生まれながらに携えているものは、すべて本物だ。おのずからあなた自身であるもの、他の人から贈られたのではないものはすべて、本物で真正だ。しかし、偽りは去らなくてはならない。そして偽りには、大きな投資がある。あなたはそれに、非常に多くのものを投資してきた。その面倒を必死になって見てきたのだ。あなたの希望のすべてがそれにかかっている。だからそれが溶け始めると、あなたは恐れ、不安を感じ、震える。「お前は自分に何をしているのだ？　人生のすべて、構造のすべてを壊しているんだぞ」

そこには、恐怖があるだろう。しかし、あなたはこの恐怖を通り抜けなくてはならない。そのときにのみ、あなたには恐れがなくなる。勇敢になる、と言っているのではない。いいや、恐れがなくなると言っているのだ。勇敢さは、恐怖の一部にすぎない。あなたがどれほど勇敢になろうと、恐怖がその背後に隠れている。私は「恐れがない」と言っている。あなたは勇敢にはならない。恐怖がなければ、勇敢になる必要はない。勇敢さも恐怖も意味を持たなくなる。同じコインの裏表なのだ。だからあなたがいう勇敢な人たちとは、逆立ちしたあなたにすぎない。あなたの勇敢さは内側に隠れ、恐怖が表に出ている。彼らの恐怖は内側に隠れ、勇敢さが表に出ている。だからあなたが独りでいるとき、あなたはとても勇敢だ。あなたが何かについて考えているとき、あなたはとても勇敢だ。しかし、実際の状況がやって来ると、あなたは怖くなる。

戦士というのは、どんなに偉大な戦士であっても、前線に立つ前には、普通の人と同じように怖くなると言われている。内側が震えている。しかし彼らは行く。彼らはこの震えを無意識へと押しやるのだ。そして内なる震えがあればあるほど、自分は勇敢だという見せかけを周りに創り出す。

彼らは鎧を創る。あなたはその鎧を見る——それは勇敢に見えるが、深いところでは、彼らは恐怖でいっぱいだ。

人は、あらゆるものの中でももっとも深い恐怖——つまり、エゴの解体、イメージの解体、人格の解体——を通り抜けて初めて、恐れがなくなる。

これは死だ。というのも、あなたには新しい生がそこから現れてくるのかどうか分からないからだ。そのプロセスの中で、あなたが知るのは死だけだろう。今のあなた、偽りの存在としてのあなたが死んで初めて、死は不死への扉にすぎなかったことが分かるだろう。しかしそれは、最後にやって来るものだ。プロセスの中では、あなたはただ死んでいく。あなたがとても大事にしてきたものすべて——あなたの人格、あなたの観念、あなたが美しいと思ってきたものすべて——が、あなたから取り上げられる。すべてがあなたから離れていく。あなたは裸にされる。あらゆる役割、あらゆる衣服が取り去られる。

そのプロセスにおいては、恐怖があるだろう。しかしこの恐怖は、根本的で、必要で、避けられないものだ——人はそれを通過しなくてはならない。あなたはそれを理解するべきだが、避けようとしてはいけない。そこから逃げようとしないことだ。というのも、逃げるたびに、また元に戻されるだろうからね。あなたは人格の中へと戻ることになる。

深い静寂と孤独へと入る人たちは、つねに私に、「きっと怖くなるでしょう。いったいどうしたらいいのでしょう?」と聞く。私は彼らに、何もしようとしないで、ただその恐怖を生きなさい、と言う。もし震えがやって来たら、震えることだ。なぜ拒む? もし内なる恐怖がそこにあって、それで震えてきたら、震えることだ。何もしようとせず、起こるにまかせなさい。それは自然に去るだろう。もしあなたがそれを避ければ——そしてあなたは避けることもできる。「ラーマ、ラーマ、ラーマ」と唱え始めることもできる。気を紛らわせるために、マントラにしがみつくこともできる。あなたはなだめられ、恐怖はなくなるだろう——あなたはそれを、無意識の中へと押し込んだのだ。恐怖は外に出てきていた——それはいいことだった。あなたはそれから自由になろうとしていたのだ——それはあなたから離れていこうとしていた。そしてそれが離れていくとき、あなたは震えるだろう。それは自然なことだ。というのも、身体の、マインドのあらゆる細胞から、つねに抑え込まれてきたあるエネルギーが離れていこうとしているのだ。そこには、動揺と震えがあるだろう。それはちょうど、地震のようなものになるだろう。魂のすべてが、それにかき乱されるだろう。しかし、そのままでいなさい。何もしようとしないこと。それが私のアドバイスだ。マントラを唱えることすらしてはならない。それに対し、何もしようとしないように。というのも、あなたにできることはすべて、ふたたび抑圧になるからだ。それがただあるにまかせることで、そのままにしておくことで、それはあなたから離れていく——そしてそれが去ったとき、あなたはまったくの別人になるだろう。

台風は去って、あなたは今や、中心に定まっている。いまだかつてなかったほど中心に定まっている。そしてひとたび物事をそのままにしておくというアートを知ったら、あらゆる内面の扉を開くマスターキーの一つを知ることになる。そうなれば、状況がどうあろうと、そのままでいい。避けないでいてごらん。

ただ三か月、トータルな孤独の中、トータルな沈黙の中にいて、何とも戦わず、何がどうあろうと、すべてをあるにまかせれば、三か月のうちに古いものは去って、新しいものがそこにあるだろう。しかし、その秘密とは、あるがままにまかせること――どれほど恐ろしく、痛みに満ちていようとも、どれほど危険で、死のように見えようとも。もし何かをしなかったら、気が狂ってしまうかのように感じる瞬間がたくさんやって来て、あなたは思わず知らず何かをし始めるだろう。何もできないと分かっているかもしれないが、コントロールが外れ、何かをし始めることだろう。

それはあたかも、夜、真夜中に、暗い道を歩いているようなものだ。あなたは怖くなる。周りには誰もおらず、夜は暗く、知らない道だからだ――だからあなたは、口笛を吹き始める。口笛に何ができるだろう？　何もできないことは分かっている。そしてあなたは、歌を歌い始める。歌など歌っても仕方がないのは分かっている――闇を追いやることはできないし、自分は独りぼっちのまだ――しかし、それでも気は紛れる。もしあなたが口笛を吹き始めれば、口笛を吹くだけで、自信が生まれ、闇を忘れる。あなたのマインドは口笛へと移り、あなたは気分がよくなる。

何も起こってはいない。通りは同じだし、闇も同じ、危険も——もしあればの話だが——そこにある。しかしあなたは、今や、もっと守られていると感じる。すべては同じだが、今、あなたは何かをしている。あなたはある名前を、マントラを唱え始めるかもしれない。それは口笛のようなものだ。それはあなたに強さを与えるだろうが、その強さは危険だ。その強さがまた問題になる。というのも、その強さはあなたの古いエゴになっていくからだ。あなたはそれを生き返らせている。

観照者のままでいて、起こることは何であろうと、起こるにまかせなさい。

恐怖を超えていくためには、それに直面しなくてはならない。

苦悩を超えるためには、それに直面しなくてはならない。そして、真正に向き合えば向き合うほど、それに面と向き合って見れば見るほど、物事をありのままに見れば見るほど、事はすばやく起こるだろう。

時間がかかるのはただ、あなたの真正さが強烈ではないからだ。だから三日かかるかもしれないし、三か月、三生かかるかもしれない——それは、強烈さ次第だ。ほんとうのところ、三分でもいい、三秒でもいいのだ。しかしそうなれば、あなたは非常な強烈さとともに、途方もない地獄を経なくてはならなくなる。あなたには我慢できない、耐えられないだろう。どんなものであれ、自分の内に隠れていたものに直面できれば、それは去る。そしてそれが去ったとき、あなたは別人だ。というのも、あなたから離れていったものは、以前はあなたの一部だったが、もはやそうではないからだ。

だから、どうすべきかと尋ねないように。何もする必要はない。何もせず、観照し、努力なしに、何であれそこにあるものに直面してごらん。ほんの少しの努力すらしないで、ただあるにまかせる……。受け身のまま、通り過ぎるにまかせるのだ。それはつねに通り過ぎる。あなたが何かをすると、それは台無しになる。そうすれば、あなたが邪魔するからだ。

そして誰が邪魔するのだろう？　誰が恐れているのか？　病気である、その同じ恐怖が邪魔をすることになる。置き去りにされるべき、その同じエゴが邪魔することになるのだ。私はあなたに、エゴは社会の一部だと言った。あなたは社会を後にしたが、あなたは社会から与えられたその一部を手離したくはない。それは社会に根づいている。それは社会なしでは生きられない。だからあなたはそれから離れるか、それが生きられる新しい社会を作り出すしかない。孤独の内にあるというのは、代わりの社会を創り出すことではない。ただ社会から抜け出すがいい。そうすれば、何であれ社会があなたに与えたものは、あなたから離れていくだろう。あなたはそれを落とさなくてはならない。それは辛いだろう。あなたはあまりにもそれに適応し、すべてがあまりにも整えられてきたからだ。適応することが非常に快適になって、そこではすべてが便利だ。あなたが変わって、独りで動くとき、あなたはあらゆる快適さ、あらゆる便利さ、社会が与えることのできるあらゆるものから離れていく——そして社会があなたに何かを与えるとき、それはまた、あなたから何かを奪う。あなたの自由、あなたの魂を奪うのだ。

だから、それは交換なのだ――そしてあなたが、自分の魂を純粋なままで手にしようとしたら、安売りはやめなくてはならない。それは痛みに満ちているだろうが、もしあなたがそれを通り抜けることができれば、もっとも高い至福はすぐそこだ。社会は孤独ほどには辛くはない。社会は精神を安定させる、社会は便利で快適だが、あなたにある種の眠りを与える。もしあなたがそこから出ていけば、必然的に不便にならざるをえない。あらゆる種類の不便さがそこにあるだろう。それは孤独の一部であり、自分自身を取り戻すことの一部だと理解して、そうした不便を忍ぶ必要がある。

あなたはそこから新しい存在となって出てくるだろう、新しい栄光と尊厳、新しい純粋さと無垢さを携えて。

ポジティブな思考法は回復のために一役買うことができると、私は信じています。ですから、私はガンで死んでいくのではなく、ガンとともに生きるという姿勢を取っています。死ぬかもしれないと考えると、死を招いているように感じられるのです。今は、生きることに集中した方が、健康的だと感じます。

均衡のとれた状態は、あなたが選ばないとき、事実をありのままに見るときにある。生は、あれかこれかの問いではない。選ぶべきものは何もない、それは一つのまとまりとしてある。選ぶことでは、何も変わらない。選ぶことで、あなたはただ一種の無知へと入っていくだけだ。

あなたが選ぶものは一部だし、あなたが選んでいないものもまた現実の一部だ。その選ばれなかった現実の一部は、あなたにつきまとい、受け入れられるのを待っている。それは、消え失せはしない。それが消え失せることはありえない。もしあなたが生をあまりにも愛すれば、あなたは死という事実を見たくはなくなる……死はそこにあって、影のようにつきまとっている。

禅は言う、両方を見なさい、と——それらは一つの塊で、ともにある。どんな選択もなく、どんな先入観もなく、一緒に見ることで、あなたは超越する。一緒に見ることで、あなたはもはや生と同一化することもなければ、死と同一化することもない。同一化していないとき、あなたは自由だ。あなたは解放されている。

私たちは小さな部分を選び、それが全体だと主張する。私たちは生を選ぶ。生を基本的な文脈——死——から連れ出して、「これが私だ。私は生だ」と言う。さあ、あなたは困難に足を踏み入れた。あなたはこの自己同一化の中に幽閉されてしまうだろう。そうなれば、あなたは死をどうするのかね？ それはそこにある。それはあらゆる瞬間に起こっていて、ある日、気づかないうちにあなたを連れ去ってしまうだろう。

ひとたび自己同一化が落ちたら、あなたが何とも同一化しなくなったら、あなたはたんなる観照者としてとどまる——「私はこれだ」とか「私はあれだ」と言うこともなく。あなたはたんなる観照者としてとどまる。あなたは生が通り過ぎるのを見る、死が通り過ぎるのを見る、セックスが通り過ぎるのを見る、そして、欲求不満や喜び、成功や失敗を見る……。あなたは見続け、純粋に見る者としてとどまる。あなたは何にも捕まらない。あなたは「私はこれだ」と主張することはない。主張しなければ、あなたは誰なのか？ もしあなたが自分を閉じ込めもせず、定義もせず、自分に制限を与えることもなく、流れるままに、ただ見ることができれば、それこそが解放だ。そこに、偉大な解放がある。

同一化がないとき、人は自由だ。同一化するとき、人は囚われる。

あなたが徹底して見ることができるとき、透明に見ることができ、選ばないとき、あなたは超越したもの——観照者なのだ。その観照者は生まれもせず、死にもしない。

死と生はその観照者の視界にやって来るが、その観照者は永遠だ。それはあなたが生まれる前からそこにあり、あなたが逝った後にもそこにある。あなたは何百万回もこの世に来て、これからも来るかもしれない——それでもなおあなたは、けっして来たことはない。この世は、まさに鏡の中に反映が現れるように、あなたの中に現れる。

この鏡のような質こそ、観照が意味するものだ。だからこそ、鏡はあらゆる印象に染まらず、きれいなままなのだ。それは映し続けるが、どんな印象も集めはしない。これが覚醒の境地だ。これが瞑想の何たるかなのだ。

見守りなさい、見なさい、油断せずにいなさい。しかし、選んではいけない。

生の中で、あなたは執着し、埃《ほこり》を集める。死は、あなたのあらゆる執着、あらゆる埃を取り去る。もしもあなたがその要点を見ることができれば、死に対し、とてつもない感謝を感じることだろう。あなたにはできないことを、死はあなたの代わりにしてくれる。だからこそ、あなたがそうできれば、あなたにとって死はなくなる。そうなれば、死の必要はなくなる。もし人が瞑想を通して意識を浄化できれば、その人は死にはしない。私は肉体をもった人が死ななくなると言っているわけではないよ——それは自然なことだ。だが彼は、けっして死に出会うことはない。死は、鏡に積もる埃にだけ起こる。鏡はけっして死なない。鏡そのものは不死なのだ。この観照は死ぬことのないプロセス、それは永遠だ。旅人は続いていく。衣服だけがぼろぼろになり、着替えなくてはならない。旅人は続いていく。身体に埃が積もり、あなたは風呂に入らなくてはならないだけだ。しかしもしあなたが自分の埃を自分だと思い始めれば、けっして風呂には入らないだろう。

死は偉大な友人だ。それはあなたの重荷を下ろす。それはあなたが貯め込んだすべての重荷からあなたを解放するのだ。この荷降ろしを自ら進んでゆるせば、死はサマーディとなる。もしあなたが自ら進んでゆるさなければ、死はサマーディではなく、痛みとなる。さあ、この要点を見てごらん。同じことがひどい痛みか、まったき喜びになりうるのだ。それはあなたの解釈——あなたが物事をどう見るか、あなたがある体験にどう入り込むか、どれだけ深くその中へと入っていくか——にかかっている。

もしあなたが執着しがちで、とても所有欲が強ければ、死は非常に辛いもの、激しい苦悩となるだろう。あなたは苦しむだろう。死のせいで苦しむのではない。あなたが苦しむのは、あなたの執着のせいだ。あなたの所有欲のせい、あなたの愛着のせい、あなたの強欲さや、そういったすべてのせいなのだ。しかしもしあなたが執着せず、あまり所有欲がなければ、強欲でなく、エゴイスティックでなく、攻撃的でなければ、突如として死の質は変わる。それは、存在の爽《さわ》やかなそよ風のようにやって来る。それはやって来て、あなたを浄化する。それはあなたにとても必要な、大いなる休息を与える。それはあなたを純化するのだ。それはあなたを永遠の源泉へと連れていき、そこであなたはふたたび蘇る。もしあなたが自ら進んでそこに赴くなら、あなたはよりよい形で蘇るだろう。というのも、あなたは最後の形から何かを学んだからだ。もしあなたが自ら進んで赴かないとしても、やはり死はあなたをかまどへと投げ込み、無理やりあなたを焼くことになる。そしてあなたはまた同じ形で帰ってくることになるだろう。というのも、あなたは何も学ばなかったからだ。

死は偉大なレッスンを、生よりもずっと偉大なレッスンをもたらす。そして死は、非常に強烈な理解の可能性をもたらす。というのも、生は長い期間に拡散しているが、死は非常に短い間に、とても大きな潜在性をもってやって来るからだ。それは、一瞬のうちにあなたを揺さぶる。もしあなたが油断していれば、その瞬間を見逃すだろう。その瞬間は、非常に短い。もしあなたが油断せずいれば、まさにその瞬間が永遠への扉となる。

Q24

私は、絶えずつきまとっているこの恐怖と仲良くなろうとしています。これは、正しい取り組み方なのでしょうか？

人は闇や死、恐怖と仲良くなる必要はない。人はそうしたものから自由にならなくてはならない。人はただ、永遠に別れを告げなくてはならないのだ。

この恐怖は、あなたの執着だ。友情は、それをさらに深めることになる。恐怖と親しくなることで、内側に向かう準備ができるとは思わないように。友情にあふれた恐怖でさえ、妨害するだろう。それどころか、それはもっと邪魔になるだろう。親しげにあなたを妨害し、あなたに助言するだろう。「そんなことはやめろ。内側には何もない。無の中へと落ちていくことになるし、その無から還ってくるなんてできっこない。内側に落ちていかないように気をつけろ。物にしがみつくんだ」

恐怖は理解されるべきものだ——仲良くなる必要はない——そうすれば、それは消え失せる。

あなたは何を恐れているのだろう？　生まれたとき、あなたは裸で生まれた。どんな銀行預金も持っては来なかった——しかし、恐れてはいなかった。あなたは素っ裸でこの世にやって来たが、皇帝のようにやって来た。皇帝ですら、子供がやって来るようにはこの世に来ることはできない。内側に入るのも、同じことだ。それは二度目の出産なのだ。あなたはふたたび子供になる——同じ無垢さ、同じ裸の状態、同じ無所有の状態で。あなたは何を恐れなくてはならないのだろう？

生において、誕生を恐れることは不可能だ。それはすでに起こってしまった。それについてはもうどうしようもない。生を恐れることはできない。それはすでに起こっている。死を恐れることはできない。何をしようとも、それは起こるものだ。それでは、その恐怖とは何なのか？

非常に学のある人たちでさえ、私にいつもこう尋ねてきた。「あなたは死後に何が起こるのか、まったく心配しないのですか？」

こうした人たちにはほんとうに学があるのかと、つねづね私は不思議に思ってきた。私は彼らに言ってきた。「昔、生まれていなかったときには、心配などなかった。生まれていなかったときに、どんな困難や、どんな不安や、どんな苦しみに直面しなくてはならなかったかなどと考えたことは、一瞬たりともない。私はただ、いなかったのだ！　だから、同じことになるだろう。死ぬときは、死ぬ！」

孔子は、もっとも重要な弟子であった孟子《もうし》に聞かれた。「死後に、何が起こるのでしょう？」

孔子は言った。「時間を無駄にするな。墓に入ったら、横になって考えればいい。だが今、なぜそんなことにかまうのだ？」

墓の中では、非常に多くの人々が考えている！　別に問題はなさそうだ、とあなたは思うだろう。あらゆる墓場で、そして何百万もの墓場があるが、人々はただ横たわっているのだからね。彼らは起き上がって、「いったい何があった？　今日のニュースは何だ？」と問うことさえない。寝返りさえ打たないのだ。彼らはとてもくつろいでいる。

人が死ぬと、周りの人たちは恐怖ゆえに、彼らの目を閉じる。「このかわいそうな人たちは、墓の中でもずっと見続けることになる」墓の中の何千もの人たちが見ているとなると、あなたは怖くなる――「彼らの目を閉じるとしよう」

私には風変わりな遠縁のおばがいた。彼女は片目を開けたまま眠ったからだ。片目が義眼だったので、そうするしかなかった。しかし、私たちの家族の元に彼女が来るたび、私は人を怖がらせた。彼女が眠りにつくたびに、人を連れていって言ったものだ。「ほら見て、こうなるんだよ。寝てるのに、片目は開いたままなんだ」

人が死ぬとき、あなたはその人の目を閉じようとする。しかし、そうできると信じてはいけない。彼らは目を開けて、周りを見渡すだろう。「何が起こっているのだ？」

死んだら何が起こるのかという恐怖は、必要ないものだ。何であれ、起こることが起こるだろう――そしてどちらにせよ、前もってできることは何もない。あなたには分からない。だから、何か宿題をするとか、聞かれるであろう質問や、会うであろう人たちのために準備をするとか、その人たちのマナーや言葉を学ぶとかという問題はない。私たちには何も分からないのだ。心配する必要はない。時間を無駄にしないように。

しかし、それは恐怖だ。死後に何かが起こる、という恐怖なのだ——そしてあなたは、まったく独りぼっちになる。たとえあなたが墓から大声で叫んだとしても、誰の耳にも届かないだろう。人々は恐怖ゆえに、墓を完全に閉じてしまう。もしどこか窓を開けたままにして、死んだ人たちがそこから見始めたら、誰でも怖くなるだろう!

恐怖という問題はない。ほんの少しの知性が必要だ——恐怖との友情ではなく、知性だ。冒険者のハートが、未知へと足を踏み入れる人々の勇気が必要なのだ。彼らは祝福されている。というのも、生の意味と重要性を見出すからだ。他の人たちは、ただブラブラしているだけ、彼らだけが生きる。

フランス男、ユダヤ人、ポーランド人がそれぞれ三十年の禁固刑を言い渡される。各々に刑務所長によって履行される要求を一つ認められる。

「女」と、フランス男は要求する。

「電話」と、ユダヤ人は言う。

「タバコ」と、ポーランド人は言う。

三十年後、フランス男はその女性と十人の子供とともに出所する。

ユダヤ人は、その間に稼いだ歩合金一万ドルを持ってブラブラと出ていく。

ポーランド人は、刑務所を出ると言う。「誰かマッチ持ってるかい？」

このポーランド人のようであってはいけない！　三十年間、タバコ片手に待っているとはね。「釈放されたら、誰かマッチを持ってないか、聞かなきゃな」

まず必要なのは、少しの知性、ちょっとしたユーモアのセンス、少しばかり愛に満ちたハート——自分自身の存在へと入っていくのに、それほど多くは必要ない。深刻な人たちは、イギリス人のようにしけた表情で、外に突っ立ったままだ。

教会のための資金を調達したいマーフィ神父は、競馬で財をなせると耳にする。しかし馬一頭を買う金がなかったので、その代わりにロバを買い、レースに出馬させることに決める。驚いたことに、そのロバは三位に入賞する。スポーツ欄の見出しはこうだ。「司祭のロバ《けつ》、アッパレ」

マーフィ神父はそれを別のレースに出馬させ、今度は優勝する。見出しはこうだ。「司祭のロバ《けつ》、ぶっちぎる」

司教はこの手の報道に非常に腹を立て、マーフィ神父に二度とロバをレースに出さないよう命じる。見出しはこうだ。「司教、司祭のロバ《けつ》を抹消」

司教はたまらず、マーフィ神父にロバを手放すよう命じる。彼はシスター・テレサにそれを譲る。見出しはこうだ。「尼僧、町で最高のロバ持《け》ち《っ》に」

司教は気絶する。それから彼は、シスター・テレサにロバを処分するよう告げる。彼女は十ドルでパディに売る。次の日、司教は食事のテーブルで、新聞を握りしめて死んでいるところを発見される。見出しはこうだ。「尼僧、十ドルで自分のロバ《けっ》を売る」

ほんのちょっとのユーモアのセンス、ちょっとした笑い、子供のような無垢さ——それで、失うような何があなたにあるのかね？　その恐怖とは何だろう？　私たちには何もないのだ。私たちは何も持たずにやって来て、何も持たずに去っていく。事が起こる前に、内側へとほんの少し冒険をして、この服の背後、この骸骨《がいこつ》の中に隠れているこの人を見てみてはどうかね？　生まれて、若者になり、恋に落ち、いつの日にか死に、どこに行くのか誰にも分からないこの人とは誰なのだろうか？

ほんの少しの好奇心をもって、自分自身の存在を探ってみてごらん。それはとても自然なことだ。そこには恐怖という問題はない。

Q25

その瞬間がやって来ると、木の葉はそっとつかんだ手を離し、内なる優美さとともに、死にあいさつします。そうすれば、木の葉が大地に触れる前に、生が自らを抱き締める道が開くのでしょうか？

そうだ、それこそが生と死の両方の秘密、秘密の中の秘密だ。まったく妨害も邪魔もせずに、いかに存在があなたを通り抜けるにまかせるのか。いかに完全に抵抗なしの状態でいるのか。仏陀はそれを、タタータ——あるがままと呼んでいる。

あなたは言う。「その瞬間がやって来ると、木の葉はそっと握りしめた手を離し、内なる優美さとともに、死にあいさつします」

それこそ、あなたが学ぶべき死に方だ。

そして、あなたのつかみは優しくなくてはならない。さもなければ、手放すのはむずかしい。あなたのつかみは、ほとんどつかんでないかのようでなくてはならない。しがみついてはいけない。しがみつくのは、存在のこの両極のゲームを理解しない人たちだけだ。そして彼らの執着は、すべてを台無しにしてしまう。死ななくてはならないのに、その死は無様《ぶざま》なものになる。彼らも他のすべての人のように死ななくてはならないが、その死は苦悶となる。

苦悶《アゴニー》という言葉は、格闘を意味するアゴンから来ている。苦悶とは、格闘のことなのだ。彼らは戦いながら死ぬ。戦いのすべてが、無益な行為だ。彼らに勝ち目はないが、それでも彼らはやり続ける。何百万もの人々が試み、敗れてきた。それでも私たちは非常に愚かなので、同じパターンを繰り返し続ける。それでも私たちは、「たぶん自分は例外だ。たぶん自分なら何とかできるだろう」と望みを持つ。

誰もうまくいった試しはない。それは十分努力しなかったからではない。しっかりやらなかったからではない。まさに事の性質上、不可能だからだ。彼らはやれることはすべてやった。やり残したことは何もなかったが、死は起こるべくして起こる。実のところ、それはあなたの誕生そのものの中ですでに起こっている。生まれることは一つの極、もう一方の極は、その中に隠されているのだ。

つかんだ手を緩めてごらん。どの瞬間にも落とせるぐらいに緩めることだ。そうすれば、それを落とすのに格闘はないだろうし、一瞬の遅れすらないだろう――というのも、一瞬の遅れですら、その一点を逃すのに、その恩寵を逃すのに十分なのだからね。

私のワークは、いかに生き、いかに死ぬか、いかに喜び、いかに悲しむか、いかに青春を楽しみ、いかに老いを楽しむか、いかに健康を楽しみ、いかに病気を楽しむかという教えで成り立っている。

もし私があなたの健康や、喜びや、生を楽しむことだけを教えれば、もう一方がおろそかになる。そうなれば、私はあなたの中に分離や分裂を生み出すものを教えていることになる。

私はトータルに在ることを教える。

所有しないように、何もつかまないように、執着しないようにすることだ。

物事が来ては過ぎていくにまかせなさい。

物事があなたを通り抜けるにまかせるのだ。そうすれば、あなたはつねに傷つきやすく、開いたままでいることになる。そうすれば、大いなる美、大いなる恩寵、大いなるエクスタシーがある。悲しみも喜びと同じように、あなたに深みをもたらす。あなたの死は、生そのものと同じぐらい大いなる贈り物をもたらすだろう。そうなれば人は、この存在全体が自分のものだと分かる。夜も昼も、夏も冬も――すべては彼のものだ。

傷つきやすく、オープンで、くつろいだ状態にとどまることで、あなたはマスターとなる。

それは奇妙な現象で、とても逆説的だ。存在に明け渡したままでいることで、あなたは勝者となる。こうした瞬間は、繰り返し、繰り返し、あなたにやって来るだろう。私の努力のすべては、こうした瞬間、こうした理解の瞬間をもっともっとあなたにもたらすことだ。愚か者のように振る舞わないように。自分のマインドの古い戦略、古いパターンを繰り返し続けないように。新しいあり方を身につけることだ。

もっとも偉大な学びとは、何にもしがみつこうとしないことだ。あなたの愛にも、あなたの喜びにも、あなたの身体にも、あなたの健康にも。すべてを楽しみなさい――あなたの健康、あなたの身体、あなたの愛、あなたの男や女――すべてを楽しみなさい。だが、執着してはいけない。手を開いたままでいなさい。握りこぶしにならないように。もしあなたがこぶしになったら、あなたは閉じる――風に、雨に、太陽に、月に対して閉じる、存在そのものに対して閉じる――それはもっとも醜い生き方だ。それはあなたの周りに墓を造ることだ。そうなれば、あなたの存在には窓がなくなる。あなたは内側で窒息し続ける。そしてあなたが窒息しているのは、自分のために安心安全を作り出していると考えるからだ。

スーフィーの古い逸話を耳にしたことがある。

ある王が、非常に死を恐れていた。誰もがそうであるように――そしてもちろん、多く持てば持つほど、恐れるようになる。貧しい人は、それほど死を恐れない。失うような何があるというのかね？　生が彼に何を与えただろう？　彼は気にかけてはいない。

だからこそあなたは、何度も、何度も貧しい国で、死や貧困、飢餓に対する大いなる無関心を目にすることになる。その理由とはつまり、人々はとても長い間貧しい状態で生きてきたので、もう死についてあまり心配してはいない、ということだ。死は彼らにとって、一種の安堵として――あらゆる惨めさや不安を一掃するもの、飢えや苦しみや貧しさを一掃するものとしてやって来る。

豊かな国からやって来た人々は思う。「どうして彼らは死に対してこんなに無頓着なのだろう?」その理由はシンプルだ。執着するものが何もないのだ。生は彼らに何も与えてこなかった。彼らの生はあまりにも貧しいので、死でさえ何も奪うことができない。すでにある貧しさよりも、さらに貧しくはなりようがない。しかしあなたがたくさん持てば持つほど、死が怖くなる。社会が豊かになればなるほど、死の恐怖は増す。

貧しい社会では、セックスがタブーであり、豊かな社会では、死がタブーだ。それが、ある社会が豊かか貧しいかの目安だ――彼らのタブーが何なのかを見るだけでいい。もし彼らがセックスにとても反対していれば、彼らは貧しいということだ。もし死にとても反対し、口にすることすら恐れていれば、それはただ、彼らが豊かだということだ。それゆえ、貧しい国と豊かな国が出会うのは、とてもむずかしい。彼らのタブーがぶつかるのだ。

だからその王は、当然のことながら、とても恐れていた。彼はあまりに多くを所有し、死はそのすべてを取り上げることになる。そして彼は一生を、物を蓄えることで浪費していた。自分をどう守ったらいい? たいへんな富を蓄える中で、彼は多くの敵を作っていた。敵はつねに彼の首を切り落とすか、撃ち殺す機会を狙っていたのだ。

彼は自国の老賢者たちに助言を求めた。たった一つしか扉のない城――出入りのための一つの扉以外には、窓も扉もない城を造るように、と彼らは進言した。そうすれば、彼は安全だろう。そしてその扉には、誰も入ることができないように、千人もの強力な治安部隊を置けばいい。その考えは魅力的だった。彼は窓もなく、一つの扉以外まったく扉のない大きな城を造り、その扉を千人もの戦士に警護させた。

近隣の、彼の友人である王もまた、死を恐れていた。彼はこの城の話を聞き、それを見にやって来た。彼はとても感心して言った。「私もすぐに着手しよう。自分のためにさっそく城を造るとしよう。これならとても安全だし、とても安心だ！」

友人の帰り際——王は別れを告げるために、城から出てきていた——そしてもう一度、城にほれぼれと見入った。城に見入っていると、道端に座っていた乞食が大声で笑い出した。二人の王はともにショックを受け、乞食に聞いた。「なぜおまえは笑っている？　気でも狂ったか？　おまえは王の面前ではどうふるまうべきか、わきまえてないのか？」

乞食は言った。「どうにも自分を抑えることができなくて、すみません！　しかし私もかつては王だったのです。私がなぜ笑っているのか、ほんとうの話をさせてください。私はずっと見ていました。この道端で物乞いしているのですからね。そして、城の建設をずっと見守っていました。けれども首をひねっているのです。言っておきますが、間違いはたった一つ、過ちは一つです。けれども、それが命取りになるでしょう」

「過ちとは何だ？　教えてほしい——修正しようじゃないか」王は言った。王には聞く用意があった。それだけでなく、過ちを修正する用意もあったのだ。

乞食は言った。「一つのことをしてください。あなたは中に入って、周りの人に、その扉も閉じるように、永遠に閉じるように言うのです。というのも、この扉は危険なものだと判明するでしょうから。死はここから入ってくるのです！　この千人の戦士には、死は止められません。彼らは死の姿を見ることすらできないでしょう。ですから、その扉を完全に閉めて、代わりに壁を築くのです。そうすれば、あなたは城の中で、永遠に安全でしょう！　誰もあなたを殺すことはできません。死ですら中に入ることはできないのです」

「しかし」と、王は言った。「それでは、私はすでに死んでいることになる！　もし外に出られないならば、生きていて何になる？」

乞食は言った。「だからこそ、私は笑っているのですよ。あなたは九十九パーセント死んでいるのです！　たった一つの扉しか残されていない。ですから、あなたは、たったそれだけしか生きていないのです」

安全になればなるほど、あなたはさらに死ぬ。そしてこれは、美しい死──木の葉やバラの花びらが大地に落ち、源泉へと還っていくような優雅な死──ではない。それは醜い死、人間の発明なのだ。自然な死は美しい。人がそれを醜くした。人はあらゆるものを醜くしてきた。何であれ人が触れるものは、醜くなる。もし彼が金に触れれば、それは埃となる。

この理解が、できるだけ深くまで沁み込むにまかせなさい。これがあなたの核心そのもの、あなたの洞察となるにまかせなさい。そう、それはそうなのだ。所有しないように、きつくつかまないように。くつろいだまま、所有しないままでいなさい。もし何かが手に入れば、楽しむがいい。それがなくなるときには、感謝とともになくなるにまかせることだ――それがあなたにもたらしてくれたもの、すべてに対する感謝とともに、どんな不平や不満もなしに。

そうすれば、あなたは生と死の両方の、光と闇の両方の、存在と非在の両方の、もっとも大いなる喜びを知ることになる。

Q26 私は今、ありとあらゆる感情を生きてきたように感じて、空しいばかりです。

もしあなたが空しさを受け入れれば、それを歓迎し、畏敬の念とともに受け取れば、それは満ち満ちたものになる。もしあなたがそれを受け取らなければ——もしあなたが少しばかり怖がり、恐れれば——それは空しいまま、ネガティブなままだ。

ネガティブなものをポジティブに変えるのは、卑金属を金に変える錬金術そのものだ。

空しさは卑金属だ。それそのものには、大した価値はない。それはただ空っぽなのだ。しかし、もしあなたが大いなる愛と敬意とともにそれを歓迎すれば、もしあなたがそれを抱き締めれば、突如としてその質は変わる。あなたの受容を通して、それはポジティブな空《くう》となる。そうなれば、それはもはや空っぽではない。それは、それ自身で満ちている。それは満ち満ちて、あふれ出している——そして、それこそが神性なるものの何たるかだ。

だからあなたは、何度も、何度もその中に入っていく必要がある。そしてそれは、幾度となくやって来るだろう。あなたにまとわりつき、あなたの扉を叩くことだろう。だから受け取ってごらん。

それは客なのだ。愛するがいい！　それよりも価値あるものは他にない。もしあなたが空しさを満ち満ちたものへと変容できれば、もはやすべきことは何もない。しかし人々は逃し続ける。ときにはそれはやって来る――彼らは恐れ、敵対し、逃してしまう。彼らは自分を抑え、コントロールし始める。

覚えておくがいい、今はコントロールを避ける必要がある。コントロールは葛藤を生み出す。あなたとその空しさは敵同士になる。そうなれば、葛藤が生じる。その葛藤の中で、たくさんのエネルギーがいたずらに浪費される……そしてそれは、とても価値あるエネルギー、とても貴重なエネルギーなのだ。

扉がノックされるのは、大いなる機会だ。もしあなたが恐れれば――扉を閉じて鍵をかけ、内側のどこかに逃げ込み、ベッドの下に隠れたら――逃すことになる。そのノックは二度とやって来ないかもしれない。次に来るのは何年も過ぎてから、あるいは何生も過ぎてからかもしれない――それはまったく分からない。あなたは変容となりうるものの、すぐそばにいるのだ。あなたは逃すこともありうる。そして逃す方法とは、恐怖の中にとどまることだ。恐怖の中で、人はコントロールし始める。コントロールの中で、人は敵対する。それは愛されるべきものなのだ。

空しさは、あなたの恋人にならなくてはならない。

あなたはその中に自分を失う必要がある。そしてそれは、あなたの中に自らを失う必要があるのだ。

　この空しさとの深いオーガズムがあるにまかせ、それを恋愛にしてごらん。ほどなくしてあなたは、その空はもはや空っぽではないと知るだろう。それは満ちている！　それは人間の意識にとって可能な、もっとも満ち足りた体験なのだ。

4 痛みへの対処法

1 痛みをあるがままに受け入れる

まず、「あるがまま」という言葉を理解しようとしてごらん。仏陀はこの言葉に依《よ》って立つところがとても大きい。仏陀自身の言葉では、それはタタータ――あるがままだ。仏教徒の瞑想全体が、この言葉の中で生きること、この言葉とともに生きることで成り立っている。とても深く生きるために、その言葉は消え失せ、あなたはあるがままになる。

たとえば、あなたは病気だ。あるがままの姿勢とはこうだ。病気を受け入れ――そして自分自身に言う。「身体とは、こういうものなのだ」あるいは「物事とはこういうものなのだ」と。戦いを生み出さないこと、格闘し始めないことだ。

ひとたびあなたが受け入れたら、ひとたび不平を言わなくなったら、ひとたび戦わなくなったら、エネルギーは内側で一つになる。裂け目は橋渡しされる。そして、非常に多くのエネルギーが解放される。もう葛藤はないからだ。エネルギーの解放そのものが、治癒力となる。

身体のどこかが悪い。くつろいで、それを受け入れなさい。そしてただ、内側で言ってみる——言葉だけではなく、深く感じることだ——これが、事の自然なあり方なのだ、と。身体は複合体だ。その中で、とてもたくさんのものが結びついている。身体は生まれ、死に向かっている。身体はメカニズムで、複雑なものだ。そこには、どこかが悪くなる、ありとあらゆる可能性がある。

それを受け入れて、同一化しないでいてごらん。受け入れるとき、あなたはその上にとどまる、それを超えてとどまる。戦うとき、あなたは同じレベルへとやって来る。受け入れることは、超越なのだ。受け入れるとき、あなたは丘の上にいる。身体は背後に残される。あなたは言う。「そう、これが自然のありようだ。生まれたものは、死ななくてはならない。そしてもし、生まれたものは死ななくてはならないのなら、ときには病むこともある。それほど心配するには及ばない」——それはあたかも、あなたに起こっているのではなく、ただ物の世界で起こっているかのようだ。

戦っていないとき、あなたは超えている。これがその美しさだ。

あなたはもはや、同じレベルにはいない。

この超越が、治癒力となる。突如として、身体は変わり始める。

物の世界は流動的だ。そこでは何も永続しない。期待しないことだ！　もし何も永続しないこの世界で永続を望めば、心配が生まれる。この世界では、何も永遠にあることはできない。この世界のすべては、つかの間のものだ。これが事の本質、あるがままなのだ。

もし、いやいや受け入れれば、あなたは絶えず痛みと苦しみの中にあることになる。もしあなたが、無力感からではなく、理解とともに、どんな不平もなく受け入れるなら、それはあるがままとなる。そうなれば、あなたはもはや心配もせず、問題もない。問題が現れていたのは、事実のせいではなく、あなたが事の起こりようを受け入れることができなかったからだ。あなたは、自分の思い通りになってほしかったのだ。

覚えておきなさい。生はあなたに従いはしない。あなたが生に従わなくてはならないのだ。いやいやそうするか、あるいは喜んでするか——それは、あなたの選択だ。もしいやいや従えば、あなたは苦しむだろう。もし喜んで従えば、あなたはブッダとなる。あなたの生はエクスタシーとなる。

2 痛みを見守る

次に頭痛がしたとき、ただ実験的に、ちょっとした瞑想テクニックを試してごらん。そうすれば、もっと大きな病気や重い症状にも取り組むことができるようになる。

静かに座って、見守りなさい。見つめてごらん——あたかもそれが敵であるかのように見るのではないよ。そうではない。もし、敵であるかのように見ていれば、ちゃんと見ることはできない。あなたは避けようとする。誰も敵を直視したりはしない。人は避ける、避ける癖がある。それを、友人であるかのように見つめてみるのだ。それは、あなたの友で、あなたに奉仕している。それはこう言っているのだ。「どこかがおかしいよ——見つめてごらん」と。ただ静かに座って、その頭痛を止めようと思わず、消えることも望まず、葛藤もなく、戦わず、敵対もせずに見つめてみなさい。ただそれを見つめる、あるがままを見つめるのだ。

見守ってごらん。もし何か内なるメッセージがあれば、頭痛があなたに告げることができるように。そこには暗号化されたメッセージがある。そしてもし静かに見れば、あなたは驚くだろう。もし静かに見れば、三つのことが起こるだろう。

まず、見つめれば見つめるほど、痛みはどんどんひどくなるだろう。そうなると、あなたはちょっと不思議に思うだろう。「もしひどくなっていくなら、それがどんな助けになるのか？」ひどくなるのは、あなたがそれをずっと避けてきたからだ。頭痛はそこにあったが、あなたは避けていた。すでに抑圧していた。鎮痛剤なしでも、抑圧していたのだ。あなたがしっかりと見入ると、抑圧は消える。頭痛は、もともとの激しさに至るだろう。すると、あなたは耳栓なしに、耳に詰め物をしない状態で聞くことになる。それはとてもひどいものになるだろう。

第二番目に、痛みはもっと一点に凝縮されるだろう。それはそれほど広範囲に広がらなくなる。最初にあなたは、「頭全体が痛い」と思った。今やそれは頭全体ではなく、ほんの小さな点だと気づくだろう。それは、あなたがそれをもっと深く見つめているという徴《しるし》でもある。痛みが広がっているという感覚は、一つのトリック――痛みを避けるやり方なのだ。それが一点になれば、痛みはより激しくなる。だからあなたは、痛いのは頭全体だという幻想を創り出すのだ。頭全体に広がれば、どの部分もそれほど強烈ではない。こうしたことは、私たちが演じ続けるトリックなのだ。

痛みを見つめなさい。そして第二のステップでは、それはどんどん、どんどん小さくなっていく。そしてそれがちょうど針の先になる瞬間がやって来る――非常に鋭い、とてつもなく鋭く、非常に痛い。あなたはそれほどの痛みを頭に感じたことはないだろう。しかしそれは、小さな点に凝縮する。さらにそれを見つめてごらん。

すると三番目の、もっとも大切なことが起こる。もしあなたが、そのとても激しい、凝縮され、集中した痛みの一点を見続けていれば、何度もそれが消え失せることに気づくだろう。見つめることが完全になると、それは消える。そしてそれが消えるとき、それがどこから来ているのか――その原因は何なのかの一瞥を得ることだろう。その影響が消えるとき、あなたにはその原因が分かるだろう。

それは何度も起こるだろう。そして痛みはまた戻ってくるだろう。あなたの凝視がもはやそれほど油断のない、それほど集中した、それほど気づきに満ちたものではなくなると、痛みは戻ってくるだろう。いつであれ、あなたがほんとうに見つめるとき、それは消え失せる。そしてそれが消えるとき、その背後に隠れていたものがその原因なのだ。そしてあなたは、自分のマインドがその原因を明かす用意があるのに驚くことだろう。

3 痛みと戦わない

痛みとは抵抗を意味する。あなたは何かに抵抗しているにちがいない。そうして初めて、苦しみがありうる。試してみるがいい。あなたが十字架にかけられるのはむずかしいだろうが、日々の小さな磔《はりつけ》はある。それでも十分だ。

足に痛みがある。あるいは、頭痛がする。あなたはそのメカニズムを観察したことはないかもしれない。頭痛があって、あなたは絶えず格闘し、抵抗している。あなたはそれを望んでいない。それに逆らい、自分を分裂させる。あなたは頭の中のどこかにいて、頭痛がそこにある。あなたは頭痛と分離していて、これはこうあるべきではないと主張する。これこそがほんとうの問題なのだ。

一度、戦わないようにしてごらん。頭痛とともに流れ、頭痛になるのだ。「これが事実だ。これがこの瞬間の私の頭の状態で、この瞬間にできることは何もない。それはいつか消えるかもしれないが、この瞬間、頭痛はそこにある」と言いなさい。抵抗しないように。それが起こるにまかせ、それと一つになるのだ。自分をそこから切り離すのではなく、その中へと流れてごらん。そうすれば、突如として、あなたが知らなかった新しい種類の幸福が湧き上がってくるだろう。

抵抗する人がいないとき、頭痛さえも痛くはない。戦いが痛みを生み出す。痛みとはつねに、痛みに対する戦いを意味する――それこそが、ほんとうの痛みなのだ。

頭痛がするとき、試してごらん。身体が病んでいるとき、試してごらん。あなたに痛みがあるとき、試してみなさい。ただそれと流れるのだ。一度、もしまかせることができれば、あなたは生のもっとも深遠な秘密の一つ――痛みとともに流れれば、痛みは消える――に至るだろう。そしてもし、トータルに流れることができれば、痛みは幸福になる。

＊

あなたに痛みがある――ほんとうのところ、内側で何が起こっているのだろう？　現象全体を分析してみなさい。痛みがそこにあり、この、痛みがそこにあるという意識がある。しかし、そこには隙間がなく、「私に痛みがある」……。この感覚が起こる――「私に痛みがある」そしてこれだけでなく、遅かれ早かれ、「私が痛む」という感覚が始まる。

「私が痛む、私に痛みがある、私は痛みに気づいている」――これは三つの異なった、非常に異なった状態だ。気づきは痛みを超えている。あなたは痛みとは別だ、そこには深い分離がある。ほんとうのところ、そこにはまったくどんな関係もなかった。関係があるように見えてくるのは、たんに近さゆえだ。あなたの意識と、その周りで起こっているすべてとが、あまりにも近いためなのだ。

あなたに痛みがあるとき、意識はとても近くにある――ちょうどその脇、とても近くにある。それはそうである必要がある。さもなければ、痛みは治らない。痛みを感じるため、知るため、痛みに気づくために、意識はすぐ近くにある必要がある。しかしこの近さゆえに、あなたは同一化し、それと一つになる。これもまた、安全策、防護手段であり、自然由来のものだ。痛みがあるとき、あなたは近くにいなければならない。痛みがあるときには、痛みを感じ、対処するために、あなたの意識は痛みへと急いで向かわなくてはならない。

しかし、この必要性ゆえに、別の現象が起こる。あまりにも近いので、あなたは一つになる。あまりにも近いので、「これが私だ——この痛み、この快楽が私なのだ」と感じ始めるのだ。

近さゆえの自己同一化だ。あなたは怒りになり、愛になる。あなたは痛みになり、幸福になる。あなたは自分が今まで考えてきたもの、感じてきたもの、想像してきたもの、投影してきたものではない。あなたとは、たんに気づいているという事実なのだ。痛みがそこにある。少し経てば、それはそこにはないかもしれない——しかし、あなたはいる。幸せがやって来ては、去っていく。幸せはあったが、それはなくなるだろう——しかし、あなたはいる。身体は若くても、いずれは老いる。他のあらゆるものは、来ては去る——客は来ては去る——しかし、主人は同じままだ。主人を覚えていることだ。絶えず主人を覚えているがいい。

主人に中心を定め、その主人の質にとどまることだ。そうなれば、そこには分離がある。そうなれば、そこには隙間が、間合いがある。橋は壊される。そしてこの橋が壊された瞬間、放棄という現象が起こる。そうなれば、あなたはその中にいながら、それではなくなる。そうなれば、あなたは客の中にいても、主人のままだ。客から逃げる必要はない。そんな必要はない。

あなたのいる場所にとどまりなさい。しかし客に中心を定めてはいけない。あなた自身に中心を定め、主人を覚えておくことだ。

4 二度、痛みに気をとめる

仏陀は頭痛がするとき、ただ二回「頭痛、頭痛」と言うようにと、弟子たちに教えた。気にとめなさい、しかし評価はしない。「なぜだ？　なぜこんな頭痛が私に起こったのだろう？　私に起こるべきじゃないのに」とは言わないことだ。

この鍵を、とても深く理解してごらん。もしあなたが、どんな敵対的な姿勢も取らず、避けもせず、逃げもせずに頭痛を観照できれば、もしただそこに、瞑想的にいることができれば――「頭痛、頭痛」――もしあなたが、ただ見ることができれば、それは時が来ればなくなる。奇跡的になくなる、ただ見ることでなくなる、と言っているのではないよ。それは、時が来ればなくなる。しかし、それがあなたの組織に吸収されることはない。あなたの組織を毒することはないだろう。それがそこにあれば、あなたは気にとめる、そうすれば、それはなくなるだろう。それは解放されるだろう。

5 感覚のすべてを閉じる

どんな体験でも使える……。あなたに傷があって――それが痛んでいる。頭痛がしたり、身体のどこかが痛い。どんなものでも、対象になりうる。

何をすべきだろう？　目を閉じて、目が見えない、見ることができないと考えてごらん。耳を閉じて、聞くことができないと考えるのだ。五官のすべてを、ただ閉じる。どうすれば閉じることができるだろう？

それは簡単だ。一瞬、息を止めるのだ。感覚のすべてが閉じるだろう。突如として、あなたは連れ去られる――はるか彼方へと。

石のようになって、世界に対して閉じてみてごらん。世界に対して閉じるとき、ほんとうのところ、あなたは自分の身体に対しても閉じる。というのも、身体はあなたの一部ではなく、世界の一部だからだ。世界に対して完全に閉じると、あなたは自分の身体に対しても閉じる。

あなたはベッドに横になっていて、ひんやりとしたシーツを感じている――死んでごらん。突如として、シーツはどこかへ行ってしまう。ずっと遠く、遠くへと離れ、消え失せるだろう。ベッドが消え、あなたの寝室が消え、全世界が消え失せるだろう。あなたは閉じている、死んでいる、一個の石だ。外側に窓のまったくない、ライプニッツのモナドのように。あなたは動けない。動けないとなれば、あなたは自分自身へと投げ返される。あなたは自分自身の中心に定まる。そのとき初めて、あなたは中心から見ることができる。

5 死を超えるための瞑想法

❶ハミング瞑想（ナーダブラーマ）

［このメソッドの第一ステージは、三十分間目を閉じて座り、他の人に聞こえるほどの大きさでハミングをします。第二ステージでは、七分半の間、手のひらを上に向け、へそのところから始めて、外側に向かって非常にゆっくりと大きな円を描きます。両腕が別々に分かれて大きな円を描き、へそへと戻ります。次の七分半では、手のひらを下に向け、やはりとてもゆっくりとした動きで、反対向きに円を描きます。最後の十五分間は、目を閉じて静かに横たわります。この瞑想のための特別な音楽が用意されています。詳細についてはウェブサイト osho.com を参照してください］

これは一種のマントラ瞑想であり、マントラはもっとも潜在力がある方法の一つだ。とてもシンプルだが、途方もなく効果がある。というのも、マントラを唱えたり、ある音を唱えたりするとき、身体が振動し始めるからだ。とくに、脳の細胞が振動し始める。

もし正しく行われれば、脳全体が、途方もなく活気づく。全身もそうだ。ひとたび身体が振動し始め、すでにマインドもマントラを唱えていれば、それらは同調し、調和する――普通は、調和などまったくない。あなたのマインドは我が道を行き、あなたの身体は自分なりのやり方を続ける。身体は食べ続け、マインドは考え続ける。身体は道を歩き続け、マインドは遠い星々の間をさまよっている。彼らはけっして出会わない――別々の道を行き続け、それが分裂を生み出す。

基本的に、分裂症が生まれるのは、身体はある方向へ行き、マインドは別方向へと向かうからだ。そしてあなたは、第三の要素だ――身体でもなくマインドでもない。だから、あなたはその二つによって引き裂かれる。存在の半分は身体に引っぱられ、半分はマインドに引っぱられる。だから、そこには大いなる苦悩がある。人は引き裂かれたように感じる。

ナーダブラーマでは、そのメカニズムはこう働く。「ハミングを」始めて、あなたが内側で響き始めれば、身体はそれに応答し始める。遅かれ早かれ、身体とマインドが初めて一つの方向へとまとまる瞬間がやって来る。身体とマインドが一つになると、あなたは身体とマインドから自由になる――あなたは引き裂かれてはいない。すると、実際のあなたである第三の要素――それを魂、スピリット、アートマ、どのように呼ぼうとも――その第三の要素がくつろぐ。それは別々の方向へと引っぱられてはいないからだ。

身体とマインドが「ハミングに」すっかり夢中になっているので、魂は気づかれることなく、とても楽に抜け出し、観照者になることができる——外側に立ち、マインドと身体の間で続いているゲームの全貌を見ることができるのだ。それはあまりに美しいリズムなので、マインドも身体も魂がこっそりと抜け出したことにまったく気づかない……というのも、彼らはそうしたことを簡単には許さないからね。彼らは、魂を所有し続ける。誰も自分が所有しているものを失いたくはない。身体は魂を支配したい。そして、マインドも、魂を支配したいのだ。

これは、彼らの縛りから抜け出すための、非常に狡猾な方法だ。彼らは「ハミングに」酔っ払い、あなたはこっそりと抜け出す。だからナーダブラーマでは、このことを覚えておきなさい。身体とマインドを完全に一つにさせておく。しかしあなたは、観照者にならなくてはならないと覚えておくのだ。彼らから抜け出してごらん、楽に、ゆっくりと、裏口から、どんな戦いや格闘もなしに。彼らは酔っ払っている——あなたは外に出て、外側から見守りなさい。

外側に立つ——これが、英語のエクスタシーという言葉の意味だ。外側に立って、そこから見守ってごらん。それは途方もなく安らかだ。それは静寂だ、それは至福だ、それは祝福なのだ。

❷ 過去を終わらせる

何であれ、意識とともに行えば、それは生き切られ、後には何も残らない。何であれ、無意識のうちに生きれば、それは残存物となる。あなたはけっしてトータルには生きないので——何かが完結せずに残る。何かが完結されてないと、それは持ち越されないわけにはいかない。それは、完結されるのを待つのだ。

子供だったとき、誰かがあなたのオモチャを壊した。あなたは泣き叫んでいたが、母親があなたを慰め、あなたの気をそらした。お菓子を与えたり、別の話をしたり、お話を聞かせたりして、あなたの気をそらしたのだ。あなたは、泣いたり、叫んだりしようとしていたが、忘れてしまった。それは、完結されずに残っている。それはそこにある。そしていつでもいい、誰かがあなたからオモチャをひったくると——どんなオモチャでもかまわない。それは、ガールフレンドかもしれない。誰かが彼女を奪い取ると——あなたは泣いたり叫んだりし始める。あなたはそこに子供が、完結しないままでいるのに気づくだろう。それはある役職かもしれない。あなたは町長で、誰かがその職——オモチャ——を奪い取る。するとあなたは、また泣いたり、叫んだりする。

見つけてごらん……過去にさかのぼって、もう一度それを通り抜けるのだ。というのも、今となっては、他に方法はないからだ。過去はもう存在しない。だから、もしまだ何かがつきまとっているとすれば、唯一の方法は、マインドの中でそれを生き直すこと、過去に向かうことだ。

毎晩一時間、十分に注意して、あたかももう一度事の全体を生きているかのように、過去にさかのぼってごらん。多くのものが浮上してきて、あなたの気を引くことだろう。だから、急がないようにしなさい。何に対しても半分しか注意を払わずに、次に行ってはいけない。それでは、また完結しないものを作り出してしまうからだ。何であれ、やって来たものに、全面的な注意を払いなさい。それを生き直すのだ。そして私がもう一度生き直しなさいと言うときには、文字通り生き直すことだ――ただ思い出すだけではない。というのも、何かを思い出すときには、あなたは超然とした観察者でいるからだ。それは役に立たない。それを生き直すのだ！

あなたはふたたび子供になる。あたかも離れたところに立って、オモチャをひったくられた子供を見るかのように見るのではない。違う！　子供になるのだ。子供の外側ではなく、内側だ――もう一度子供になってごらん。その瞬間を生き直しなさい。誰かがオモチャをひったくる、誰かがそれを壊す、そして、あなたは泣き出す――ならば、泣きなさい！　母親はあなたをなだめようとしている。そのすべてをもう一度体験し直すがいい。ただし今度は、何にも気をそらされてはいけない。プロセス全体を完結させることだ。完結すれば、突如として、自分のハートがそれほど重くなくなっているのを感じるだろう。何かが落ちたのだ。

あなたは父親に言いたいことがあった。しかし、彼はもう死んでしまって、もう話す手立てはない。あるいは、あなたが何か彼の気に入らないことをして、その許しを請いたかったのに、あなたのエゴが入り込んで、許しを請うことができなかった。もう彼は死んでしまって、もう何もできない。どうすればいい？　そしてそれはそこにあるのだ！　それはずっと続いていき、あなたのあらゆる関係性を壊すだろう。

もしあなたが意識的なら、見守ることができる。戻ってごらん。あなたの父親はもういないが、記憶のまなざしの中では、彼はまだそこにいる。目を閉じて、何かをやらかした、父親に逆らって何かをした子供、許してもらいたいが、勇気を奮い立たせることができない子供に、もう一度なってみるのだ。今、あなたは勇気を奮い立たせることができる！　何であれ言いたかったことを言えるし、彼の足にもう一度触れることもできる、あるいは腹を立てて、彼を殴ることもできる――しかし、終わらせなさい。プロセス全体を完結させるがいい。

過去へとさかのぼりなさい。毎晩一時間、眠りへと入る前に、過去に入っていって、もう一度生き直してごらん……たくさんの記憶が、徐々に明らかになるだろう。たくさんのものがそこにある、それに自分が気づかずにいたことに驚くだろう――しかも、とても生き生きとして、みずみずしい。まるで事は起こったばかりのようだ！　あなたはふたたび子供に、若者に、ふたたび恋人になる。たくさんのことがやって来るだろう。すべてが完結するように、ゆっくりと動いていきなさい。

あなたの山は、どんどん小さくなっていく――その重荷が山なのだ――そしてそれが小さくなればなるほど、あなたはさらに自由を感じるだろう。ある種の自由の質が、そしてみずみずしさがあなたにやって来るだろう。内側で、生命の源泉に触れたと感じるだろう。

あなたはいつも活気に満ちるようになる。他人ですら、あなたの歩くステップが変わったと感じるだろう。そこには、ダンスの質がある。あなたが触れるとき、そのタッチは変化している。それは死んだ手ではなく、ふたたび生きたものとなる。今や、生命が流れている。ブロックがなくなったからだ。手にはもう怒りはない。愛は毒されず、本来の純粋さとともに、楽に流れることができる。あなたはより繊細に、傷つきやすく、オープンになるだろう。

もしあなたが過去と折り合いをつけたら、突如として、あなたは今ここ、現在にいる。そうなれば、何度も何度も、そこに行く必要はないからだ。

時を経るにつれ、記憶が蘇ることはどんどんなくなるだろう。そこには空白があるだろう――何かをもう一度生き直したくても、何もやって来ない――そして、その空白は美しい。そして、さかのぼることができなくなる日がやって来る。すべてが完結したからだ。さかのぼることができないとき、そのとき初めて、あなたは前に進むようになる。

過去を終わらせるがいい。あなたが過去から自由になるにつれ、山は消え始める。そうなれば、あなたは調和を手にするだろう。だんだんと、あなたは一つになる。

❸ 呼吸を使って生と死に気づく

生と死に、同時に気づきをもたらすものとして、呼吸を使いなさい。息が出ていくとき、それは死と関連している。息が入ってくるとき、それは生と関連している。息が出ていくたびに、あなたは死ぬ、そして息が入ってくるたびに、ふたたび生まれる。生と死は、二つのもの——別々で、分かたれたもの——ではない。それは一つなのだ。どの瞬間にも、その両者がそこにある。

だから、これを覚えておくことだ。息が出ていくとき、あたかも自分が死んでいくように感じなさい。怖がることはない。もし怖がれば、呼吸が乱れる。受け入れてごらん。出ていく息は死だ。そして死は美しい。それはくつろぎなのだ。

いつであれ、くつろいでいるとき、「ああ〜」と声に出し、息を吐く。吐く息とともに、深いくつろぎを感じるのだ。息が入ってくるとき、「ああ！　生命がやって来る」と感じてごらん——あなたはふたたび生まれる。それを円にしなさい。生と死だ。その中へと入り、それに気づいていなさい。それは深い浄化だ。息を吐くたびに死に、新しく息を吸うたびに生まれ直してごらん。外に出ていく息は死だ。死になさい。あたかも、自分が死んでゆくように感じなさい。入ってくる息は生命だ。ふたたび自分が生まれるかのように感じなさい。一日中、二十四時間——いつであれ、あなたが気づいているとき——これを思い出すがいい。それは、あなたのマインドの質を完全に変えるだろう。

もし吐く息が死になって、瞬間ごとにあなたが死ねば、何が起こっているのだろう？　あなたの死とは、あなたが過去に対して死んでいくという意味だ。古い人はもういない。そしてもし、瞬間ごとに死ななくてはならないなら、未来はない。次の瞬間は死だ。だからあなたは、未来に自分を投影することはできない。まさにこの瞬間、この孤独で、原子のような瞬間が、あなたとともにとどまる。まさにこの瞬間においてさえ、あなたは死んで、生まれ変わらなくてはならないのだ。

輪廻転生の概念を、生に関することではなく、呼吸に関することだと考えてごらん。瞬間ごとに、あなたは再生し、新たに方向づけを得て、みずみずしくなる……ふたたび、子供になるのだ、過去の重荷も、未来への不安もない子供に。現在という瞬間には、不安はない。不安は、過去によって、あるいは未来によってのみ創られる。

だから、これを覚えていなさい。そして、覚えているだけでなく、実践することだ。

❹ 自分が消えていく

チベットのいくつかの僧院で、今でも使われているもっとも古い瞑想の一つがある。彼らは、ときにはあなたはただ消え失せたらいい、と教えているのだ。

庭に座って、ただ、自分が消えていくと感じてみる。あなたが世界からいなくなったとき、あなたがもはやここにいないとき、あなたが完全に透明になったときに、世界はどう見えるのか、ただ見てごらん。ほんの一瞬、いなくなってみる。自分の家で、あたかも自分がいないかのようにいてみてごらん。

ちょっと考えてみなさい。いつかあなたはいなくなる。いつかあなたは去っていく。あなたは死ぬのだ。ラジオはやはり鳴り続け、妻はやはり朝ごはんの支度をし、子供たちはやはり学校に行く準備をしている。考えてみてごらん、今日あなたは逝って、もういないのだ、と。幽霊になりなさい。

椅子に座って、ただ消えるのだ。ただ、「私にはもう実体はない。私はいない」と考えてごらん。そして、家がどのように続いていくか、見てみなさい。そこにはとてつもない安らぎと静けさがあるだろう。すべてはそのまま続いていく。あなたなしで、すべてはそのまま続いていく。何も欠けてはいない。だとしたら、これをやり、あれをやりと、いつも何かに従事し続け、行為に取り憑かれていることに、何の意味がある？　何の意味があるのかね？　あなたは逝ってしまい、あなたのしてきたことは何であれ消え失せる――あたかも、砂の上に自分のサインをしたが、風が吹いて、その名前は消え、すべてが終わってしまうようなものだ。まるで自分がまったく存在しなかったかのように、いてごらん。

それは、ほんとうに素晴らしい瞑想だ。二十四時間の間に、何度もやってみることができる。たった〇・五秒でいい。〇・五秒の間、ただ止まる。あなたはいない、そして世界は続いていく。あなたなしで、世界は完璧にうまく続くという事実にどんどん気づいていくと、長い間、何生にもわたってなおざりにされてきた、あなたの存在の別の部分について学ぶことができるだろう――そしてそれは、受容的なモードだ。あなたはただまかせる、そして扉となる。物事は、あなたなしで起こり続ける。

これこそ、仏陀が「流木のようになりなさい」と言うときに意味していることだ。流木になってごらん。材木のように流れの中で漂うことだ。そしてその流れがどこに行こうと、あなたを連れていくにまかせなさい。あなたはどんな努力もしないのだ。

❺ 全身と脳がくつろぐ

今晩、そして毎晩眠りにつくとき、寝る前に電気を消してベッドに座り、目を閉じて、「オーオォォォ」という音を出しながら、口から大きく息を吐きなさい。「オー」という音と一緒に、できるだけ大きく息を吐き続けるのだ。胃がへこみ、空気が出ていき、あなたは「オー」という音を出し続ける。いいかね、私は「オーム」とは言っていない。ただ「オー」と言っている。それは自然に「オーム」になる。わざとそうする必要はない。そうすれば、偽物になる。あなたはただ、「オー」という音を出す。それがより調和のとれたものになり、あなたがそれを楽しんでいると、突如として、それが「オーム」になっていることに気づくだろう。しかし、無理に「オーム」にしようとしてはいけない。すると、それは偽物になる。ひとりでにそれが「オーム」になるとき、それは内面から振動するものになる。この「オーム」の音は、もっとも深い音、もっとも調和のとれたもの、もっとも基本的なものだ。

それが起こって、あなたが楽しみ、その音楽の中で流れると、あなたの全身と脳がくつろぐ。「オーム」の音とともにあなたはくつろぎ続け、あなたの眠りは違った質、まったく違った質を持つようになる。そしてあなたの眠りは変わらなくてはならない。そのときにのみ、あなたはもっと油断がなくなり、気づくことができるようになる。

夜、電気を消してベッドに座り、「オー」という音を出しながら、口から大きく息を吐く。息を吐き切って、もうこれ以上息は吐けないと感じ、息が全部出切ったら、一瞬止まりなさい。息を吸うことも吐くこともしない――ただ止まりなさい。

この静止において、あなたは神性だ。

この静止において、あなたは何も、呼吸さえもしていない。

この静止において、あなたは大海にいる。

一瞬の間、ただ静止したまま、観照者でいなさい――起こっていることを、ただ見てごらん。あなたのいるところに気づいていなさい。その止まった一瞬の間に、そこにある状況全体を観照するのだ。

時間はもうそこにはない。というのも、時間は呼吸とともに動くからだ。呼吸とは、時間のプロセスだ。呼吸をしているせいで、あなたは時間が動いていると感じる。呼吸をしないとき、あなたはちょうど死人のようだ。時が止まり、どこにも、何のプロセスもない。すべてが止まった……あたかも存在全体が、あなたとともに止まってしまったかのようだ。その静止の中であなたは、自分自身の存在とエネルギーの、もっとも深い源泉に気づくことができる。だから、一瞬、止まってごらん。それから、鼻から息を吸いなさい。けれども、息を吸うのに、どんな努力もしないようにしなさい。

いいかね、息を吐くためにあらゆる努力をして、息を吸うためには、どんな努力もしないでいるのだ。ただ身体が息を吸うにまかせてごらん。あなたはただ力を抜いて、身体が息を吸うにまかせる。あなたは何もしない。それもまた素晴らしいし、素晴らしい成果をあげる。あなたは息を吐いて、しばらく止めた。それから、身体が息を吸うにまかせる。あなたは息を吸うのにどんな努力もしない。あなたはただ、身体が息を吸うのを見守る。そして身体が息を吸うのを見守るとき、深い静寂があなたを取り巻いているのを感じるだろう。そうなれば、生きるためにあなたが努力する必要はないと分かるからだ。生命はおのずから呼吸している。生命は、自分自身の動機によって、ひとりでに動いている。それは、川なのだ。あなたはいたずらにそれを押し続けている。身体が息を採り入れているということが、あなたに分かるだろう。あなたの努力は必要ではない。あなたのエゴは必要ではない――あなたは必要ではないのだ。あなたはただ、見守る者となる。あなたはただ、身体が息を吸うのを見る。深い静けさが感じられるだろう。身体がいっぱい息を吸ったとき、もう一度、一瞬の間、止まりなさい。もう一度見守ってごらん。

この二つの瞬間は、まったく別だ。あなたが完全に息を吐き切って止まる。その静止はまさに死のようだ。あなたが息を吸い切って止まる。その静止は生命のクライマックスだ。その瞬間は、生の瞬間であり、エネルギーのクライマックス、パワーや生体エネルギーが頂点に達している。それを感じ、その両方を感じなさい。だからこそ、私は二度止まりなさいと言う。あなたが息を吐いた、そのとき。そして息を吸った、そのとき——生と死の両方を感じることができるように、生と死の両方を見守ることができるように。

ひとたびこれが生で、これが死だと分かれば、あなたは両者を超えている。観照者は生でもなければ、死でもない。観照者は生まれもせず、死にもしない。ただ身体、そのメカニズムだけが生きて、死ぬのだ。あなたは第三のものとなる。

❻ 生と死の瞑想

夜、眠りにつく前に、この十五分間の瞑想をしてごらん。これは死の瞑想だ。横になって、身体をくつろがせなさい。ただ死んでいくかのように感じ、死んでしまったので、身体を動かすことができないかのように感じてごらん。自分が身体から消えていく感覚を作り出すのだ。十分か十五分やれば、一週間のうちにそれを感じ始めるだろう。そのようにして瞑想し、眠りにつくがいい。それが途切れないようにしなさい。瞑想が眠りに変わるにまかせ、眠くなったら、眠りに入っていきなさい。

朝、目が覚めたと感じる瞬間——目を開けずに——生の瞑想をしなさい。自分が生気に満ち満ちていくのを感じる、生命が戻り、身体中が活力とエネルギーが満ちているのを感じるのだ。ベッドの上で目を閉じたまま、動き、揺れ始めてごらん。生命が、あなたの中を流れているのを、ただ感じるのだ。身体に大いなるエネルギーの流れがあるのを感じなさい——死の瞑想のまさに逆だ。だから、夜眠りにつく前に死の瞑想を、起き上がる直前に生の瞑想をするがいい。

生の瞑想とともに、深呼吸をしてもいい。エネルギーに満ちているのを、ただ感じなさい……生命が呼吸とともに入ってくる。満ち満ちて、とても幸せで、生き生きとしているのを感じてごらん。

そして十五分後に起き上がりなさい。

この二つ――生と死の瞑想――は、あなたをとてつもなく助けるだろう。

❼ 死が存在しなくなる

毎日三十分間、あなたの生命力を内なる存在へと向けることに集中してごらん。もしあなたが自分自身の中に飛び込み、溺れることを決意して、自分のエネルギーを外側から引き上げれば、あなたは望みを達成する。しかしこのためには、一貫した、毎日の実践が必要になる。そうすれば、あなたのエネルギー、あなたの生命力は内側へと動き始めるのに気づくだろう。肉体があなたにしがみつくのをやめ、あなたからすっかり分離しているのを感じるだろう。

もし三か月間、継続的にこのテクニックに従えば、ある日、あなたは自分の身体が外側に、自分から離れて横たわっているのを見出すだろう。これを、あなたは見ることができる。最初、これは内側から知覚されるが、さらなる実践ののち、さらなる勇気を注ぎ込んだのちには、内なるスピリットを外にもたらすことができる。そして外側から、あなたの身体があなたの外に、あなたからすっかり分離して横たわっているのを見ることができる。

あなたの身体を内側から知るようになるのは、まったく異なる世界、以前には知識も情報もなかった世界を知るようになるようなものだ。医学は、この内なる身体《インナーボディ》のことは何も知らないし、それを理解することもできないだろう。

ひとたび内なる自己は、外側の身体とははっきりと異なり、まったく別だという完全な認識が起これば、死は存在しなくなる。死が存在しないとき、人はいとも簡単に身体という殻を離れ、私心のない傍観者として物事を眺めることができる。

❽ 死は幻想だと気づく

夜、眠りにつく前に、横になり、明かりを消して、自分は死んでいくと感じてみなさい。身体をくつろがせ、死んでいくと感じるのだ。だからあなたは、身体を動かすことさえできない。手を動かしたいと思っても、できない。ただ、自分が死んでいくと感じ続けなさい——四、五分の間、自分は死んでいく、死んでいく、そして身体は死んだと感じるがいい。

この五分間の死の体験を通して、あなたはまったく違った生の質を感じるだろう。身体はほとんど死んだ——それは屍《しかばね》だ——しかし、あなたは今までにないほど生き生きとしている！ そして身体が死ぬと、マインドは徐々に考えるのをやめる。というのも、すべての思考は、生と関係しているからだ。死にゆくとき、マインドは落ちていく。二、三か月後には、五分以内に死ねるようになる。身体は死ぬだろう。そしてあなたはただ、純粋な気づき、輝く覚醒を手にする……青い光のようなもの、ただそれだけだ。あなたは、青い光、小さな青い炎を、第三の目のセンターのすぐそばに感じるだろう。それは生命のもっとも純粋な形だ。そしてその青い炎がそこに感じられるようになったら、ただ眠りに落ちなさい。

すると、あなたの夜は、まるごと死の瞑想へと変容される。そして朝には、いまだかつて感じたことがないほど生き生きと感じるだろう――とても若々しく、とてもみずみずしく、とても生気で満ちているので、あなたは世界中に与えることができる。

この死の瞑想はあなたに、死は幻想だと気づかせる。それはほんとうには起こらない。今まで死んだ人はいないし、誰もほんとうには死ぬことはできない。私たちがあまりにも身体に執着しているせいで、それは死のように見えるのだ。身体が自分の生命だと思っているがゆえに、私たちは、死が怖いと思う。

これは、死のためのもっとも素晴らしい準備の一つだ。

ある日、死はやって来る。死がやって来る前に、あなたには用意ができている。死ぬ用意ができているだろう!

❾ すべてを観照する

一人で座るか、他の人たちと一緒に、だれもあなたに触れないように座りなさい。目をゆっくりと閉じて、身体を緩めておきなさい。身体にどんな負担や緊張もないように、完全にくつろいでごらん。

今、とてつもなく力強く、すさまじい音を立てながら、二つの峰々の間を川がすごい速さで流れているのを思い浮かべてごらん。それを観察し、その中に飛び込むのだ。しかし、泳いではいけない。まったく動かずに、身体が浮かぶにまかせなさい。今、あなたは川と一緒に動いている――ただ、浮かんでいるのだ。たどり着くべきところはどこにもない、目的地はない、だから、泳ぐという問題はない。まるで枯れ葉が努力なしに川に浮いているかのように感じてごらん。「明け渡し」、「完全な手放し《レット・ゴー》」という言葉の意味しているものが分かるように、それをはっきりと体験するのだ。

どう浮かんだらいいのかを理解したら、今度は、いかに死ぬか、いかに完全に溶け去るかを見つけてごらん。目を閉じたまま、あなたの身体が完全に緩み、くつろぐにまかせるのだ。

薪《まき》の山が燃えているのを観察しなさい。積み上げられた薪に火がつけられ、炎は空まで届かんとしている。もう一つのことを想い起こしなさい。あなたはただ、燃え上がる薪を観ているだけではなく、その上に載せられてもいるのだ。あなたの友人や親戚が、そろって周りに立っている。この死の瞬間を、意識的に体験した方がいい。いつの日にか、それは必ずやって来るからだ。炎がどんどんと高くなるにつれて、自分の身体が焼けていくのを感じなさい。しばらくすると、火は自然に収まる。人々は散り散りになり、墓場は空っぽになって、また静かになる。それを感じなさい。そうすれば、すべてが静まって、灰以外には何も残らないと分かるだろう。あなたは完全に溶け去った。

この、溶け去るという体験を覚えておくがいい。というのも、瞑想も、一種の死だからだ。今、目を閉じたままで、完全にくつろぎなさい。あなたは何もしなくていい。何もする必要はない。あなたがいた以前、物事はあるがままにあったし、あなたが死んだ後でさえ、それは同じなのだ。今、何であれ、起こっていることが起こっているのを感じなさい。その「あるがまま」を感じてごらん。それはそうなのだ。それはただ、そうであるしかない。他にはありようがない。ならば、なぜ抵抗するのかね？　あるがままとは、抵抗がないという意味だ。何であろうと、あるがまま以外であってほしいという期待がないのだ。草は緑だし、空は青いし、海の波はとどろき、鳥は歌い、カラスはカーカーと鳴いている……。あなたの側からは、どんな抵抗もない。というのも、生はそうであるからだ。突如として、変容が起こる。普段なら障害だと思われたことも、今では心地よく思える。あなたは何にも逆らってはいない。すべてがそのままで幸せだ。

だから最初にする必要があったのは、存在という大海の中で、泳ぐのではなく、浮かぶことだった。浮かぶ用意のある人は、川そのものが海へと運んでくれる。もし私たちが抵抗しなければ、生そのものが、生を超えたものへと私たちを連れていく。

第二に、あなたは死から自分自身を救うのではなく、溶け去らなくてはならなかった。私たちが救いたいと思うものは、必ず死んでいく。そして永遠にそこにあるものは、私たちの努力なしにそこにある。死ぬ用意のある人は、神性なるものを迎え入れるために自分の扉を開けることができる。しかし、もし死への恐怖ゆえに扉を閉ざしたままでいれば、超越したものを達成することを犠牲にして、そうしていることになる。瞑想とは、死ぬことなのだ。

最後に体験する必要があったのは、「あるがまま」だ。花と棘《とげ》の両方を受け入れることによってのみ、あなたに安らぎがもたらされる。安らぎとは、とどのつまり、完全な受容の結実なのだ。安らぎは、安らぎの欠如ですら受け入れる用意のある人にだけやって来る。

だから目を閉じて、身体を緩ませ、あたかも身体には生命がないかのように感じてごらん。身体がくつろいでいくかのように感じるのだ。これを感じ続けなさい。そうすればまもなく、あなたは自分が身体の主人ではないことを知るだろう。身体のあらゆる細胞とあらゆる神経がくつろぎを感じるだろう――まるで身体が存在していないかのようだ。まるで川に浮かんでいるかのように、身体を放っておいてごらん。生命の川が、どこであれ、望むところへとあなたを連れていくにまかせ、ちょうど枯れ葉のようにその上を漂うのだ。

さあ、呼吸が徐々に静まっていくのを感じるがいい。呼吸が静まるにつれて、あなたは自分が溶け去っていくのを感じる。あなたはあたかも火葬の薪に載せられたかのように感じるだろう。そして、完全に焼かれるのだ。灰すら残っていない。

さあ、鳥の声を、太陽の光を、海の波を感じてごらん。そして、ただそうしたものの観照者でいなさい——受容的でありながらも、気づき、見守っている。身体はくつろぎ、呼吸は静まり、あなたは「あるがまま」の中にいる。あなたはただ、このすべてを観照する者だ。

徐々にあなたは、内面で変容を感じるだろう。すると突然、内側で何かが静まる。マインドが静まり、空っぽになる。これを感じなさい。それを観照する者でありなさい。そしてそれを体験しなさい。川があなたの浮かんだ身体を運び去り、火葬の薪がそれを焼き、あなたはそれを観照する者だった。この無であることの中で、私たちが神性と呼ぶ至福がやって来る。

では、ゆっくりと二、三度呼吸してごらん。呼吸のたびに、みずみずしさと安らぎ、至福に満ちた喜びを感じるだろう。

さあ、ゆっくりと目を開けて、瞑想から戻ってくるがいい。

⑩ 死に方を学ぶ

ラマナ・マハルシのテクニックは、とても簡単だ。彼が言っているのは、たったこれだけ――死に方を学ぶがいい。これを学んだら、死の際に、あなたの内側には死なないものがあることが分かる。あなたの意識は死なない。身体は、完全に生気を失って、そこに横たわっているだろう。しかしあなたは内側で、十分に醒め、完全に生き生きとしている。あなたはこれほど生き生きとし、これほど醒めていたことはなかった。というのも、今までは、あなたは身体と一つだったからだ。今までは、その重荷のすべてがあなたに覆いかぶさっていた。しかし今や、身体はそこに死んで横たわり、重荷はまったくない。今やあなたは、自由に空を飛ぶことができる。

もし数日間、死に方を実践すれば――毎日しばらくの間横になり、身体を、まるで死んでいるかのようにさせておければ――あなたは瞑想を達成するだろう。あなたはただ一つのことを――身体はもう死んで、今やたんなる屍《しかばね》だと――覚えておくだけでいい。それはまったく揺さぶられることも、かき乱されることもない。屍は動かない。アリに噛まれたとしよう。そのときあなたはどうする？　あなたは死んで横になっていて、アリがあなたに食いついている。あなたはそれを、ただ観察しなくてはならない。

もし、あたかも死んでいるかのように横たわることができれば、もし毎日、ある時間、まったく動かないでそこに横たわることができれば、突如としてある日、あることが起こる。あなたと身体との関係は粉々になり、意識と身体が互いに分離するのだ。あなたは離れて、超然としたまま、自分の身体が横にあるのを見るだろう。そうなれば、無限の距離が生じて、橋を架けるすべはない。

今や、死は存在しない。今やあなたは死を知り、それは永遠に消え失せたのだ。

⓫ 身体から自由になる

このテクニックは、内側から見てみるのに、とても助けになる。そしてそれが、あなたの意識のすべてと存在のすべてを変容させる――というのも、もし内側から見てみることができれば、あなたは即座に、世界とは別になるからだ。

「私は身体だ」というこの偽りのアイデンティティは、私たちが自分の身体を外側から見てきているからにすぎない。もし内側から見てみることができれば、見る者は別になる。ひとたび自分がどう動いたらいいのかを知れば、ひとたび自分は身体から分離していると知れば、あなたは大きな束縛から解き放たれる。もはや重力に引きずり下ろされることはない。もはやあなたには制限はない。今やあなたは、まったくの自由だ。

あなたは身体から抜け出すことができる。行ったり来たりすることができる。そしてそうなれば、あなたの身体はただの住まいとなる。

目を閉じて、自分の内なる存在を詳細に見てみなさい。内側で、四肢の端から端へと動くのだ。つま先に行ってごらん。身体の他の部分はすべて忘れて、つま先に行きなさい。そこにとどまって、見てみる。それから、脚の上の方へと動いていき、四肢のすべてへと向かいなさい。すると、多くのことが起こる。多くのことが起こるのだ。

このテクニックの最初で外側の部分は、自分の身体を内側で——あなたの内なる中心から——見ることだ。そこに立って、見てごらん。あなたは身体から分離するだろう。というのも、見るものはけっして見られるものではないからだ。観察者は対象物とは別だ。

もし、自分の身体を完全に内側から見ることができれば、あなたは二度と自分が身体だという幻想に陥ることはない。そうなれば、あなたは別のもの、まったく別のものとしてとどまることになる。その中にはいるが、それではない。身体の中にいるが、身体ではない。これが最初の部分だ。そうなれば、あなたは動くことができる。そうなれば、自由に動ける。

ひとたび身体から解き放たれたら、そのアイデンティティから解き放たれたら、あなたは自由に動ける。今や、自分のマインドの中、奥深くへと入っていける。今や、内側にある九つの無意識層へと入っていくことができる。

これは、マインドの内なる洞窟だ。もしこのマインドの洞窟に入れば、あなたはマインドからも分離する。そうなれば、マインドもまたあなたが見ることのできる対象物だと分かるだろう。そして、マインドに入っているものも、やはり分離し、別だと分かるだろう。身体とマインドの両方へと入り、内側から見てみるべきだ。そうなれば、あなたはたんなる観照者だ、そしてこの観照者は、けっして侵入されることはない。

あなたが一瞥を知ると、事の全体は、とても楽でシンプルになる。そうなれば、ちょうど家から出ては入り、また出ては入るように、あなたはいつでも内に入っては外に出て、また内に入っては外に出ることができる。

⓬死の恐怖を克服する

いつでも誰かが仏陀の弟子になると、最初のことはこれだった。仏陀は弟子に、火葬場に行って、身体が焼かれるのを、死体が焼かれるのを観察するように、と言ったのだ。三か月の間、何もしないで、ひたすらそこに座って、見守らなくてはならない。そこで探求者は、村の火葬場へ行き、三か月の間そこに滞在し、昼夜問わず、死体が運び込まれるたびに、ただ座って瞑想したものだった。彼はただ、死体を見た。それから火が起こされ、身体が焼かれていく。三か月の間ずっと、他には何もせずに——ただ、死体が焼かれるのを見た。

仏陀は言った。「それについて考えてはいけない。ただ見なさい」遅かれ早かれ、自分の身体も焼かれることになるという思考に出くわさないでいるのはむずかしい。三か月とは、長い時間だ。しかも昼も夜も、絶え間なく、身体が焼かれるたびに、探求者は瞑想しなくてはならなかった。遅かれ早かれ、彼は、火葬の薪の上に置かれた自分の身体を見るようになった。焼かれている自分自身を見るようになった。

もし、火葬場へ行くというこのテクニックをやりたければ、それは役に立つ。見守るがいい——三か月でなくても——少なくとも、一つの身体が焼かれるのを見守るのだ。観察しなさい。そうすれば、あなたはこのテクニックを自分で楽にすることができる。考えてはいけない。ただその現象を見守りなさい。起こっていることを見守るのだ。

人々は、身内の人の身体を焼きに行っても、けっして見守ることはない。彼らは他の話を始めたり、死について討論したり、言い争ったりする。彼らは多くのことをする。多くを語り、噂話をしたりはするが、けっして見守りはしない。それは、瞑想になるべきなのだ。そこでは、話は許されるべきではない。というのも、あなたが愛した人が焼かれるのを見るのは、まれな体験だからだ。あなたは必然的に、自分もまたそこで焼かれているのを感じるようになる。もしあなたが自分の母親や父親、あるいは妻や夫が焼かれるのを見れば、必ずその炎の中にいる自分自身をも見るようになる。その体験が、このテクニックの助けとなる。

私たちは死を恐れている。ほんとうのところ、死を恐れているのではない。その恐怖は、何か別のものだ。あなたは一度もほんとうには生きたことがない――それが、死の恐怖を生み出す。もしこのテクニックに入っていきたければ、この深い恐怖に気づかなくてはならない。この深い恐怖は、投げ出され、一掃されるべきだ。そのとき初めて、あなたはこのテクニックに入っていくことができる。

これが役に立つだろう。吐く息にもっと注意を払うのだ。実際に、もし吐く息にすべての注意を払い、息を吸うのを忘れることができれば……。死んでしまうだろうと恐れることはない。あなたは死にはしない――身体はひとりでに息を吸う。身体には独自の智恵がある。もしあなたが大きく息を吐けば、身体はひとりでに深く息を吸い込む。あなたが介入する必要はない。そうなれば、とても深いくつろぎがあなたの意識全体に広がる。あなたは一日中、くつろぎを感じ、内なる静寂が生まれるだろう。

別の実験をすれば、この感覚をさらに深めることができる。一日十五分間、大きく息を吐くのだ。椅子か床に座って、大きく息を吐いてごらん。息を吐く間は、眼は閉じなさい。空気が出ていくとき、内に入る。そして身体が息を吸うにまかせ、空気が入るときには、目を開けて、外に出ていく。それはちょうど反対なのだ。空気が出ていくとき、あなたは内に入る。空気が入るとき、外に出る。息を吐くと、内側にスペースが生まれる。というのも、呼吸は生命だからだ。息を大きく吐くと、あなたは空っぽになる。生命は外に出ていってしまった。ある意味で、あなたは死んでいる。その瞬間、あなたは死んでいるのだ。その死の静寂の中で、内側に入りなさい。空気が外に出ていく。あなたは目を閉じ、内側に動く。スペースがそこにあり、あなたは楽に動いていくことができる。

いいかね、息を吸っているときに、内側に向かうのはとてもむずかしい。なぜなら、動くスペースがないからだ。息を吐くときには、あなたは内側に動いていける。空気が入るとき、あなたは外に出る。目を開けて、外へと動きなさい。この二つの間に、あるリズムを生み出してごらん。十五分も経たないうちに、あなたは深いくつろぎを感じ、このテクニックを実践する準備ができるだろう。

このテクニックの前に、準備のために——準備のためだけではなく、喜んで迎え入れ、受容的になるために——これを十五分やってみなさい。死の恐怖はそこにはない。というのも、今や、死はくつろぎのように見える、死は深い休息のように見えるからだ。死は生に敵対してはおらず、生命の源泉そのもの、生命エネルギーそのもののようだ。生とは、まさに湖面の波紋のようなもの、死は湖そのものだ。波紋がないときでも、湖はそこにある。そして、湖は波紋がなくても存在できるが、波紋は湖がなくては存在できない。生は、死がなくては存在できない。死は、生がなくても存在できる。それは源泉だからだ。そうなれば、あなたはこのテクニックを実践することができる。

⑬身体が燃えて、無我の境地に至る

ただ横になりなさい。まず、自分が死んだと思ってごらん。身体はまさに屍のようだ。横になって、注意をつま先に向けなさい。目を閉じて、内側へと動いていくのだ。注意をつま先に向けて、火が、そこから上に向かっていくのを感じなさい。あらゆるものが燃えている。炎が上に上っていくにつれて、身体は消えていく。まずつま先から始めて、上へと動いていきなさい。

なぜつま先から始めるのだろう？　その方が簡単だからだ。というのも、つま先は、あなたの「私」から、あなたのエゴからとても遠いからだ。あなたのエゴは、頭の中にある。あなたは頭から始めるわけにはいかない。それはとてもむずかしい。だからずっと離れた場所から始めなさい。

つま先はエゴからもっとも離れた場所だ。そこから火をつけなさい。つま先が焼かれるのを感じなさい。灰しか残っていない。それから、ゆっくりと動いていきなさい。火は触れたものすべてを焼き尽くしていく。あらゆる部分が――脚も腿《もも》も――なくなっていく。

身体が灰になっていくのを、ただ見続けなさい。その炎は上に向かい、それが通り過ぎた部分はもうそこにはない。それは灰になってしまった。上へ向かい続けて、最後に頭がなくなる。すべてが……塵また塵の山となり……とうとう、身体は焼かれて灰になる。

しかし、あなたは違う。あなたはただ、丘の上の見張りとしてとどまる。身体はそこにある――死んで、焼かれて、灰と化して――そして、あなたは見守る者、あなたは観照者だ。この観照者には、エゴはない。

このテクニックは、無我の境地に至るのにとてもよいものだ。それはただ、身体からあなたを分離するための方策、あなたと身体との間に隙間を生み出すための、しばらくの間、身体から離れているための方策なのだ。もしこれができれば、あなたは身体の中にとどまりながらも、身体の中にはいなくなる。今までどおり生き続けることはできるが、あなたは二度と同じではなくなるだろう。

このテクニックには、少なくとも三か月かかるだろう。続けてみなさい。それは一日では起こらないが、もし毎日一時間続ければ、三か月のうちに、ある日突然、想像力が助けとなって、隙間が生み出される。あなたは実際に、身体が灰になったのを目にするだろう。そうなったら、あなたは見守ることができる。

このテクニックはシンプルに見えるが、あなたに深い変異をもたらしうる。しかし、まずは火葬場、焼き場へ行って、瞑想することだ。身体がどのように焼けて、どのようにふたたび塵に還るのか、見ることができるように――そうすれば、想像するのは楽になる。そうしたら、つま先から始めて、とてもゆっくりと動いていくがいい。

このテクニックの前に、吐く息にもっと注意を向けなさい。このテクニックに入る直前に、十五

分間、息を吐いて目を閉じ、それから身体が息を吸うのにまかせ、目を開けてごらん。十五分の間、
深いくつろぎを感じてから、それに入っていきなさい。

⑭ 世界が燃えて、超人の意識を知る

もし、この前の瞑想ができれば、二番目はとても簡単だろう。自分の身体が燃えているのを想像できるようになれば、全世界が燃えているのを想像するのはむずかしくはない——あなたの身体は世界であり、身体を通して、あなたは世界と関わっているからだ。実のところ、あなたが世界と関わるのは、たんに身体のため——世界とは、身体の延長なのだ。もし自分の身体が燃えていると考え、想像できれば、全世界が燃えていると想像するのはむずかしくはない。

しかし、もしあなたが最初のものをとてもむずかしいと感じるなら、二番目から始めてもいい。最初ができれば、二番目はとても簡単だ。ほんとうのところ、最初をやったら、二番目をする必要はない。あなたの身体とともに、すべてはひとりでに消え失せる。しかし、もし最初がとてもむずかしければ、直接、二番目をやってもいい。

私は、つま先は頭から、エゴからとても遠いから、そこから始めるようにと言った。しかしあなたは、つま先からでさえ始めたくはないと思うかもしれない。だとしたら、さらに遠くへと移るがいい。世界から始め、そこから、自分自身にどんどん近づいていってごらん。世界から始めて、近くへと来るのだ。そして世界全体が燃えているとき、その燃える世界の中であなたが焼かれるのは

容易になる。

もし世界全体が燃えているのを見ることができれば、あなたは人間を超え、超人となっている。あなたは超人の意識を知るに至った。それを想像することは可能だが、想像力の訓練が必要だ。私たちの想像力はあまり鍛えられてはいない。それがあまり鍛えられていないのは、想像力のための教育は存在しないからだ。知能は訓練されている。学校や大学が存在し、人生の大部分は、知能の訓練に費やされる。想像力は鍛えられていない。想像力にはそれ独自の、とても素晴らしい次元がある。もし想像力を鍛えることができれば、それを通して驚異的なことを成し遂げることができる。

小さなことから始めてごらん。大きなことへとジャンプするのはむずかしいし、失敗するかもしれないからだ。たとえば、世界全体が燃えているというこの想像――それはあまり深くなりようがない。最初に、あなたにはそれが想像だと分かっているし、想像の中で、炎があらゆるところに上がっていると考えたとしても、世界は焼けてはいない、それはまだそこにあると感じることだろう。それはたんに、あなたの想像にすぎないからだ。あなたには、想像がどれほどリアルなものになりうるか、分かっていない。まずは、それを感じなくてはならない。

このテクニックに入る前に、簡単な実験をしてごらん。両手を固く組み合わせ、目を閉じて、もう手はほどけないと想像してみるのだ。手は死んでしまった。がっちりと固まってしまい、どうやってもほどけない。最初あなたは、ただの想像にすぎない、手をほどくことはできると感じるだろう。しかし十分間、もうほどけない、どうしようもない、ほどきようがないとずっと考えてごらん。そして十分経ったら、ほどいてみるのだ。

十人のうち四人は、すぐに成功するだろう。四十パーセントの人は、たちまちのうちに成功する。十分後、彼らには手をほどくことができない。ただの想像だったものが、現実になった。どれほど彼らが頑張ろうとも……そして、手をほどこうと必死になればなるほど、むずかしくなる。あなたは汗をかき始めるだろう。自分の手が見えているのに、ほどけないのだ！　それは固まってしまった。

しかし、怖がることはない。もう一度眼を閉じて、今度は手をほどくことができると想像してごらん。そうして初めて、あなたは手をほどくことができる。四十パーセントの人は、すぐに成功する。そうした四十パーセントの人たちは、このテクニックに楽に入っていける。彼らには問題はない。

残りの六十パーセントの人たちにとっては、それはむずかしいし、時間がかかるだろう。あなたの想像力を少し鍛えなさい。そうすれば、このテクニックは、とても役に立つだろう。

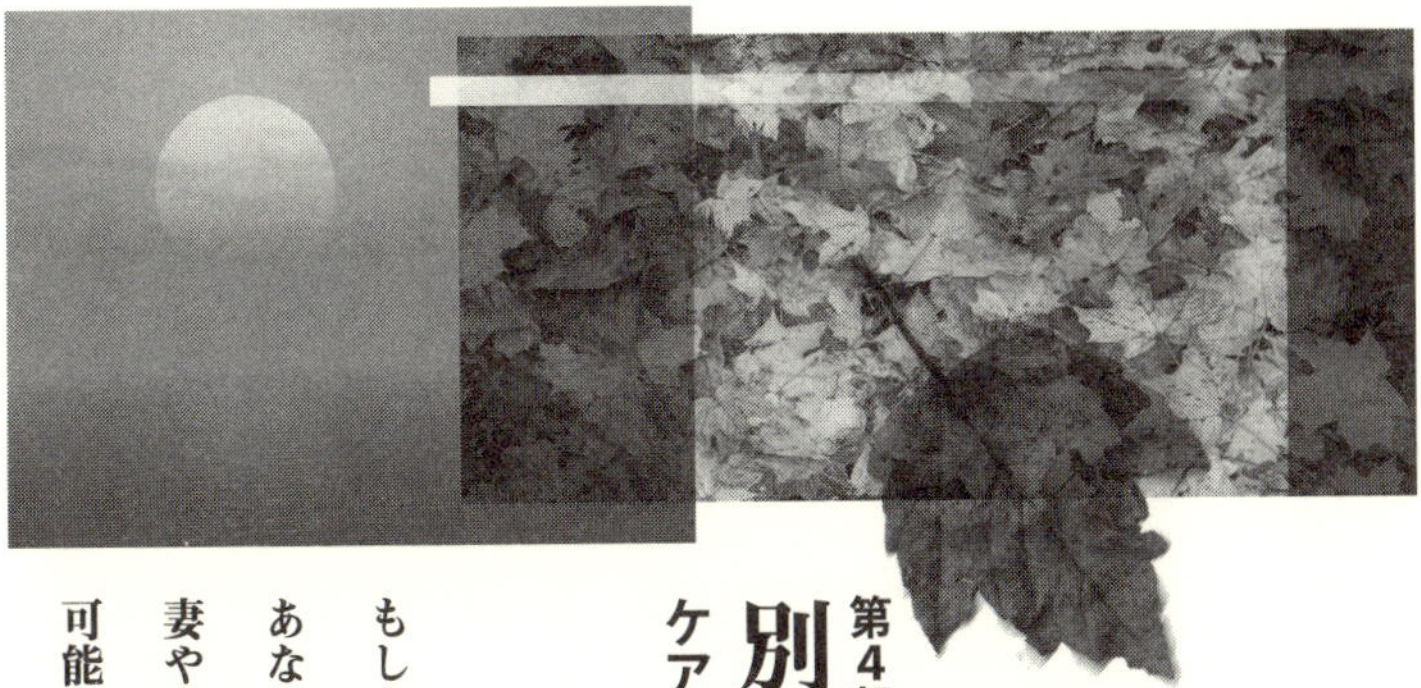

第4部 別れを告げるときのために

ケアテイカーと遺族のための洞察

もしあなたが、死を祝祭の瞬間へと変容できれば
あなたは友人を、父親や母親を、兄弟を
妻や夫を助けたことになる。あなたは存在の中で
可能なかぎりもっとも大きな贈り物を彼らに与えたのだ

1 大いなる啓示

あなたが深く愛した人の死の瞬間は、あなた自身の死を思い起こさせる。死の瞬間は、大いなる啓示だ。それはあなたを無能に、無力に感じさせる。それはあなたに、自分はいないと感じさせる。存在という幻想が消え失せる。

誰もが揺さぶられるだろう——突如として、足元の地面が消え失せたことを知るからだ。あなたにはどうすることもできない。愛する人が死のうとしている。あなたは自分の命をあげたいとさえ思うが、それは叶わない。どうすることもできない。人はただ、深い無力感の中で待つだけだ。

その瞬間は、あなたを落ち込ませることもできる。その瞬間はあなたを悲しませることもできれば、真理のための大いなる旅——探求への大いなる旅へとあなたを送り出すこともできるのだ。この生とは何なのか？　もし、死が来て奪われてしまうものなら、この生とは何なのだろう？　もし人が死に対してこれほど無力なら、この生に、どんな意味があるのか？　そして覚えておくことだ、あらゆる人が死の床についているのだ。誕生したからには、あらゆる人は死の床にいる。それ以外のありようはない。あらゆるベッドは死のベッドなのだ。誕生の後で確実なものはただ一つ、死だけだからだ。

今日死ぬ人もいれば、明日の人も、あさっての人もいる。基本的に、何が違うのだろう？　時間には、大した違いをもたらすことはできない。時間には、生という幻想を生み出すことはできる。しかし、死で終わる生は、真の生ではないし、そうではありえない。それは夢に違いない。

生は、永遠であってこそ真正だ。さもなければ、夢と、あなたが生と呼ぶものの違いは何なのか？　夜、深い眠りの中では、夢は他のどんなものにも引けを取らないほどに本物で、リアルだ――あなたが目を開けて見るものよりも、もっとリアルですらある。朝が来るまでにそれはなくなって、跡さえ残らない。朝、あなたが目覚めると、それは夢だった、現実ではなかったと分かる。この人生という夢は数年の間は続く。それから突如として人は目覚め、生のすべてが夢だったと判明するのだ。


死は大いなる啓示だ。もし死がなかったら、宗教もなかっただろう。宗教が存在しているのは、死のためだ。ブッダが生まれたのは、死のためだ。死の認識ゆえに、あらゆるブッダは生まれる。

あなたが死にゆく人のところへ行き、そばに座るときには、あなた自身を気の毒に思うがいい。あなたも同じ舟に乗って、同じ苦境に立たされているからだ。

死は、いつの日にもあなたの扉をノックするだろう。準備しておきなさい。死が扉を叩く前に、家に戻ることだ。途中でつかまってはいけない。さもなければ、この生のすべては夢のごとく消え失せ、あなたはとてつもない貧しさ、内なる貧しさの中に置き去りにされる。

生は、本物の生は、けっして死なない。それなら、誰が死ぬのか？　あなたが死ぬ。その「私」が、エゴが死ぬのだ。エゴは死の一部だが、生はそうではない。だから、もし無我になれれば、あなたにとって死は存在しなくなる。もし意識的にエゴを落とせれば、あなたは死を克服したのだ。もしあなたがほんとうに気づいていれば、それはたった一歩で落とせる。あまり気づいてなければ、徐々に落とさなくてはならないだろう。それはあなた次第だ。しかし、エゴは落ちなくてはならない、それだけは確かだ。エゴが消えれば、死も消える。エゴが落ちると同時に、死もまた落ちる。

死に直面している人を気の毒に思わないように。自分自身を気の毒に思うがいい。死があなたを取り囲むにまかせ、その味わいを得てごらん。無力さを、非力さを感じることだ。無力だと感じているのは誰だろう？　非力だと感じているのは誰だろう？　エゴだ——というのも、あなたにはどうすることもできないと分かるからだ。あなたは彼女を助けたいが、できない。あなたは彼女に生き延びてほしいが、何もできない。

その無力感を、できるだけ深く感じなさい。この無力感から、ある気づき、ある祈りに満ちた状態、ある瞑想が立ち現われてくるだろう。その人の死を活用しなさい——それは、一つの機会なのだ。すべてを、機会として使ってごらん。

彼らの傍らにいてごらん。静かに座って、瞑想することだ。あなたが人生を無駄にし続けないよう、彼らの死を、あなたにとっての指針とするがいい。いずれ同じことが、あなたに起こるのだからね。

＊

もしあなたが、死を祝祭の瞬間へと変容できれば、あなたは友人、父親や母親、兄弟、妻や夫を助けたことになる。あなたは存在の中で可能な限りもっとも大きな贈り物を彼らに贈ったのだ。そして死の近くでは、それはとてもやさしい。子供は、生や死を気にかけてもいない。そうしたことは彼の知ったことではない。若者は、あまりにも生理的なゲームや野心、金持ちになること、有力者になること、さらなる名声を手にすることに巻き込まれすぎている。彼には永遠の問いに頭を悩ませる時間はない。

しかし死の瞬間、死が起こる直前には、あなたにはどんな野心もない。あなたが金持ちだろうと貧しかろうと、何の違いもない。犯罪者だろうと聖者だろうと、何の違いもない。死は、生のあらゆる区別を超え、生のあらゆる馬鹿げたゲームを超えて、あなたを連れ去る。

人を助ける代わりに、人々はその美しい瞬間を破壊する。その瞬間は、一生の中でもっとも貴重だ。人が百年生きたとしても、これはもっとも貴重な瞬間なのだ。しかし人々は、泣いたり叫んだりし、同情を示し始める。「まだ早すぎる。こんなことは起こるべきじゃない」あるいは、その人を慰め、こう言う。「心配はいらないよ。お医者さまが助かるって言っているから」

こうしたことは、すべて馬鹿げている。医者でさえ、こうした愚かなことに一役買っている。死が来ているのを本人に告げないのだ。彼らはその主題を避け、希望を与え続ける。その人が死ぬだろうと完璧に知りつつ、「心配いりません。あなたは助かりますよ」と言う。彼らは偽りの慰めを与えている。今こそ死に対し、その人を十分に気づかせるべき瞬間――純粋な意識が体験されるほどに強烈に、一分の隙もなく気づかせるべき瞬間だということが、彼らには分かっていない。

その瞬間は今に至るまで、大いなる勝利の瞬間となってきた。今やその人にとって死はなく、永遠の生があるばかりだ。

2 死とともにある

死がそこにあるときには、とても敬意を払う必要がある。というのも、死はまったく普通ではない現象だからだ。それはこの世の中で、もっとも尋常ならざる現象だ。死ほど神秘的なものはない。死は、存在のまさに中心に達する。人が死ぬとき、あなたは聖なる大地を踏みしめている。死は可能な限り、もっとも神聖な瞬間だ。いいや、普通の好奇心は許されない。それは、不敬《ふけい》なことなのだ。

あなたは静かでなくてはならない。もし死がそこにあるときに静かでいられれば、突如としてあなたは、多くのことを目にするだろう。というのも、人がただ呼吸をやめるだけではないからだ。たくさんのことが起こっている。人が死ぬとき、死とは、彼のオーラは収縮し始める。もしあなたが静かならば、それが感じられるだろう――エネルギーの力、生命エネルギーの場が弱まり、中心へと戻っていくのだ。

子供が生まれるときには、ちょうど反対のことが起こる。子供が生まれると、オーラは広がっていく。それは、へその辺りから始まる。ちょうど湖に小石を投げ込むと、波紋が起こるように――それはどんどんと広がっていく――子供が生まれるとき、呼吸はちょうど湖の小石のようなものだ。

子供が息をすると、へそのセンターが打たれる。最初の小石が静かな湖に投げ込まれ、波紋が広がり続ける。

あなたの生全体が、広がり続ける。だいたい三十五歳ごろ、あなたのオーラは完成し、ピークを迎える。それから次第に弱まって、人が死ぬとき、オーラはへそへと戻る。へそに至ると、それは集中したエネルギー、あるいは集中した光になる。もしあなたが静かなら、それを感じられるし、引力を感じるだろう。死んだ人の近くに座れば、あたかもかすかなそよ風が死んだ人へと吹いていて、自分が引き寄せられているかのように感じるだろう。死んだ人は、自分の生命のすべて、彼がいた「場」全体を収縮させているのだ。


死んだ人の周りでは、たくさんのことが起こり始める。もし彼がある人をとても深く愛したら、それはつまり、生命エネルギーの一部をその人に分け与えていたということだ。そして人が死ぬとき、彼が別の人に与えていた一部分は即座に離れて、死んだ人の元へと戻る。もしあなたがここで死に、あなたの恋人が香港に住んでいれば、あなたの恋人から即座に何かが離れるだろう——というのも、あなたは生の一部を与えていたが、その一部があなたの元へと還るからだ。だからこそ愛する人が死ぬときには、何かがあなたから離れていったようにも感じられるのだ。あなたの中の何かもまた死んでしまう。今や、深い傷、深い空白が存在するだろう。

いつであれ、恋人が死ぬときには、その人が愛していた人の中でも何かが死ぬ。なぜなら、彼らは互いに深く関わり合っていたからだ。そしてもしあなたが、とても多くの人たちを愛していたなら——たとえば、もし仏陀のような人が亡くなれば——宇宙全体からエネルギーが中心へと戻る。それは宇宙的な現象だ。彼は非常に多くの生、何百万もの生に関わっているために、あらゆるところから、彼のエネルギーが還ってくるからだ。彼が多くの人たちに与えたバイブレーションが離れていく。それらは、元々の源泉へと動き、もう一度、へその近くに集結する。

もしあなたが見守れば、波紋が逆向きに戻っていくのを感じるだろう。そして、それが完全にへそに集結するとき、あなたはとてつもないエネルギー、とてつもない光の力を目にすることができる。それから、そのセンターは身体から離れる。人が「死ぬ」とき、それはたんに呼吸が止まるということだが、そのときあなたは彼が死んだと思う。彼は死んではいない。それには時間がかかる。ときには、その人が何百万もの生に関わってきていれば、彼が死ぬのに多くの日にちがかかる。だからとりわけ東洋では、賢者や聖者の身体をけっして焼くことはない。聖者だけは荼毘《だび》に付されない。さもなければ、すべての人は火葬される。というのも、他の人たちとの関わりは、それほど多くないからだ。数分のうちにエネルギーは集まり、もはやこの存在の一部ではなくなる。

死が起こるときには、静かにするがいい。見守るのだ！

死者に敬意を払う際にはいつも、世界中どこでも、あなたは沈黙する。理由は分からなくても、二分間の黙とうを捧げる。この伝統は、世界中で続いている。なぜ沈黙なのだろう？　その伝統は意味深い。あなたにはその理由は分からないかもしれない。気づきがなくて、その沈黙は内面のおしゃべりでいっぱいかもしれない。あるいは、ただの儀式のようなものとしてそうするだけかもしれない――それはあなた次第だ。しかし、そこに秘密がある。これは、「死について」話をするときではない。これは、死とともにあるときなのだ。

見知らぬ人の死においてさえ、あなたは死んでいく。

死があるときにはいつでも、近くに行って、それに関わり、それにゆだね、死があなたに起こるにまかせてごらん。父親が死ぬとき、彼の呼吸が激しくなるとき、それを感じ、彼に共感するがいい。彼の感じていることを感じ、彼になり、そして死があなたにも起こるにまかせるのだ。あなたは途方もない恩恵を受け取るだろう。あなたは彼の生だけでなく、彼の死に対しても、感謝を感じることだろう。生きているときに、彼はあなたに多くのものを与えてくれた。そして死ぬときに、さらに多くのものを与えたのだ。

あなたの彼女、あなたの彼が死にゆくときには、近くにいるようにしなさい。友であろうと、愛する人であろうと、死にゆく人の鼓動を感じることだ。その人の体験が、あなたの体験にもなるように。ゆっくり、ゆっくりと、死のたくさんの側面を知っていけば、死は敵ではなく、友として、大いなる休息とくつろぎとして認められるようになるだろう。それは生に対立してはいない。生が可能なのは、ひとえに死があるためなのだ。死がなければ、生はありえない。

夕べにバラの花が消えていくとき、花びらが散っていくとき、そこに座って瞑想してごらん。自分自身を、花びらが散っていく花であるかのように感じるがいい。朝早く、太陽が昇って、星が姿を消すとき、自分自身があらゆる星たちとともに消えていくのを感じてごらん。太陽が昇り、草の葉の上の朝露が消えていくときには、自分自身が露のように消えるのを感じてみることだ。できるだけ多くの形で死を感じるがいい。死という、偉大な体験になりなさい。

Q27

私の父はガンだと、ちょうど耳にしたところです。父はまだ、それほど長くは生きられないと知らされてはいません。あなたは、本人がそうしたことを知った方がいいと思われますか？　それとも、知らない方がいいのでしょうか？

心理学者は――そして、医療関係者も同様だが――人の寿命が七十歳なのは、生命に限りがあるからではなく、何千年にもわたって、人生は七十年だと言われ続けてきたせいだと感じるようになってきている。これは自動催眠なのだ。七十歳というのは、『聖書』の観念だ。『聖書』の時代から、人生は七十までだ、それが法なのだと繰り返されてきた。だから五十になるころには、人は死が近づいてきたと思う。六十になるころには、「もう自分は瀬戸際だ」と感じる。七十になると、準備ができる。これは、ある観念の繰り返しなのだ。それは何千年も絶えず繰り返されてきたために、大きな力となった――それは自動催眠だ――そして、人は死ぬ。現代の研究によれば、人は七十歳で死ぬ必要はないし、実のところ、人の生命には限界はない。ひとたびこの自動催眠から醒めれば、人は百五十年でも、二百年でも、あるいはそれ以上でも生きられる。だから、彼には真実を告げた方がいい。それは彼の人生のパターンを壊し、彼の生き方を変えるかもしれないのだ。

こんな話を聞いたことがある。

ある人が死のうとしていた。医者によれば、余命六か月だという。彼はとても裕福な人だったが、非常にケチで、まったく生きてはこなかった。彼はつねにこの女性と愛を交わすこと、あの車を買うことを考えていたが、けっして実行したことがなく、古いフォードに乗り続けていた。ほんとうにケチだったのだ。小銭の一枚について、千と一回考えるような人だった。しかしもう六か月で死のうとしている、だから彼は考えた。「どうすべきだろう？」

彼は、注文しうる、ありとあらゆる美しい服を注文した――すべてオーダーメイドだ。手に入る、ありとあらゆる美しい車を購入した。一台ではなく、全部だ。そして目についたあらゆる女性に恋し始めた。いつも世界旅行をしたいと思っていたので、世界旅行に出かけた。彼は欲しかったものすべてを手にし、楽しみ始めた。

彼は余命に頓着しなかった。六か月経てば、死んでしまうのだから……そして彼には十分な金があった。六か月経って、世界旅行から帰ってきたとき、彼のガンは消えていた。

医者たちは首をひねった。「ガンの痕跡《こんせき》はまったくありません！　何があったのです？　何をしたのですか？」

彼は言った。「私は何もしていませんよ——それは、あなたでしょう！　この六か月の間に、私は初めて生きたんです」

初めて生きたことで、彼のストレスは解消された——彼はくつろいだのだ。ヒマラヤに行き、スイスに行き、ありとあらゆる美しいところを訪れた。今となっては自分を否定しても仕方がない。彼は何にでも夢中になった。死が近づいていた。六か月後にはやって来るだろう。夢中になりすぎて、それが三か月になったからといって、いったいどうだというのだ？　死には来させればいい、しかし今日という日は自分のものだ！　彼は羽を伸ばした——エネルギーが流れ始め、ブロックは消え失せた……。

彼に告知するよう、医者を説得するがいい。これはまったくフェアではない——人は事実を知る必要がある。これは彼の人生にとって、ほんとうに重大なことなのだ。秘密にしておくべきではない。彼の死は、彼の死なのだ。彼はそれについて知らなくてはならない。

Q28

私の兄の死が近づいていますが、家族はみんな、そのことについて話すことさえしたがりません。とくに本人の前ではそうです。容態はとても悪いので、そのことを本人は知るべきだと思うのですが、誰も告げてはいません。兄のために何ができるでしょうか？

もしハミング瞑想［290ページを参照］をすることができれば、彼はとてもリラックスするだろう。彼にやり方を教えて、一緒にやってみなさい。できるだけ力強くやってごらん。そうすれば、彼はとても深く応えるだろう。ベッドに横になって、死を待ちながら、それを楽しむことだろう。

西洋では、人々は死について、まったくナンセンスなことをしている。まず本人に、死が近づいていることを告げようとしない。それは完全に馬鹿げている。というのも、そうなれば、その人はずっと、この生の心配をし続けることになるからだ。彼は自分が生き延びると思い、周りの人も、彼は生き延びるというフリをし続けることになるからだ。だから、ちょっと静かなときを見つけて、誰もいないとき、彼にそうと告げなさい。それはショックかもしれないが、いいことだ。ひとたび死が近づいていると知ったら、即座にこの世に対する興味は失せるのだから——即座に、だ。

考えてみてごらん。ひとたび自分は数日のうちに死ぬと知ったら、この世のこと――お金や銀行やビジネス、あれやこれや――は、たちどころに役に立たなくなる。今やすべては、夢以外の何ものでもなく、あなたはすでに目覚めている。ひとたびあなたがある人に、一定の期間内に死ぬだろう、それは確実だと告げたら、その人は、ある意味ですでに死んでいる。そして彼は、未来について考え始める。そうなれば、瞑想が可能だ。

もしあなたが彼に、あなたは生き延びる、すべては大丈夫だと言い、医者も病院も親戚もそんなフリをして微笑んでいれば、あなた方はその人を騙しているのだ。そして彼は、役に立たない、無益な、くだらないことにしがみつき続けるだろう。ひとたび死が近いと知ったら、彼はそうしたくだらないことは自ら落とす。たちどころに彼のヴィジョン全体が変容する。彼はもうここにはいない。彼は未来を見始めたのだ。というのも、旅に出るときには、人は準備を始めるからだ。

もしあなたが明日発たなくてはならなければ、服を詰め始めるだろう。あなたはもう、ホテルのこの部屋について思い悩んだりはしない。実際、あなたはもうここにはいない。あなたはスーツケースやら何やらをまとめ、旅について考えている。死が近づいていると人に告げるとき、同じことが起こる。死は確実で、避けられないもので、ブラブラしている暇はないと告げるとき、同じことが起こるのだ。今や、決断の瞬間が訪れた。そして、彼はもうすでに、生を十分無駄にしてきた……。

人は即座にこの世に背を向けて、未来の闇をのぞき込むようになる。その瞬間、あなたが瞑想について語れば、彼は進んでやってみようとするだろう——それは、もっとも素晴らしい贈り物になりうる。

Q29

私の祖母は死に瀕しています。彼女にどんな助けができるかを知りたいのです。祖母は八十二歳で、ほとんどの間、とても怖がって、取り乱しています。

彼女に、ちょっとした瞑想を教えてあげてごらん。呼吸を見守るという瞑想だ。ベッドに横たわっている彼女の脇に座り、あなたの手を彼女の頭に置くがいい。とても静かに、沈黙し、瞑想的になることだ。瞑想は伝染する。もしあなたがほんとうに瞑想的であれば、それは伝わる。だから彼女の横に座って、完全に静かでいなさい。あなたの手を彼女の頭に置いて、ただ呼吸を見守るようにと、彼女に説明してごらん——息が入っては、出ていく。こうして息が入っては出ていくのを見守ることができれば、自分はこの身体ではないし、この呼吸でもないと気づくだろう、と彼女に言ってあげなさい。彼女は見守っている存在であって、その見守る者はけっして死なない。それは不滅なのだ。

観照者を知る瞬間、私たちは不滅なるものとなる。

あなたが知るための最善、最短の方法は、呼吸を見守ることだ。というのも、呼吸は身体と魂をつなぐ架け橋だからだ。もし呼吸を見守っていれば、あなたはすでに彼岸にいる。呼吸を見守るということは、その橋――あなたを身体と結びつけている橋を見守っているということだ。身体ははるか後方に置き去りにされる。あなたと身体の間に呼吸があり、あなたは呼吸を見守っている。あなたは見守っているのだから、それとは別のものだ。自分から離れているからこそ、見守ることができる。

だからもしこの最後の日々に、彼女が見守る助けをすることができれば、それが、彼女が去る前にできる、あなたの最大の贈り物になるだろう。というのも、そうなれば、彼女は完璧な静寂の中で、完全に落ち着き、冷静に去ることができるのだから――そしてそれこそ、真の死に方だ。いかに生きるべきか、分からない人たちがいる。そして、いかに死ぬべきかを知っている人はほんのわずかしかいない。それはもっとも偉大なアートだ。というのも、それは、生の絶頂だからだ。

もしあなたが死を逃せば、人生のすべてを逃したことになる。あなたはもう一度子宮の中へと投げ返されるだろう。あなたはもう一度そのプロセス全体を学び、通り抜けなくてはならないからだ。あなたはしくじった。だから、同じ学級をやり直さなくてはならない――合格するまでは。合格するための唯一の方法とは、恐怖がまったくなくなるほどに、しっかりと中心に定まり、油断なく、安らぎに満ちて死ぬことだ。これはたんに勇敢になることでは成し遂げられない。いや、これは成し遂げられることではないし、成し遂げる方法などありはしない。自分の中に不死なるものがあることを知らなければ、成し遂げられはしない。そして、その不死なるものは、つねにそこにある——それこそ、あなたの観照する意識だ。

だから毎日、ただ彼女のところに行って、助けてあげなさい。彼女に用意があるときにはいつでも——朝でも、夜でも——数分の間、彼女の横に座って、頭に手を置いている間に、あなたも自分の呼吸を見つめてごらん。彼女にしてもらいたいことを、あなたが実際にするのだ。そうして初めて、それは伝達されうる。あなたの瞑想性は、彼女の存在の中へと飛び移ることができるのだ。

Q30

私のパートナーは脳腫瘍で死に瀕していますが、まだ意識があります。彼を助けるために、何かできることはありますか？

彼が瞑想的に死ぬのを助けなさい。
瞑想は、生と死の架け橋なのだ。

瞑想は、人が生きているときに、とてつもなく価値があるし、人が死にゆくときにも、とてつもなく価値がある。もし生きている間に瞑想すれば、それはあなたをつねに落ち着かせ、超然とさせる。あなたは台風の中心にとどまる。そして人が死にゆくとき、その台風は頂点を迎える。もし人がその中心に定まっていられれば、二度と生まれてくる必要はない。生の目的は満たされた。これこそが、目的なのだ。生のすべては、あなたの気を散らす機会であり、中心に定まったままで、気を散らされないための機会でもある。生とは、かき乱されないでいるための、大いなるチャレンジなのだ。もしかき乱されれば、あなたは敗者となる。もしかき乱されずにいるならば、あなたは勝利をおさめる。その最後の試練が死だ。

だから彼のところへ行き、静かになるのを助けてあげなさい。音楽をかけるといい——クラシック音楽は、とても助けになるだろう——そして彼にちょっと音楽を聴いてみて、と言うがいい。ただ呼吸を見守るように、くつろいで、死と戦わないように、と言ってごらん。というのも、死もまた神聖なのだからね。

西洋人のマインドは、くつろぎ方を知らない。戦い方なら、完璧に知っているのだが。それは戦士で、最後の最後まで戦い続ける。死に対してすら、戦い続ける。勝ち目がないときでさえ、古い習慣が主張を続ける。彼にくつろぐように、と言ってごらん。死が彼を掴《つか》むにまかせるように、死を招くように、と言ってごらん。死を敵ではなく、友だと思うように、と。

彼のそばにいて、できる限り幸せでいることだ。それが、死にゆく人にさようならを言う唯一の方法なのだ。だが人々は、ちょうど反対のことをする。死にゆく人の周りで、とても深刻に、悲しく、絶望的になる。暗い雰囲気を創り出す。その人には、少し光が必要だ。彼は長い旅に出ようとしている——人々が祝いながら彼に別れを告げることを必要としている。しかし人々は、それをとても重くしてしまう。彼らは、それが友情と共感に満ちたことだと思っているが、その人の旅をさらに困難なものにしているのだ。

みんなの悲しみを見れば、彼はもっと悲しくなる。みんながそれほど悲しくなるのだから、死というのはとても悪いものに違いないと考え、さらに生にしがみつくようになる。死に対して、絶望的に戦うようになる。周りの人々も、彼自身も、死が何なのか、分かっていない。これは別れを告げるのに、いいやり方ではない。

そこに音楽があるようにしてごらん、光が、笑いがあるようにしてごらん。歌を歌い、愛に満ち、彼が別の種類の生へと移行していくのを感じる助けをすることだ——死は扉にすぎないのだ。古い衣服が脱ぎ捨てられるだけだ、彼はよりよい衣服を手に入れるだろう。もし彼が笑いながら逝くことができれば、あなたはほんとうに彼を助けたのだ。彼のそばにいて、どんな形であれ、あなたにできるやり方で彼を助けなさい。

Q31

私の妻は重病です。医者によれば、助かるかどうか分からないそうです。私はとても無力に感じ、何をすべきか分かりません。

死が周りにあるとき、人が死を身近に感じるとき、それは愛するための大いなる機会だ。

相手がこれからも生きると思っていると、私たちは愛をケチることになる。というのも、愛するのは明日でもあさってでもできるし、マインドはつねに延期するからだ。マインドは愛を恐れている。愛は手に負えず、マインドにはコントロールできないからね。愛はマインドを圧倒する、カオスを創り出す。しかしマインドはつねに何らかの秩序をもたらそうとする。だからマインドは、愛を先送りし続ける。

しかし、人が死を身近に感じ始めると——そして、死はいつも身近だ。誰だって、いついかなるときにも死にかねない……。しかし、誰かが重病だと感じられるとき——その人は死なないかもしれないが、私たちが死の影を感じ始めると——もはや先送りはできなくなる。愛はたった今起こる必要がある。私たちには次の瞬間のことさえ考えられないからだ。次の瞬間、彼女は逝ってしまうかもしれない。だから、未来はない。

未来がないとき、マインドはあなたをコントロールし続けることはできなくなる。マインドがコントロールできるのは、未来を通じて、延期することによってだけだ。マインドは言う。「明日にしよう。待つんだ――まずは自分のことをさせてくれ。明日、別のことをすればいい。明日がある。だから、どうしてそんなに急ぐんだ?」

けれども、明日はないとなれば、突如としてあなたは幕が降りるのを感じる。そうなれば、マインドにはあなたを欺《あざむ》けない。

こうした瞬間は、とてつもない啓示になりうる。

だから、愛に満ちていなさい! 私たちの持てるすべては愛なのだ。

他のものはすべて、取るに足りない。というのも、他のものはすべて、外側のものだからだ。愛だけが、内側からやって来る。他のものはすべて――金や物や贈り物を与えることはできるが……私たちは、そうしたものを携えてきたわけではない。それらは、ここで集めたものだ。私たちは裸で、しかし、愛に満ち満ちてやって来る。私たちは、それ以外にはまったく空っぽで来るが、愛に満ち満ちて、愛にあふれてやって来るのだ。だから私たちが愛を与えるとき、それこそがほんとうに与えることだ。それこそが贈り物、本物の贈り物なのだ。そしてそれを与えられるのは、死がそこに立っているときだけだ。だから、けっして機会を逃さないようにしなさい。

彼女は生き延びるかもしれないが、そうなれば、あなたはとてつもなく大切なレッスンを学んだことになるだろう。そうなったら、そのレッスンを忘れないようにしなさい。というのも、誰もが死ぬのに重病になるとは限らないのだ！　人はいつだって、心臓麻痺で死んでしまうかもしれない。だからけっして愛を先送りしないように。他のものは何でも、先送りすればいい。だが、愛はだめだ。そして、愛を先送りしない人は、愛になる。そして愛になることは、神性なるものを知ることだ。

死は、大いなる機会だ。死はあなたを、あなたの愛の源泉へと投げ返す。だから彼女のそばにいて、あなたの愛のエネルギーを降り注いでごらん。もし彼女が死ぬならば、大いなる愛のスペースの中で死ぬことになる。もし彼女が生き延びれば、新しい存在として生き延びる。どちらも完璧にいいことだ。死は、重要ではない——重要なのは唯一、愛だけだ。

だから愛に満ちてありなさい。もし去るのであれば、彼女は大いなる愛の中で去る。そして愛があるとき、死は存在しない。誰が死のことなどかまう？　人は笑いながら死ぬこともできるのだ！

愛されていると分かっていれば、人は大いなる祝祭とともに死と出会うことができる。もし死ぬとすれば、彼女は途方もない平安の中で死ぬ。もし生き延びれば、彼女は新しい人になるだろう。

彼女はあなたのハートを、初めて知ることになるだろう。

Q32

私の母は三十五年もの間ずっと病気がちで、この七日間は、昏睡状態に陥っています。よく死にたいともらしていましたが、今は生と死の狭間の宙ぶらりんの状態に、永遠にいられるように見えます。これ以上、母がこうした状態にとどまらなくてもすむように、何かできればと思うのですが。

毎晩、あなたが眠りにつく前の五分間、彼女のために祈るようにしてごらん。彼女の死のために祈りなさい。人よりも長生きしなくてもいい、彼女が身体を離れるように、と祈ることだ。もう十分だ。身体から解放されるよう祈りなさい。彼女がグズグズする必要はない。

あなたの母親のことは、楽に受けとめてごらん。彼女が死ぬのなら、それはいいことだ。生きるのがいいこともあれば、死がいいこともある。それ自体よいものなど何もない。それは、状況次第だ。だから彼女が去るのを助けなさい。毎晩、彼女が去るのを助けるがいい。

私たちはとても強く身体に執着している。だから、病気になって、意識の上では死にたいと思っていても、無意識のうちにしがみつくことになる。もし無意識の執着がなくなれば、彼女はすぐに死ぬだろう。身体には死ぬ準備ができている。ただマインドだけがしがみついているのだ。彼女は死にたいと言うかもしれないが、それはただ表面的なものだ。深いところで、彼女は生きたがっている。深いところでは、人はまったく希望がなくても、希望を持ち続ける。何かが起こるかもしれない、そうすればまた健康になる。また歩けるようになるだろう。誰に分かる？ 奇跡的な薬が発明されるかもしれない。人は希望を持ち続ける。

とりわけ三十五年もの間、ずっと病気で、生きていない人であれば、当然のことながら、もっと生にしがみつく。これは逆説なのだがね。普通私たちは、三十五年も病気で、十四年も身体が麻痺していたら、死にたくなるはずだと思うが、これは理にかなったことではない。死に対する願望は、人が人生を生き切ったときにのみ自然に起こる。とても深く生きたために、果実は熟し、落ちる用意が整うのだ。しかし彼女は生きてきてはいない。

彼女は六十八歳だが、彼女の人生から三十五年を差し引かなくてはならない。そうなると、三十年しか生きていないことになる。そしてそれもまた、今やはるか昔の夢でしかない。彼女はそれもまた忘れてしまって、自分は果たして生きたことがあったのだろうかといぶかしんでいるかもしれない。だから生きてはいないとき、さらにしがみつくのだ。

Q33

この二か月、私は病院で妹の面倒を見ていました。ガンで死に瀕している妹に愛を与え、身体のケアをすることはできましたが、瞑想を勧めることには失敗したと感じました。妹は死に直面したがらなかったのです。それでも彼女が感じたであろうあらゆる苦しみの後、最後の瞬間に、彼女の笑みがどんどんと大きくなっていったのは、私にとって謎です。

あなたが尋ねた問いは、非常に根本的なことを提示している。それは、こういうことだ。もし、偶然――そして、「偶然」という言葉が何を意味しているのかは、あとで説明しよう――もしある人が、偶然ガンのような大きな苦しみの中で死ぬときには、ガンの苦しみが、その人が無意識に陥るのを許さない。

だから死の直前、身体が魂から離れるとき、神秘家に、瞑想者にだけ起こる、とてつもない体験がその人に起こる。瞑想者にとっては、それは偶然起こることではない。彼らは、そのために準備してきている。彼らの瞑想とは、身体との同一化から離れる努力以外の何ものでもないのだ。

瞑想は確かに、彼らが無意識にならずに死ぬことができるように、死のための準備を整える。さもなければ、普通の場合、人は無意識のうちに死ぬ。だから、自分は身体から分離している、死ぬのは自分ではない、と知ることはない。自分と身体との結びつきが解消するだけだが、彼の意識はとても希薄なので、魂から身体が分離する際に、その意識の細い糸が切れてしまうのだ。けれども瞑想者は、自分自身の身体から離れ、外側に立つという、その同じ場所に、何度も意識的にやって来る。つまり、死を何度も意識的に体験しているので、死がやって来ても、瞑想者にとってそれは新しい体験ではないのだ。瞑想者はいつも、笑いながら死んできた。

あなたは妹に瞑想を教えようとしてきたが、それはむずかしかった。人がそれほど苦しんでいるときには、何を話してもナンセンスに思えるからだ。しかし、実際に彼女が死んだとき、死ぬほんの少し前、分離が起こったときに、彼女は実感したに違いない。「なんてこと、私は自分が身体だと思っていた。それが私の苦しみだった。私の同一化が苦しみだったとは！」

さて、分離が起こって、糸が切られ——そして彼女は微笑んだのだ。

確かに、あなたは何が起こったのかと、戸惑ったに違いない。というのも、彼女は死と戦い、苦しみと戦っていて、あなたの言うことに耳を貸さず、瞑想を学ぶ努力もしなかったからだ。それでも彼女は、とても瞑想的な状態で死んだ。これは偶然起こったことだ。

生においてもっとも重要なことは、自分は身体ではないと知ることだ。それは、痛みから、苦しみからの途方もない自由をあなたに与える。苦しみが消え失せるわけでも、痛みやガンがなくなるわけでもない。それはそこにあるが、あなたがそれに自己同一化することはなくなる。あなたはただ見守る者だ。そしてもし、自分の身体を、他の人の身体であるかのように見守ることができれば、あなたはとてつもなく重要なことを達成したことになる。あなたの人生は無駄ではなかった。あなたはレッスンを、人間が学ぶことができる、もっとも偉大なレッスンを学んだのだ。

私自身のアプローチとは、瞑想はあらゆる学生と、あらゆる退職した人にとって必修のものになるべきだということだ。瞑想を教える大学があってしかるべきだ。あらゆる病院は、とくに死にゆく人たちのためのセクションを設けるべきだ。死ぬ前に、彼らが瞑想を学べるようにすべきなのだ。そうすれば、何百万もの人々が、笑顔で、喜びとともに死ぬことができる。そうなれば、死とはたんなる解放、あなたが身体と呼んできた監獄からの解放になる。

あなたは身体ではない。それが、あなたの妹が最後の瞬間に理解したことだ。彼女は自分が誤解していたことを笑ったに違いない。死に抵抗していたことを笑ったに違いない。彼女は、自分が瞑想を学ぶのに乗り気でなかったことを笑ったに違いない。彼女の笑みにはたくさんの含みがある。だから、あなたが戸惑ったのも理解できる。

それを忘れないようにしなさい。彼女の笑みは、あなたにとって、とてつもなく意味深い体験になるだろう。彼女はあなたに贈り物を、かけがえのない贈り物をもたらしていった。彼女は何も言えなかった。十分な時間はなかった。しかし、彼女の笑みがすべてを語っている。

神秘家に関するいくつかの物語がある。それが、偶然起こることと、十分に培われたものとの違いについて、あなたに説明してくれるだろう。あなたの妹の笑みは偶然のものだった。彼女はそのための準備をしたわけではない。しかし、偶然を待つ必要はない。そのための準備を整えることはできるのだ。


ある偉大な禅僧が、弟子たちに宣言をした。「わしは今日死ぬ。止めないでほしい」

弟子たちは言った。「誰が止めるというのです？　しかし奇妙ですね……！　誰も自分の死を、このように唐突に宣言したりはしません。あなたは偉大な物事について話されていたばかりです。なのに、突然、これから死ぬとおっしゃるのですから！」

禅僧は言った。「わしはくたびれた。やいのやいの言うな。だからこそ止めないでくれと言っているのだ。お前たちは、ただ一つのことをやらねばならん。やり方を提案しなくてはならんのだ」

弟子たちは言った。「しかし、どんな方法を提案できましょう？　もし死にたいのでしたら、死んでください」

彼いわく、「わしは普通のやり方では死にたくないのじゃ」

「普通のやり方とは？」と弟子たち。

「普通のやり方とは、床に伏せって死ぬということじゃ。九十九・九パーセントの人がそのやり方を選ぶ。それは彼らの選択だ。わしはそうした群衆には属したくはない。ちょっとばかり考えて、独創的なアイデアを提案しておくれ。なにしろ、毎日死ぬわけにはいかんからな――たった一度きりだ！　独創的な方法で死ぬことこそ、完全にふさわしい。わしは独創的に生きた。どうして他のみんなのように死ななきゃならない？」

弟子たちは窮地に陥った。独創的な方法とは何か？　誰かが提案した。「座って死ぬというのはいかがでしょう？　普通は横になって死にます」

禅僧は言った。「これはあまり独創的ではない。だいたい、横になるも座るも、大した違いはない。それどころか、蓮華《れんげ》座を組んで、座って死んだ聖者はたくさんいる。わしはそうはせんぞ。何も提案できんのか……それで、わしの弟子のふりをするとは！」

弟子たちは言った。「まさかそんなことを求められようとは、思ってもみませんでした」

誰かが言った。「座るのはあまり独創的ではないとお考えなら、立って死んでみては。その方が、少しはいいようですが」

しかし、ある人が反対して言った。「立ったまま死んだ聖者がいたと聞いています」

老師。「それは困ったな。そいつは、その可能性もぶち壊してしまった。さあ、もう一度考えて、何か提案しておくれ。お前が立って死ぬという思いつきをぶち壊してしまったからだ。それは独創的じゃないと、お前が言うのだからな」

「独創的といえば、逆立ちをすることでしょう」とその弟子が言った。

老師いわく、「わしの弟子に、独創的に考えるやつがいてくれた。すごくうれしいぞ！　それでは最善をつくしてみよう！」

そして彼は、逆立ちをして死んだのだ！

さて、弟子たちはどうすべきか、途方に暮れた。というのも、葬儀というものは、その人が床に伏せっていて当然だからだ。これは前例がなかった。さて、まずは彼を床に横たえなくてはならなかったが、彼はとても嫌がって、癇癪《かんしゃく》を起こした。禅師は死んだ後ですら、弟子を懲《こ》らしめたり、また話し始めたりしかねない人だったのだ。「これはいかん……。お前たちはまた、普通のやり方でやろうとしておる」

誰かが提案した。「一番いいのは、師の姉に当たる方が近くの僧院におられますから、その方を呼ぶことです。いずれにしろ、弟さんが亡くなったと知らせなくてはなりません。彼女にどうすべきか、提案していただきましょう」

姉はやって来たが、さすがにこの男の姉だけのことはあった。彼女は言った。「この馬鹿者が！お前は一生、人騒がせだった。何一つきちんとやった試しがない。これは事のあるべき姿じゃないよ。起きて、床に横になるんだ！」

物語によれば、死んだ男は起き上がって、床に横たわったということだ。姉は言った。「さあ、目を閉じて死になさい」そして彼女は滞在もせず、立ち去ったのだよ！

瞑想の深い人たちにとっては、生はゲームであり、死もまたそうなのだ。

姉が去ってしまうと、死んだ聖者は片目を開けて、聞いた。「あのあばずれはいなくなったかね？ あいつはいつだって、わしにとっては拷問だった……たった三つ年上だというだけで。しかし今となってはしかたない……わしは普通のやり方で死ぬとしよう」彼は、目を閉じて死んだ。

さて、弟子たちにとって、彼が死んだのかどうかを見極めるのは一層むずかしくなった。そこで彼らは師の身体をつねったり、目を開けてみたりした。「まだいらっしゃいますか……それとも、逝かれましたか？」――しかし、彼はほんとうに死んでいた。弟子たちは急ぐことはないと、三十分の猶予を彼に与え、待っていた。ひょっとしたら、彼はまた目を開けるかもしれない。しかし老師はほんとうに逝っていた。

これこそ、瞑想者が死ぬべき方法だ――喜びと遊び心、物事を深刻に取らないこと。生は戯れであり、死はさらに大いなる戯れであるはずだ。

Q34

友人の父の死が近かったとき、私もそこに居合わせていました。彼は私たちに、「身体が二つあるように感じる。一つは病んでいて、もう一つは完全に健康なんだ」と言いました。

私たちは彼に、健康な身体が本物の彼で、そちらにとどまるように言いました。そして彼が目を閉じると、病院のベッドを包むエネルギーはすっかり変わりました。この新しいエネルギーは、信じられないものでした。のちに、彼は穏やかに亡くなりました。

死に際して、これほどの信頼と明晰さと平安とともに、すべてを手放す準備を整えた人を目にできたのは、感動的なことでした。

あなたが通り抜けた体験は、人が死にゆくときにつねに可能なものだ。必要とされるのは、少しばかりの油断のなさ、それだけだ。その、死に瀕していた人は気づいていた。そして、この体験のために、それほど多くの気づきは必要ない。

死の瞬間、あなたの肉体と霊体は分離し始める。普段それらは、別々のものだとは感じられないほど、互いに巻き込まれている。しかし、死の瞬間、死が起こる直前には、両方の身体は、互いの同一化を解消し始める。今、その二つの身体は、異なる道をたどる。肉体は物質的な元素へと向かい、霊体は新しい形で、新しい子宮の中で、新しい誕生へと巡礼の旅を続ける。

もし人が少しばかり注意深くあれば、彼はそれを自分で見ることができる。そしてあなた方が、より健康な身体が彼で、病んで、死にゆく身体は彼ではないと告げたために……。そうした瞬間には、信頼するのはとても容易だ。それは、その人自身の目の前で起こっているからだ。彼は、崩壊していく身体に自己同一化することはできない。だから即座に、より健康な方、より深い方が自分だという事実を認めることができるのだ。

しかしあなたは、その人をさらにもう少し助けることもできた。これはよかったが、十分ではなかった。その人のこの体験、肉体との同一化から外れたことでさえ、即座に部屋のエネルギーを変えた。それは静かで、平安なものになったのだ。

しかし、もしあなたが死にゆく人をいかに助けるかというアートを学んでいたら、あなたがやめたところでやめはしなかっただろう。二番目のことを彼に告げることが、絶対に必要だった。というのも、彼は信頼の状態にあったからだ。死の瞬間には、誰もがそうだ。問題や疑いや先送りを作り出すのは生だが、死には先送りする時間がない。その人は、「見るよう努力してみるよ」とか「明日、見るよ」とは言えない。彼はそれを、たった今、この瞬間にやらなくてはならない。次の瞬間でさえ、定かではないからだ。ほぼ確実に、生き長らえることはできない。信頼することで、何を失うのか？　死はどちらにせよ、すべてを奪い去ってしまう。だから、そこには信頼への恐れはない。それについて考えている暇はない。そして、肉体はどんどん遠ざかっていくという明晰さがそこにあるのだ。

彼に「より健康な身体があなたです」と言ったのはよいステップだった。次のステップがあったとすれば、「あなたは、その両方の身体の観照者なのです。死にゆく身体は肉体的なもの、健康だと感じている身体は心理的なものです。けれども、あなたは誰なのでしょう? あなたは、その両方の身体を見ることができる。言うまでもなく、あなたは第三のものに違いありません。その二つのうちの一つであるはずがありません」と言っていただろう。

もし、あなたがその人に、「あなたが一歩目を踏み出したのはいいことです。あなたは肉体の外にいます。けれども今は、心理的な身体に自己同一化している。あなたはそれでさえありません。あなたはたんなる覚醒、純粋意識、知覚なのです」と言っていたら……。もし、その人が自分はこの身体でもあの身体でもなく、身体のないもの、形のないもの、純粋意識だ、と理解するのを助けることができていたら、彼の死はまったく違った現象になっていただろう。

あなたはあるエネルギーの変化を目にしたが、さらに別のエネルギーの変化も目にしたことだろう。あなたは静寂が降りてくるのを見たが、音楽も、ある種の踊るようなエネルギーも目にしただろう。かぐわしい香りが空間全体を満たしたことだろう。そしてその人の顔には新しい現象——光のオーラ——が現れていただろう。

もし彼が第二のステップも踏んでいたら、彼の死は最後の死となっただろう。チベット人のバルドでは、それは「大いなる死」と呼ばれる。というのも、彼はもはや、別の形、別の幽閉状態へと生まれることはないからだ。今や彼は、永遠なるものの内に、宇宙全体を満たしている大海のような意識にとどまることになる。

だから、覚えておくがいい――それは、あなたがたの多くに起こるだろう。あなたは友人や親戚、母親や父親と一緒にいるかもしれない。死に際して、彼らが二つのことを理解するのを助けてあげなさい。まず、彼らは肉体ではないということ――死にゆく人がそれを認めるのはとても容易だ。

第二に、少しむずかしいが、もしその人が最初のことを認めることができれば、二番目を認める可能性もある――つまりあなたは、二つ目の身体ですらない、あなたは両方の身体を超えているということだ。あなたは純粋な自由であり、純粋意識なのだ。

もし彼が二番目のステップを踏んでいれば、彼の周りで、ある奇跡が起こるのを目にしただろう――たんなる静けさではないもの、さらに生き生きとしたもの、永遠に、不滅に属する何かを。そこにいたすべての人たちが、この死は嘆き悲しむときではなく、祝祭の瞬間になったという感謝の念に圧倒されたことだろう。

Q35

最近、私は亡くなるほんの数時間前の人と一緒にいましたが、その部屋には、非常に強いエネルギーとしか表現できない何かがありました。死に際の人の周りで、何が起こっているのでしょうか？

人は死ぬ瞬間、自分のすべてのエネルギーを解き放つ。もしあなたが受容的なら、それを感じるだろう。あなたがそこにいて、開いていれば、自分のエネルギーレベルが上がるのを感じるだろう。それは、多くのこと——死んだ人がどんな人で、普段どんなエネルギーを持っていたのか——にかかっている。もし彼が怒りや暴力の人だったら、彼のそばには寄らない方がいい。というのも、抑圧された怒りのすべて、抑圧された暴力のすべてが解放され、あなたの中にありとあらゆるエネルギーが入り込んで、いたずらに苦しむことになりかねないからだ。それはとても自然なことだ。

人が死んでいくとき、死んだとき、あなたはその人の傍らで、思わず静かになる——誰も物音を立てないし、話もしない。死はあまりにも神秘的な現象なので、誰もがショック状態になる。

だから最初に気づく必要があるのは、どんなたぐいの人が死のうとしているのかということだ。

もしその人が愛に満ちた人、慈悲深く、優しい、いつも人の助けとなるような人、何であれ持てるものを分かち合ってきた人であれば、その人のそばにいて静かに座るのは、あなたにとって、とても助けになるだろう。彼が去ろうとしているとき、そうしたエネルギーは周り中に放たれる。しかし、彼が性的な抑圧を持った人、強姦魔や何か他のたぐいの犯罪者であれば、そばにはいない方がいい。というのも、何であれ、彼が一生の間集めてきたものが、解放されることになるからだ。彼は新しい家に移ろうとしている。だから古い家具はすべて、古い家に置いていくことになる。彼はそうしたすべての家具を持っていくわけにはいかない。それは彼の周りにまき散らされることになる。

この事実ゆえに、インドの三大宗教――ヒンドゥー教、ジャイナ教、仏教――は、人々に必要のない、有害なものが広がらないように、死体はできるだけ早く火葬にすべきだと決めたのだ。そしてほとんどの人は、醜いものを抑圧している。だからインドでは、荼毘《だび》にふされることがないのは聖者だけだ。それは例外だ。彼らの身体はサマーディ――一種の墓の中に安置される。何年も、ときには何百年にも渡って光を放つことができるように。しかし普通の人の身体は、ただちに、できるだけ早く火葬される。

世界の他の宗教は、火葬にしないで、墓に埋めることにした。それは危険だ。それはつまり、貯め込まれてきた怒り、憎しみ、性欲、殺人をまき散らすことになる――ありとあらゆるエネルギーが墓から放射され、あなたはそうしたものを捕まえかねない。それは伝染するのだ。

東洋では、いつであれ、自己を成就した人が死ぬときには、本人がいつ死ぬのかを事前に知らせる。それによって、すべての弟子が集い、彼のエネルギー——彼の最後の贈り物——を分かち合うことができるように。彼は、自分の人々に囲まれて死を迎えたい、彼を理解し、彼に対し受容力のある弟子たちに囲まれて死を迎えたいのだ。彼は、美しいフィーリングという生涯の宝を、彼らに降り注ぐ。

死にゆく人、あるいは死んだ人に関する限り、人はとても用心深くなくてはならない。

古い逸話がある。ある人が死に瀕していた。彼には四人の息子がいて、全員がそこに集っていた。彼は長男に言った。「近くに来なさい。言っておきたいことがある」しかし、長男は近づこうとしなかった。死を目前にしながらも、老人は非常に腹を立てて言った。「お前が役立たずだってことは、ずっと分かっていた。死なんばかりの人間の話さえ聞けないのだ。しかもわしは、お前の父親なんだぞ」それでも若者は凍った彫像のように、その場で身じろぎもしなかった。

老人は二男に呼びかけたが、彼は動かなかった。三男に呼びかけたが、彼は動かなかった。しかし四男はとても若かったので、父親の元に行った。すると父親は彼の耳元でささやいた。「こいつら三人は、みんな裏切り者だ。わしに背きやがった。さあ、お前はわしに忠実であってくれ。やって欲しいことがある。わしが死んだら、身体をバラバラにして、この辺りの家という家に投げ込んで、警察を呼ぶのだ」

男の子は言った。「でも、どうして?」

彼は言った。「わしの魂を安らかにするためさ。やつらがみんな手錠を掛けられて警察にしょっ引かれていくのを目にすれば、わしの魂は、今まで感じたことがないほど安らかになるだろうよ」

三人の息子は、父親を知りつくしていた。一生の間、彼は戦いに明け暮れて、一日中、裁判所で過ごしていたものだ。彼の一生は、戦い以外の何ものでもなかった。彼らは、何か危険なことがあるのではないかと、遺言を聞くのを怖がったのだ。それでも、死にゆく人の最後の望みを反故《ほご》にするわけにはいかない。

そして彼が死ぬと、上の息子たちはそろって、末っ子に何を言われたのかを尋ねた。若者は言った。「お父さんがそんな人だったなんて、全然知らなかった。僕にはそんなことはできない。でも、お父さんの魂はとても苦しむことになる」

これは、人の一生のありようが、最後に、最後の最後に、積もり積もることを示した古い逸話だ。エネルギー自体は自然なものだが、それが人の中でどんな形を取るかは、その人次第だ。彼の人格と、一生の行い次第なのだ。

ベネットは自伝の中で、こう述懐している。第二次世界大戦ののち、彼は疲れ果てて――彼は戦場で戦っていた――死が近いのを察した。しかし彼は、最後に、少なくとも死ぬ前に、師であるゲオルギー・グルジェフに会いたいと思った。そこで彼は、グルジェフに会いにパリに行った。

部屋に入ると、グルジェフは言った。「どうした、ベネット？　死にそうなほど真っ青だぞ。お前はちょうどいいときにきた。こちらに来なさい」彼は手を取って、目を見つめた。二分もしないうちに、ベネットはとてつもないエネルギーの奔流《ほんりゅう》を感じ始めた。しかしそれは、事の一面にすぎなかった。同時に彼は、グルジェフが青白くなっていくのを見て、何をしているのか怖くなった。彼はグルジェフを制止して言った。「やめてください！　もう大丈夫ですから」

グルジェフは言った。「わしのことは心配するな」彼は何とかバスルームにたどり着くと、ドアを閉めた。十分経って彼が出てきたときには、すっかりよくなっていた。

ベネットはこう回想している。「エネルギーがこれほどシンプルな形で伝えられるとは、思ってもみないことだった」

もし近しい人――あなたの父親や母親、あなたの妻や夫、あなたの子供や友人――の死が近くて、それに関わるような何かをしたいと思うなら……。その人が亡くなろうとしていて、あなたは生きている――その人の脇に座り、彼のハートの上に手を置いたり、手を握ったりして、ただ静かに、安らいでいるがいい。あなたの安らぎと静けさは伝わる、伝達される。もしその人が安らかに、静かに逝くのを助けることができれば、あなたは素晴らしい行為、美徳の行為をしたことになる。あなたは少し元気がなくなったり、疲れや消耗を感じたりするかもしれないが、それは何でもない。少し休めば、すっかりよくなる。

だからあなたの側から、死にゆく人が生のより良い次元へと移る助けをすることができるのだ。

しかしそのためには、あなたは静かでなくてはならないし、安らかでなくてはならない。そうすれば、あなたはより高い次元にいて、エネルギーが流れうる。

エネルギーは水のように流れる――下に向かうのだ。それは、上に流れることはできない。だから覚えておくがいい。エネルギーは両方向に交換しうるのだ。もしその人が確かに邪悪な性格の持ち主であるなら、避けた方がいい。あなたには彼を助けられないだろう。逆に、彼の方があなたを助けるかもしれない――あなたに自分の残虐さをいくらか与え、あなたのハートと存在に何らかの種を蒔くかもしれない。そうした人は避けた方がいい。だが、もしその人が、誰にも、どんな害も与えたことのない善人であれば……。基本的には、もしあなたがその人を愛していれば、その人に対して感じるところがあれば、あなたは彼にエネルギーを注ぎ込むことができる。これこそがその時、最後の時だ。あなたが彼に贈り物をする機会は、もうないだろう。

これよりもよい贈り物はありえない。というのも、この贈り物は彼の未来の旅全体を変えうるからだ。もし彼が安らかに、静かに死ねば、より高い次元に生まれるだろう。しかしあなたは、とても注意深くなくてはならない。瞑想しながら座って、アドルフ・ヒトラーを助けようとはしないように――やめさない。それは、あなたの手に余る。あなたは彼にエネルギーを与えることはできない。彼の方があなたにエネルギーを与えるだろう――そして、もしあなたが静かで安らかならば、それはずっと容易になる。

死にゆく人に対しては、非常に注意深くなくてはならない。というのも、あなた方二人の間で、多くのことが起こりうるからだ。彼の未来の生が影響を受けかねないし、あなたの未来の生も影響を受けかねない。あなたが何にも影響されないほどにしっかりと気づいていれば、話は別だがね。

そうなれば、何も問題はない。そうなれば、あなたは気づきに満たされて、アドルフ・ヒトラーの傍《そば》にさえ座ることができる。彼はどのような形でもあなたに害を及ぼすことはできないだろう。ひょっとしたら、あなたは彼をほんの少しだけ助けることができるかもしれない。

Q36

愛と責任の間には、どんな関係があるのでしょうか？　私の母は何年も養護施設に入っていて、いつ死んでもおかしくありません。私は母ともっと時間を過ごすべきだと感じていますが、一方で、それはたいへんな重荷のようにも感じられるのです。

愛と責任の間には、何の関係もない。というのも、愛とは責任そのものだからだ。しかし、この言葉が何を意味するのか、よく理解されなくてはならない。

私が主張しているのは、この言葉の根源的な意味だ。責任《レスポンシビリティ》とは、応答《レスポンド》できる能力《アビリティ》なのだ。それは、義務を意味するのではない。レスポンシビリティとは――言葉本来の意味にまでさかのぼれば――応答するという意味だ。愛とは応答なのだ！　相手が呼ぶとき、あなたには用意がある。相手が招くとき、あなたは相手に入っていく。相手があなたを招いていないときには、あなたは邪魔しないし、侵害もしない。相手が歌うときには、それに応えてあなたは歌う。相手が手を差し伸べれば、あなたは深くから応え、その手を取る。

レスポンシビリティとは応答するために開いている、準備が整っているという意味だ。誰かがあなたを呼んでいるのに、応えなければ、あなたは閉じたままだ。誰かがあなたを愛したいのに、あなたは助けない。あなたは協力しない。それどころか、愛に対してバリアを作り出している。

しかし、あなたの言う意味では、愛には責任はない。レスポンシビリティという言葉は腐敗し、毒され、壊されてしまった。

母親は子供に言う。「私は母親なのよ。お前は私に責任があるはず」

夫は言う。「俺は夫だから、お前のために一生懸命働いてるんだ。お前も、俺のために責任を果たすべきだ」

父親は息子に言う。「無責任はいかん！ 何かをするときは、いつも私のことを考えなさい」

これはレスポンシビリティではない。あなた方は、一つの美しい言葉をダメにしてしまった。それは醜くなった。責任は、義務とほとんど同義になっている。そして義務とは醜い言葉だ。

愛は美しい。もしあなたが母親を愛していれば、あなたは彼女を愛するが、それは義務にはなりえない。もしそれが義務であれば、愛さない方がいい。というのも、義務は彼女を満足させはしないからだ。そして、もしあなたが、彼女は母親で、自分を産んでくれたという理由で義務を果たしているとすれば、あなたに何ができよう？ あなたは面倒をみなくてはならない。具合が悪くなれば、付き添わなくてはならない……。そうなればいつも、もしそれが義務であれば、あなたのマインドは彼女に逆らう。あなたは息が詰まるように感じる。重荷を背負い、縛られているように感じる。あなたは反逆し、反抗したくなる。もしこの母親が死ねば、あなたは誰にもそうは言わないだろうが、ほっとすることだろう。

いったいこれは、どんな種類のレスポンシビリティなのかね――母親が死んで、息子が深い安堵を感じるとは？　もちろん彼は泣いたり叫んだりする。そして、彼はたんに、他の人たちに自分が泣いたり、叫んだりしているのを見せているわけではない。実のところ、もしあなたが母親を愛していたら、涙はなかったかもしれない。しかしあなたは母親を愛したことがなかった。そして今や、機会は失われた。あなたは彼女を愛したことがなかったのに、もう彼女は逝ってしまった！　だから涙がある。それほど泣いたり叫んだりするのだ。

それは病的だ。それは健康的ではない。もしあなたがほんとうに母親を愛していたら、泣いたり叫んだりする何があるだろう？　彼女は去ったのだ。深い静寂があなたを包む。この深い静寂の中で、あなたは死を理解し始め、自分自身の死に気づくようになる。

母親や父親が死ぬ、それは、あなたは死なざるをえないという示唆なのだ。そうなれば、あなたは死に関わるようになる。それを理解しようとしてみなさい。

母親が生きていたとき、彼女はあなたが生を理解するのを助けた。今、彼女は逝って、のぞき込むべき別の扉、死の扉を開いた。というのも、彼女は逝き、あなたは後を追わざるをえないからだ。もしあなたがある人を愛したなら、その人が逝ったとき、あなたはほっとしたりはしない――そして、あなたは泣きもしないし、叫びもしない。深い静けさの中で、あなたはその事実を、その無力感を受け入れる。そして愛は続いていく――というのも、愛は身体とともに終わりはしないからだ。愛はマインドとともに終わりはしない。愛は流れ続ける。

いいや、愛と責任の間にどんな関係があるのかと聞かないように――まったくありはしない。愛がないとき、責任という問題が入り込んでくる。愛がないとき、あなたは義務について語り始める。愛があるときには、愛そのものが責任なのだ。

Q37

愛する人が死んだら、私はどうあるべきなのでしょう？　自分の感情とどう向き合うべきでしょうか？

死が起こった、あなたの愛する人が死んだ。思考に入っていかないように。『ウパニシャッド』や『ギータ』や『聖書』を持ち込まないようにしなさい。キリストたち、ブッダたちに尋ねないことだ。彼らのことは放っておきなさい。そこに死がある。それに直面し、出会いなさい。この状況とともに、トータルに在ることだ。それについて考えないように。何を考えられる？　あなたにできるのは、古いガラクタを繰り返すことだけ。死は、まったく新しい現象なのだ。それはあまりにも未知なので、あなたの知識はどんな意味でも助けにはならないだろう。だからマインドは脇に置くがいい。死とともに、深い瞑想の中にいることだ。

何もしないように。というのも、あなたに、助けになるような、何ができる？　あなたには分からない。だから、分からないままでいることだ。偽りの知識、借り物の知識を持ち込まないように。死はそこにある。死とともに在るがいい。トータルにその場にいて、死に直面してごらん。思考に入っていかないように。というのも、そうなれば、あなたはその状況から逃げているからだ。あなたはここからいなくなる。考えてはいけない。死とともに在りなさい。

悲しみがそこにあるだろう。嘆きがそこにあるだろう。大きな重荷があなたにのしかかるだろう――それがそこにあるにまかせなさい。それは一部――生きることの一部、成熟の一部、究極的な認識の一部なのだ。それとともにとどまり、今ここにしっかりといることだ。これは瞑想になる。そしてあなたは死の深い理解へと至るだろう。そうなれば、死そのものが永遠の生になる。

しかし、マインドや知識を持ち込まないように。死とともにとどまりなさい。そうなれば、死があなたに自らを啓示するだろう。そうなれば、あなたは死の何たるかを知ることだろう。あなたはその、いくつもの内なる住まいへと動いていくだろう。そうなれば、死があなたを、生のまさに中心へと連れていく――というのも、死は生のまさに中心だからだ。それは生に反してはいない。それは生のプロセスそのものなのだ。しかしマインドは、生と死は正反対だという矛盾を持ち込む。そうなれば、あなたは考え続けても、その根源が偽り、正反対ということが偽りなので、あなたは真実で本物になりうるようなどんな結論にも至ることができない。

いつでも生きた問題があるときには、マインドなしにその問題と一緒にいなさい――それこそ、私が瞑想という言葉で意味することだ――そうすれば、ただ問題とともにあるだけで、それは解決するだろう。もしあなたがほんとうにそこにいれば、死は二度とあなたに起こらない。そうなれば、あなたは死の何たるかを知るからだ。

私たちはけっしてこうはしない——けっして愛とともに、死とともにあろうとはしない。何であれ、真正なもの、リアルなものとあろうとはしない。私たちはいつも思考に入っていく。そして、思考とは偽るものなのだ。それは借り物で、あなた自身のものではない。それはあなたを解放できない。あなた自身の真実だけが、あなたの解放になりうる。

Q38

死はあまりにも無意味で、気がめいるもののようです。私はこの数年というもの、自分自身にずっと働きかけ、生とはいったい何なのかを理解しようとしてきましたが、いまだに分かっていません。今、とても近しい友が昏睡状態にあって、医者によれば、死は間近だとのことです。そして私は、彼女に怒るべきか、医者に怒るべきか、自分自身に怒るべきか分かりません。

唯一の問題は、あなたは自分にあまりに多くを期待し続けているということだ。人はなぜ、ただありのままでいられないのだろう？　もしあなたが理解していないなら、理解していないのだ。何かをしよう、何かになろう、自分ではないものであろうとする、この絶えざる努力はなぜあるのだろう？

唯一の理解とは、これ――ありのままの自分を受け入れる、ということだ。他に、あなたに何ができる？　成長という名の下の、この努力の全体は、エゴ・トリップ以外の何ものでもない。あなたは繰り返しフラストレーションを感じるだろう。そして危機が訪れるたび、何も起こってはいないと感じる地点に至ることだろう。しかし、そもそも、なぜ何かが起こるべきなのかね？

何かが起こる必要があるという期待が、困難のすべてを生み出している。それはなぜ起こるべきなのだろう？　そして、それを期待することに、どんな意味があるのかね？　あなたはそれを起こそうと努力し続け、どうすべきかを計画し続けるだろう。そうなれば、あなたは緊張することになる。そしてそれが起こらなければ、それが起こったのだという偽りの見せかけを創り出すだろう。というのも、人は絶え間ない惨めさの中では生きられないからだ。その惨めさを隠すために、人は理解という仮面を創る。しかし何度も何度も、この仮面は壊されることになる。ほんとうの問題が立ち現れてくるたびに、あなたは自分が裸で立っていて、仮面は役に立っていないと知ることになる。だから私が主張しているのは、自分が陥っていると分かっているその状況を受け入れてごらん、ということだ。そこから抜け出す方法はない。それこそが、理解の何たるかだ――そのままのあなたを受け入れるのだ。あなたの成長した姿を、ではない。突如としてあなたは、何も必要ではないと分かる。そうなれば、こうした状況はすべて助けになりうる。それはあなたを、現実へと連れ戻す。危機は祝福だ。それは、あなたを何度も何度も地上へと連れ戻す。さもなければ、あなたは自分の夢に入り込んでしまう。

彼女の友人はみんな、彼女は素晴らしい境地にいるに違いない、昏睡状態は、とても安らかに見えると話しています。私もそう言うことはできますが、それがほんとうかどうかは分かりません。

いや、何も言う必要はない。もし他の人々がそう言っているのなら、たぶん彼らは正しいのだろう。たぶん彼らはそう感じているのだろう。しかし、あなたもそう感じる必要はない。あなたは彼らのようではない。そして彼らがあなたのように感じる必要もない。だから彼らがそういうフリをしているとは思わないように。彼らは正しいかもしれない。それは彼らにとって問題ではない。あなたにとって問題なのだ。

ただ一つ、理解されるべきなのは、これはあなたの状態であって、あなたは分かっていないということだ。この、理解していないという状態を受け入れなさい。あなたはそれと戦っている。だからこそ、落ち込んでいるのだ。自分は無知だ、理解できない、馬鹿で愚かだという感覚――それを受け入れてごらん！　どうしてあなたはある種の賢者とか、そうしたものになりたいと思うべきなのだろう？　そうすれば、問題は消える。というのも、深いところで受容していないという状態が問題を作り出しているからだ。微妙なやり方で、あなたは自分を拒絶し続けている。

その友人について何を言うかが問題なのではない――それは、まったく要点ではない。あなたが誰について何を言おうと、それはすべて基本的にあなた自身についてのものだ。あらゆる状況は、あなたの状況なのだ。彼女が素晴らしい境地にいるかどうかは、あなたにとって問題ではない。それは、あなたにはまったく関係がないことだ。そして彼女が素晴らしい境地にいるかいないかを、どうしてあなたが決められる？　たった一つ確かなこと――それは、あなたはどんな状態にあっても、自分に困難を作り続けているということだ。自分と戦うのはやめさない。それには意味がないということを、ただ見るのだ。もし分からないなら、分からないのだ。何ができるだろう？　それを受け入れてごらん。そうすれば、問題は消え失せる。

それこそ、成長が始まる地点だ。受容を通してなのだ、格闘ではなく。それは、何かになろうと努力することではない。あなたが何であろうと、その中へとくつろぐことだ。そうすれば、あなたは落ち込みを感じはしない。無力に感じるかもしれないが、落ち込みはしない。そして無力さは、素晴らしい感覚だ。あらゆる祈りは、無力さから立ち現れるからだ。無力さは素晴らしい感覚だ。それはエゴのない状態なのだからね。あなたは無力に感じ、何もできないと感じるだろう。誰かが死に瀕している。あなたはその人を愛したが、あなたには何もできない。とてつもなく無力で、無能だ――しかし、これはビューティフルだ。あなたは、エゴのすべてが無意味だと理解する。それは役に立たず、それから何も作り出すことはできない。死にゆく人を助けることさえできない。だから、他に何ができるだろう？

もしあなたがエゴという観点から考えれば、それは落ち込みとなる。そうなれば、あなたは強くなって、もっと理解を持ち、もっとパワフルでいたいと思う。そうすることで、次に誰かが困難に陥り、傷ついたと感じるとき、手を差し伸べることができるように。それがあなたのしていることだ。そうなれば、あなたはまだ成長していないと落ち込みを感じることになる。

もしあなたが無力に感じれば、その深い無力感の中で、ただ頭《こうべ》を垂れることだ。友人の隣に座り、祈りなさい。「私は無力で、何もできません」

その無力感の中で、あなたは自分だけが無力なのではなく、人類全体もまた無力だと知るだろう。その無力感の中で、あなたはすべてのエゴが偽りだと知るだろう。

突如として、エゴは完全に無意味になる。そして、その謙虚さの中で、あなたは消え失せる。何か他のものが立ち現れる——祈りだ。それ以上のことは、なされえない。いつであれ、誰かが窮地に陥ったときには、あなたは祈る、それだけだ。

しかし人々は祈るのではなく、何かをしたがる。というのも、祈りとは無力さを意味するからだ。

私はつねに祈ってきました。けれども今は、その祈りの先に誰がいるのか、分かりません。

あなたの祈りは、何かを手に入れるための策略に違いない。あなたは何らかの結果を得るために祈る。あなたは祈り、それがうまくいっているかどうかチェックする。だとすれば、それは祈りではない。それはまたしても一つの方策なのだ。他のあらゆることが失敗すれば、あなたは神に祈り、今度は祈りが何かをしてくれるはずだと考える。そしてそれも何もしないとなれば、あなたはさらに落ち込むことになる。あなたは誰に祈るべきか、何を言うべきで、何を言うべきでないか、分からない。

それは要点ではない——祈りとは、それ自体が目的なのだ。それはただ、謙虚さの叫び、無力さの深い叫びなのだ。あなたは誰かに祈るのではない——そこには誰もいない——しかしあなたはただ、子供のように無力に感じている。子供がお母さんやお父さんを呼び始める。彼らはどこにもいないかもしれない。彼らは存在しないかもしれないが、それは要点ではない。子供は泣き叫び始める。そしてその叫びが浄化するのだ。

あなたの友人の助けになるというのではない。私の要点のすべては、まったく別だ。あなたが助けられるのだ。最終的な結果としてではなく、ただ祈ることで、あなたは浄化されたと感じるだろう。あなたはふたたび落ちつき、かき乱されていないと感じるだろう。あなたはもっと受け入れることができ、もっとオープンになる。死ですらオーケーになるのだ。

人々は祈る——それもまた、彼らにとっては一つのテクニックであり、エゴイスティックな努力の一部だ。私が話しているのは、そういったたぐいの祈りについてではなく、自分は何もできないと感じる状況から立ち現れてくる祈りについてだ。それによって何かが起こるというのではない。しかし、あなたは変容される。何かが欠けているという感じはなくなるだろう。あなたは充足を感じるだろう。以前にはまったくなかった、ある種の新しい穏やかさを感じるだろう。

そして死の近くでは、それはつねに起こる。なぜなら、死はもっとも決定的な瞬間だからだ。いつであれ、あなたが誰か——ある友だち——を愛し、その人が死に瀕しているとき、あなたにとって大いなる機会が開かれる。というのも、この瞬間が、あなたを完全な無力感へと投げ込むからだ。そしてもしあなたに祈ることができれば——言葉にしたり、何かを言ったりするという意味ではなく——ただ無力さの中で泣くことができ、涙がやって来れば、あなたは浄化される。それは純化になるだろう。あなたはより若々しく、みずみずしく、新しくなって、そこから出てくるだろう。

だから、そのことで落ち込むことはない。そうしても何にもならないからだ。もしあなたがそれを楽しむことができれば、楽しめばいい。問題はない。しかし落ち込むなら、それはまったく役に立たない。まったくの無駄だ。死をそんなふうに無駄にすべきではない。この危機は、何度も、何度もやって来るだろう。誰も永遠にここにいるわけではないからね。だから、そこから学ぶことだ。死を見守ることは、偉大な修練だ。

そして彼女が死ぬ日には——彼女はいつか死ぬことになる——それを祝祭にすることだ。まず、彼女の死によって浄化されなさい。実際に、彼女の死の中で、いかに死ぬべきかを学び取ろうとしてごらん。彼女の死の中で、あなたの死も起こるにまかせるのだ。それを、死の何たるかを知る機会にしてごらん。そうすることで、あなたが何らかの味わい、何らかの香りを得られるように。そして彼女が死ぬとき、あなた方はみんな、それをお祝いにすべきだ——踊り、歌い、エクスタティックになるがいい。

死は歓迎されるべきだ。それは生の中で、もっとも偉大な出来事の一つなのだ。

生の中で、偉大な出来事は三つしかない。誕生、愛、そして死だ。誕生はもう起こってしまった――それについては、どうすることもできない。愛はとてもまれなものだ。愛は、ほんの一握りの人たちにしか起こらないし、それについて、何も知ることはできない。死はあらゆる人に起こり、避けられない。それは唯一確かなものだ。だからそれを受け容れてごらん。その中で喜び、その中で歓喜に満ちてあることだ。

しかし、彼女は死ぬ前に、あなたが浄化され、純化され、瞑想的になる機会を与えている。だから彼女が身体を離れるときには、その現象の中で喜びを感じるがいい。

Q39

私の人生は、妻が三年前に亡くなって以来、まったく空しくなりました。もし生と死が二つに区分けされているのなら、この世を超えていった人たちとコミュニケーションを取る方法――何らかのアストラル的な方法、精妙なコミュニケーション――はあるのでしょうか？

遅かれ早かれ、誰もがその地点に至らざるをえない。人は、すべては空しい、すべては美しい夢だったと知るしかない――妻と夫、その旅のすべて――美しい夢だが、それは終わらざるをえない。どんな夢も永遠には続かない。

人は、必然的にやって来るこの空しさを理解しなくてはならない。

それは、早く来れば来るほどいい。というのも、こうした空しさだけが、あなたを内側へと連れていくからだ。

真の探求は、生は無意味だと感じるようになるところからしか始まらない。もし意味があれば、誰がかまうだろう？　もしある種の満足があって、物事が完璧にうまく流れ、人生において成功し、人生が仕事や野心でいっぱいであれば、誰が真実や神にかまうだろう？　この空しさだけが、人を真実――死さえも超えて常住する真実――の探求へと向かわせるのだ。

これは、あなたが通り抜けてきた偉大な体験だったが、しかしあなたは恋い焦がれている。だからこそ、「この世を超えていった人たちとコミュニケーションを取る方法――何らかのアストラル的な方法、精妙なコミュニケーション――はあるのか?」を見出そうとしている。それはつまり、あなたはまだ、この空しさを避けようとしている、ということだ。これは避けられないし、また、避けるべきではない。人はそれを避けるのではなく、その中へと入っていかなくてはならない。

さて、アストラル・トラベルやESP、超心理学といったものへと入っていくこともできる。ガラクタはたくさんあるからね。あなたはそれで自分を埋め、ふたたび少しばかりの心地良さを作り出すこともできる。霊媒を訪れ、妻とちょっとした会話を交わすこともできる。しかし、そうしたものはただのゲームだ。本物の妻が永続しないのに、もう一度あなたの人生をこうしたゲームの上に築くのは、まったく意味がない。私は、そうしたものをゲームと呼ぶ。

自分自身の内なる自己に見入るべき瞬間が来たのだ。そうなれば、妻が去ったことは呪いのようには感じられなくなる――それは祝福のように感じられるだろう。というのも、もし彼女がいたら、あなたはいまだに同じ状態だっただろうからね。たぶんこれは、神が贈った機会なのだろう。それは突破口になりうる。

もしあなたがこの空しさの中へと動き始めれば、これは瞑想になる。瞑想とは、空《くう》へと入っていくことに他ならない。もしあなたが自分の存在のまさに核心へと入ることができれば、あらゆる問題は解決し、もはや妻であれ、誰であれ、恋い焦がれることはないだろう。人はただ、自らの永遠性を知ることになる。そしてその永遠性の中で、あらゆる人が永遠になる。

あなたは、妻を分離した存在として見出すことは二度とないだろう。分離した存在は、身体と脳というシステムがあってこそ存在できるからだ。あなたの妻はそこにいるが、あたかも電球が割れるようなものだ。光はまだそこにあるが、あなたには見えない。形として現れるのを助けていた媒体が、もうそこには存在しないからだ。身体は焼かれ、脳の細胞もなくなった。今や、それは純粋な意識だ。波は大海へと消え去った。

その波について考え、それを夢見て、記憶や懐古の情へと入っていく代わりに――それは時間の無駄だ。というのも、あなたの死はすぐにやって来るのだ……その前に、あなたは準備をしなくてはならない。

私には、死はもう怖くありません。

恐怖はまだそこにある。そして自分の死がやって来れば、あなたは怖くなるだろう。あなたは自分を慰めている。あなたには分かっていない。あなたは、死は存在しないと信じている――そう信じたいのだ。しかしこれは、あなたの認識ではない。これは慰めなのだ。私たちは慰めの中で生きている。妻がただ死んで、何も残ってはいないと信じたくはないのだ、ん？　それではひどすぎて、耐えられない――それは、あまりにも私たちを揺さぶる。彼女は存在している、魂は永遠だという、ただの観念……。そして私は、そうした観念が間違いだと言っているのではないよ。私はただ、そうした観念は、あなたにとっては観念にすぎないと言っているのだ。それはまだ、あなたの体験ではない。もしそれがあなたの体験でなければ、死がやって来たとき、あなたは揺さぶられるだろう。というのも、観念は何の役にも立たないからね……。

あなたがそれを体験しない限り――体験して初めて、それは有効なものになる。さもなければ、誰もが信じてはいるが、人が死ねば、誰もが泣き叫ぶ。誰もが知っている、誰もが自分には分かっていると思う。しかし、人が知るようになるのは、非常にまれなことなのだ。というのも、知ることは、非常に骨が折れる。知るためには、あなた自身の存在へと入っていくための、絶えざる努力が必要になるからだ。それは暗い旅で、その中では、人はまったく独りだ。深みへと降りていけばいくほど、あなたはさらに独りぼっちになる。誰もあなたと一緒には行けないからだ。師でさえ、弟子と一緒には行けない。究極の段階においては、あなたは独り取り残される――純粋な意識だ。

しかしそうなれば、あなたには分かっている。そしてその知とともに、生は遊び、ドラマとなる。生がとどまろうが去ろうが、何の違いもない。それは取るに足りないことだ。

しかし、それは起こってはいない。それを何とか起こすことはできる。しかしあなたがこうした慰めを信じ続けていれば、それは起こらない。そうした慰めは、危険だ。そしてそうした慰めは、いわゆる聖者たちが人々に与え続けているものだ。それは見せかけなのだ。

信念は知識ではない。それは、完全に理解されるべきだ。信念は知識ではない。信念は信念にすぎない――借り物だ。そしてその通り、それは慰めとなる、それは人を動かし続ける。さもなければ、生はあまりにも大きな苦悩となり、人は自殺を考え始めるか、気が狂うかもしれない。それは耐えられないだろう。そうした信念は緩衝《かんしょう》装置のようなもので、あなたを保護する。人生の、あまりにも辛い事実から、それはあなたを守り、包むのだ。

一種の逃避主義ですか?

一種の逃避主義だ。しかし、真実はそこにある。真実は、すべての人の存在の中で燃えていて、その中に入るのは可能なのだ。誰でも、その中に入ることができる。人はただ、決意し、勇気を持たなくてはならない。人は少しばかりワークし始めなくてはならない。

もしあなたが毎日一、二時間を瞑想に費やすことができれば、まもなく信念は必要なくなるだろう。そして、自分が固い大地の上に立っていると分かれば、死の恐怖もなくなる。というのも、死は存在しないからだ。死が存在しないとき、どうして恐怖がありうるかね?

Q40

最近、一歳の子供を亡くしました。なぜ彼女の命が奪われたのか、私には理解できません。

生とはとても不安定で、偶発的なものだ。誰であれ、どんな瞬間にも逝ってしまいかねない。だから、なぜそれが起こったのか、気に病まないようにしなさい。なぜ、は存在しないのだ。あなたの「なぜ?」に与えられるすべての答えは、神秘であるものを何とか合理化しようとする慰め以外の何ものでもない。しかし合理化することで、私たちは自分を慰める助けとする。私は、人を慰めることには興味はない。というのも、それは危険なゲームだからね、この慰めというのは。それはあなたを、緩衝装置の背後に隠し続ける。

真実というのは、その子は生きていたが、突如として、もはや生きてはいないということだ。これはあなたに、生の、夢のような質を理解させるべきものなのだ。私たちは美しい夢を見ているかもしれないが、それは、どんな些細な物事によっても壊されかねない――たった一つの騒音で、夢は消え失せる。それは甘い夢だったかもしれない。人は傷つき、目を閉じて、夢の続きを見たくなる。しかし、もうどうしようもない。

説明や慰めを見出そうとするのではなく、つねに裸の真実を見ることだ。それは悲しい、それは痛むし、辛い。それを見なさい。それはそうなのだ。しかし、何とかごまかそうとはしないように。あらゆる説明、あらゆる哲学は、白くないもの、とても暗く、神秘的なものを白く塗ってごまかす試みに他ならない。

こうした瞬間が来るのは、とてつもなく意味深い。というのも、そうした瞬間こそ、目覚めが可能だからだ。自分の子供が死ぬ、それはたいへんなショックだ。あなたは泣き叫び、機会を無駄にする代わりに、たいへんなショックによって、目覚めることもできるのだ。数日も経てば、ショックはもはやショックではなくなるだろう。時はすべてを癒すのだ。数年も経てば、あなたはすっかり忘れるだろう。人生が終わりを迎えるまでには、それはあたかも映画の中で見たものか、小説の中で読んだもののように見えるかもしれない。時が経てば、それはどんどん、どんどんと色褪せて遠ざかり、こだまだけ……。

それをたった今、捕まえなさい。これは、あなたが油断なく目覚めるのを助けられる瞬間なのだ。この機会を逃さないように。あらゆる慰めは、機会を逃すための手段となる。

けっして、なぜ、と問わないようにしなさい。生にはどんな理由もないし、死にもどんな理由もない。なぜ、という問いには答えられないし、答える必要もない。生は解決できる問題ではないし、死もまたそうだ。生と死はともに、一つの神秘の部分であって、それはどんな答えも知らない。その疑問符は、究極のものだ。

だから、こうした状況で可能なすべてとは、人が目覚めるということだ。こうしたショックは、突破口になりうるからだ。思考が止まる。ショックがあまりに大きいので、マインドは真っ白になる。すべてが無意味に思われる。すべてが失われてしまったかのようだ。人は完全なよそ者、アウトサイダーになったかのように感じる……根こぎにされたかのように。こうした瞬間は、とてつもなく意味深い。あなたが新しい次元へと足を踏み入れることができる瞬間なのだ。そして死は、神性へと開く、もっとも偉大な扉の一つだ。母親にとっての子供くらい近しい誰かが死ぬとき、それは、ほとんどあなた自身の死のようなもの……あたかも、あなたが死んだかのようだ。あなたの一部は死んでしまった。

生は夢であり、遅かれ早かれ、何もかも消え失せるということを見てごらん。塵《ちり》また塵なのだ。ここには、何もとどまらない。私たちは、ここに自分の家を建てることはできない。それはキャラバンサライ、一夜の宿なのだ。そして朝になれば、私たちは発つ。しかし絶えずそこに在るもの、永遠にそこに在るものが一つある――それが見守ること、あなたの観照だ。他のすべては消え失せ、他のすべては来ては去る。観照だけがとどまる。

この全体を観照するがいい。ただ観照者でいなさい。同一化してはいけない。母親にはならないことだ。さもなければ、あなたは同一化している。ただの観照者、静かに見守る者でありなさい。そうして見守ることは、あなたをとてつもなく助けるだろう。それは神秘の扉を開ける唯一の鍵だ。

それが何かを解決するわけではない。しかし、あなたが神秘を生きる、しかもトータルに生きることを可能にしてくれる。

Q41 祖母の死以来、私の娘は死について私に尋ねています。死んだら、すべてはどこに行くのかを知りたがっています。

それは、とてもいい……。子供はみんな死に興味を持つ。それは自然な好奇心の一つなのだ。しかしそれに答えるのではなく……というのも、どんな答えも偽りになるのだ。だから、けっして答えないようにしてごらん。ただ、分からない、と言いなさい。私たちは死ぬ、そしたら、分かるだろう、と。そしてそれを、あなたが答えを知らないこうしたあらゆることに関する、暗黙の了解とすることだ。

子供があなたの知らないことを尋ねるときには、自分の無知を受け入れなさい。無知を受け入れたら害になるとはけっして感じないように。そんなことはまったくない。親はいつも、自分が知らないということを受け入れたら、害になるだろうと考える。子供の前で、自分のイメージが崩れてしまうだろう、と。しかし実際は、まったく逆なのだ。

遅かれ早かれ子供は、あなたはまったく知らなかったのに、それでも答えた、あたかも知っているかのように答えたと気づくことになる。そして、それが分かる日、子供はあなたにずっと騙されていたと感じるだろう。そうなれば、あらゆる尊敬は消え失せる。遅かれ早かれ、両親は他のみんなと同じぐらい無知で、他のみんなと同じぐらい頼りなく、他のみんなと同じぐらい暗闇を手探りしていると気づくようになる。しかし親たちは知っているフリをしていた。そのフリはとても破壊的だ。だからいつであれ、あなたが知らないことがあれば、「分からない。私も探求しているところなんだよ」と言うことだ。

死については、あること以外、何も言うことができない――つまり、私たちは家に帰る、私たちがやって来たのと同じ場所へ行くとしか言えないのだ。私たちはそのどちらも知らない。私たちは、ある未知の源泉からやって来て、その未知の源泉へと帰る。

死とは、円の完結なのだ。

しかし、その両端――始まりと終わり――は、神秘の中に隠れている。

それは、あたかも鳥が一つの窓から部屋に入ってきて、数秒の間羽ばたいて、別の窓から飛び去るようなものだ。私たちには、鳥が部屋の中にいるところしか分からない。私たちには、それがどこからやって来るのか分からない、どこへ行ったのかも分からない。私たちに分かっていることは、鳥が部屋の中にいた、そのほんのわずかの時間、その合間だけ。私たちは鳥が一つの窓から入ってきて、別の窓から逃げていくのを見た。どこから来て、どこへ行くのか、分からない。

これが、人生全体のありようなのだ。私たちは子供が生まれるのを見る。鳥が入ってきた――どこからなのか、誰にも分からない。そしてある日、人は死ぬ。鳥は飛び去った。そして生とはただ、誕生と死の間《はざま》……短い通路だ。

子供にその神秘を気づかせることだ。答えを与える代わりに、そこら中にある神秘に気づかせた方がいい。その子がもっと畏怖《いふ》の念を感じ、もっと驚異を感じるように。お手軽な答えを与える代わりに、探求を生み出すようにした方がいい。子供がもっと好奇心を持つのを助け、もっと問うのを助けてごらん。答えを与えるより、子供がもっと質問をするようにしてごらん。もし子供のハートが問うようになれば、それで十分なのだ。それこそ、親が子供にしてやれるすべてだ。そうなれば、子供は自分なりのやり方で、自分自身の答えを探すだろう。

けっして答えを与えないことだ。それこそ、人がはるか昔から実践してきた、もっとも危険なことの一つ、もっとも大きな厄災なのだ。答えを与えるとき、私たちは非常に傲慢《ごうまん》だ。謙虚さをすっかり失ってしまう。私たちは、生とは未知――「X《エックス》」――のままだということを忘れる。私たちはそれを生きるが、それは依然として未知としてとどまる。私たちはその中にいるが、それでもそれは未知のままだ。その不可知性は、根本的なものであるようだ。私たちは多くの物事を知るようになったが、その不可知性は同じ――手つかずのままだ。人は知識において大きく進歩し、毎日たくさんのことが知られている。何千もの研究報告書が、人間の知識へと加えられている。何千もの本が加えられている。しかしそれでもなお、根本的なものは同じままだ。

根本的なものの前では、私たちは謙虚で無力だ。だから、彼女がもっともっと神秘を感じるよう助けてあげなさい。

あとがきに代えて──純粋な空に溶け去る雪のひとひら

抜隊《ばっすい》禅師は、臨終前の弟子に、以下の手紙を書いた。

お前の心《マインド》の本質は、生まれもせず、それゆえ、死にもしない。それは、壊れるような存在ではない。たんなる虚ろな空《くう》ではない。色もなく、形もない。快楽を楽しむことも、苦しみを舐めることもない。

お前の病が重篤《じゅうとく》なのは分かっている。よき禅の徒らしく、お前はその病にしっかり向き合っている。誰が苦しんでいるのか、はっきりとは分からないかもしれないが、自分に問うてみることだ、この心の本質とは何なのか、と。このことだけを考えるがいい。それ以上は必要ない。何も望まないことだ。お前の終わりなき終わりは、純粋な空に溶け去る雪のひとひらのようなものだ。

死は敵ではない。

それがそう見えるのは、私たちが生にあまりにもしがみついているからだ。死の恐怖は、執着から湧き起こる。そしてこの執着ゆえに、私たちは死の何たるかを知ることができない。それだけではない、生の何たるかを知ることもできないのだ。

死を知ることができない人は、生を知ることもできない。深いところでは、同じ木の二本の枝だからだ。もしあなたが死を恐れれば、基本的に、あなたは立ち止まる——死をもたらすのは生だからだ。生きることを通して、あなたは死ぬことになる。

あなたは流れないように、死がけっして起こらないように、よどみ、凍りつきたくなる。海に出て、消え失せてしまわないように、どこか途中で滞りたくなる。

死を恐れる人は、生にひどくしがみつく。しかし皮肉なことに、生にひどく執着しようと、彼には生が何であるかを知ることはできない。生に対する執着が、生を理解する妨げにもなるのだ。彼には死が理解できない、生が理解できない。彼は深い誤解、大いなる無知の中に取り残される。

だから、死は敵ではない、これこそが理解すべきもっとも根本的なことの一つだ。死は敵ではありえない。実のところ、敵など存在しない。存在全体が一つなのだ。すべては友情に満ちている。すべてはあなたのものだ。すべてはあなたに属し、あなたはすべてに属している。あなた方はここで、よそ者ではないのだ。

存在があなたを産み、存在があなたの面倒を見てきた。だからあなたが死ぬときには、休息し、ふたたび生まれるために、ただ、元の源泉へと還っていく。

死は休息のようなもの。生は活動で、死は休息だ。そして、休息がなければ、活動もありえない。生は昼のようなもの、死は夜のようなものだ。そして夜がなければ、昼はそれ自体では存在できない。あなたに昼の準備をさせるのは夜だ。あなたを若返らせ、あなたにエネルギーを返すのは夜なのだ。あなたは深い眠りのなかで、死があなたを導くまさにその場所へと入っていく。

毎晩、あなたは死の中へと入っていく――それは小さな死だ――だから、朝になると、あなたはとても生き生きと感じる。不幸なのは、毎晩死ぬことのない人々だ。朝、彼らは、床についたときよりも、もっと疲れている。夢を見続け、夢の中でまだ生にしがみついている。彼らは手放し《レット・ゴー》の状態へと入っていかなかった。死が彼らを乗っ取って、たくさんのことを修復し、休息やくつろぎや新しいエネルギーを与えるにまかせなかった。彼らは、不運な人々だ。幸運な人々とは、とてつもなく深い眠り、夢のない眠りへと入っていく人たちだ。朝、彼らはふたたび活気にあふれ、ありとあらゆる形の生に直面する用意ができている。喜びにあふれ、応答にあふれ、生がもたらすいかなる挑戦に対しても用意ができているのだ。

死は夜のようなもの。生は陽で、死は陰だ。生は男性的で、死は女性的だ。生とは攻撃、野心――たくさんの物事を征服しようとする大きな努力だ。そして死とは、あらゆる攻撃性が緩むこと

――内へ向かう旅なのだ。人は自分自身にくつろぐ。禅の人々はそれを、「休息の隠れ家」と呼ぶ。生は冒険だ。あなたは自分から離れていく。どんどんと遠ざかる。遠くへ行けば行くほど、あなたはさらに惨めになる。あなたは幸せを探しに行くが、探せば探すほど、幸せからさらに遠ざかる。それをあなたは、自分の人生で見ることができる。これは哲学ではない。事実に関する単純な発言だ。誰もが幸せを探しに行く。しかし遠くへと行けば行くほど、さらに惨めになる。

生とは、幸福の探求だ――しかし、惨めさをもたらす。ある日あなたは、うんざりし、疲れ、飽き飽きする。その冒険には、もはや魅力はない。あなたは自分自身にくつろぎ、戻ってくる。自分自身に近づけば近づくほど、あなたはさらに幸せになる。幸せのことを忘れれば忘れるほど、さらにハッピーになる。あなたが幸福を探し求めるのをやめる日、あなたは幸せなのだ。

生は、幸せを約束するが、それは約束にすぎない。けっして成就しない。死がそれを成就するのだ。だから、繰り返すが、死は敵ではない。死とは、あなたがたくさんの、たくさんの旅をして――宿を求め、休息を探し、失われた活力をもう一度取り戻そうとして――疲れ、フラストレーションに陥り、くたくたになった後にたどり着く我が家なのだ。これが一つ。

二番目のこととは、生と死は、私たちが思っているほどかけ離れたものではない、ということだ。あなたは、生は生まれた日に起こり、死は死ぬ日に起こると思っている。だからそこには、七十年か八十年、あるいは百年のギャップがある。それはそうではない。生まれることと死ぬことは、ともに一生の間続いていく。呼吸を始めた瞬間から、あなたは死に始めてもいる。瞬間ごとに、生があり、死がある——同じ荷馬車の両輪なのだ。それらはともに行き、同時に起こる。あなたは生と死を、それほど離してはおけない——七十年は、あまりにも離れ過ぎている。あなたは生と死を、それほど離してはおけない——それらは、あらゆる瞬間にあるのだ。あらゆる瞬間に、何かがあなたの中で生まれ、何かが死んでいく。

死ぬことと生きることは、ともにある。七十年のうちに、この死ぬことと生きることが終わるのだ。あなたはゲームにうんざりし、家に帰りたくなる。あなたは砂の城で遊んでいた。自分の砂の城のために、言い争いをし、戦ってきた。これは私のだ、あれがお前のだ、と。そしてもうたくさんだ！　夜が来て、日が沈み、あなたは家に帰りたくなる。七十年の後、あなたは深い休息へと滑り込む。しかし、死ぬことと生きることは、ともに続く。その光に照らして見ることで、あなたは大いなる洞察を手にする。あらゆる瞬間に、両方がそこにある。

だから、恐れる必要はない。死は、いつか未来に起こるわけではないのだ。未来が問題を作り出す。死がいつか未来に起こるとすれば——どう自分を守ればいい？　死に対抗して、どう偉大な万里の長城を築いたらいい？　それが自分に起こらないように、あるいは、少なくとももう少し延期できるように、どんな手配をすべきだろう？

しかし、死はすでに起こっているのだよ！　それは未来の問題ではない。あなたがここに来たときから、起こり続けているのだ。それは延期できない。それに関して、あなたは何もできないのだ！

それについてはどうすることもできない。それは、生のプロセスそのもの――死にゆくことは、まさに生きるプロセスそのものなのだ。

たとえばそれは、愛を交わすときに、非常にはっきりと明白に、顕著になる。当然のことだ、愛はあなたに生きている実感を与えるからだ。しかし、見守ったことがあるだろうか？　愛の行為が終わるたびに、あなたは落ち込む。くつろぎ、静かにはなるが、そこにはある種のフラストレーションもある。愛の絶頂においては、あなたは生の絶頂にいる。そこから、突如として死の中へと落ちる。

愛の行為のたびに、生は絶頂へと達し、当然のことながら、あなたはそれを取り巻いている死の深淵を垣間見せられることにもなる。死という谷は、生の頂上がとても高いとき、とても明らかだ。

この体験から、二種類の文化が世界に現れた。一つはセックスに反対し、もう一つは死に反対する。セックスに反対する文化は、セックスの行為の後のフラストレーションをより強調する。それは、谷の方をより気にかけている。それは言う。「見るがいい、何も達成されず、フラストレーションがあるだけ。それはすべて幻想だった。その絶頂、そのオーガズムはただの幻想で、つかの間のものだったのだ。最後にほんとうにやって来るもの――ただのフラストレーションを見るがいい。あなたはふたたび、地面にたたきつけられる。だから、あなたの生み出したものは、一種の幻想だった。しかし、これが現実なのだ」

セックスの行為のたびに、誰もがどうやって禁欲するか、この惨めな循環をどうやって落とすか、この悪循環からどうやって逃れるかを考え始める。この第二の部分ゆえに、禁欲と性の超越《ブラフマチャリヤ》という観念が現れてくる。それはそこにあるのだ！　セックスに反対する人々は、ただそれしか見ない。

死に反対する人は、それを見ない。死に反対する人々は、ただ頂上だけを見る。谷をのぞき込みはしない。ひとたび頂上が訪れたら、彼らは目を閉じて眠ってしまう。谷については考えない。谷はそこにあるが、彼らは頂上だけを選んできた。

しかし、いいかね、それには必然的な結果が伴う。もし頂上しか見なければ、あなたは死を非常に恐れるようになる。というのも、あなたにはその体験がまったくないからだ。そうなれば、死は永遠に未知のままだ。あなたが死にゆくときになって初めて、それに出会うことになる。そうなれば、それはあまりにも手に負えず、あまりにも新しすぎる。あまりにもなじみがなく、未知なので、あなたはひどいショックを受けるだろう。

だから死に反対し、生の頂点、セックスの行為の中のオーガズムの頂点だけを見る人々は、谷を避け、それをのぞき込むことはない。そして最終的に、ある日、谷がそこにある。彼らはとても恐れる。それゆえ、セックスがより自由になり、人々があまりセックスに反対しない西洋では、人々は死に反対しがちだ。彼らは死に戦いを挑む。何とか死を打ち負かさなければならないのだ。

東洋では、人々はセックスに反対している。彼らはただ谷だけを見る。頂上は見ない。頂上はただの幻想だと言う。彼らは谷をのぞき込み、ますます死に傾倒するようになり、死ぬ用意ができているからだ。実のところ、死ぬのを待っている。実のところ、死を望み、死を欲し、死ぬのを夢見ている。東洋では、もっとも偉大な理想とは、二度と生まれてこないように、いかに完全に死ぬかということだ。それは、究極の死なのだ。

西洋では、けっして死ぬことのない状況を作り出すにはどうしたらいいかと考えている。あなたは生き続ける――ずっと、ずっと、ずっとだ。両方の姿勢は、ともに偏っている。ともに、あなたの中にある種のアンバランスを生み出す。そしてそのアンバランスこそ、人の惨めさなのだ。

本物の人、真正な人は、あらゆるものに直面する。彼は選ばない。彼は、「谷だけを見て、頂上のことは忘れていよう」とか、「頂上だけ見て、谷のことは忘れたままでいよう」とは言わない。彼はその両方をありのままに見る。彼は選ばない。

選ばないことが禅だ。無選択であることが禅なのだ。事の全体をあるがままに見る――善と悪、天国と地獄、生と死、昼と夜、夏と冬を、あるがままに見る。禅は、あれかこれかの哲学ではない。それはあなたに選択を与えない。禅は、「もし選べば、あなたはつねに、選ばなかったものを恐れるようになる」と言うからだ。

それをよく見てごらん。もしあなたが何かを選べば、選ばなかったものに絶えず囚われたままになる。というのも、選ばれなかったものは拒絶される、選ばれなかったものは抑圧されるからだ。選ばれなかったものは、復讐したがるようになる。選ばれなかったものは、臨戦態勢にある――ある日、あなたが弱った瞬間に、報復の一撃を繰り出すだろう。

だから、セックスに反対する人は、つねにセックスの報復を恐れている――それはどんな瞬間にも爆発しかねない。そして死を恐れている人、死に反対している人は、当然のことながら、いつも震えている、死が近づいているのだ。彼には分かっている。そこには暗黙の了解がある。あなたがそれを見ようと見まいと、何の違いもない。ただ見ないでいるだけでは、それはなくならない。それはそこにある。あなたはそれがそこにあって、近づいているのが分かっている。それは、毎瞬、近づいているのだ。

セックスに反対する人は、いつでも彼の意識の中に性欲が噴き出しかねないと恐れることになる。死に反対する人は、いつでも死がやって来て、彼に取り憑き、彼を亡き者にするのを恐れることになる。

どちらの種類の人々も、恐怖に方向づけられたままだ。どちらの種類の人々も、戦いの状態、絶えざる葛藤の中にある。彼らはけっして、穏やかな静謐さ、平衡《へいこう》状態には至らない。平衡状態とは、選ばないとき、事実をあるがままに見るときにある。生は、あれかこれかの問いではない。選ぶべきものは何もない。それはすべて、ともにあるのだ。選ぶことでは、何も変わらない。選ぶことで、あなたはただ、一種の無知に陥る。あなたの選ぶものは部分で、あなたの選んでいないものも現実の一部なのだ。現実の中で選ばれなかった部分は、あなたにつきまとい、受け入れられるのを待つことになる。それが消え失せることはない。消えることはありえない。もしあなたが生をあまりに愛して、死という事実を見たくなければ……死はそこにあり、あなたに影のようにつきまとうようになる。

禅は言う、その両方を見るがいい――それは一塊《ひとかたまり》で、ともにある、と。どんな選択もなく、どんな先入観もなく、ともに見ることで、あなたは超越する。ともに見れば、あなたはもはや生に同一化せず、死に同一化してはいない。同一化していないとき、あなたは自由だ。あなたは解き放たれている。

自己同一化こそが、囚われなのだ。これを、完璧に理解してごらん。というのも、これこそ、あらゆる惨めさ、隷属《れいぞく》の根本的な原因だからだ。

自己同一化――この言葉は、非常に意味深い。これは、あなたがある部分に同一化しているという意味だ。あなたは生の一部と一つになって、その一部があたかも全体であるかのように思い始める。部分そのものには何も悪いところはないが、部分は部分だ、それは全体ではない。あなたがその一部を全体だと考え始めると、偏愛が生じる。あなたがその部分を、あたかも全体であるかのように主張し始めると、全体が目に入らなくなる。今やあなたは、実在との葛藤に巻き込まれる。

そしてあなたは、実在に逆らって勝てはしない。それを覚えておくことだ。実在に逆らって勝つことはできない。それは不可能なのだ。それは起こらない。起こりようがない。あなたは実在とともに勝つことができるだけ、けっして実在に逆らってではない。勝利は実在とともにある。だからこそ、すべての偉大な師たちは、明け渡しを非常に強調してきた。明け渡しとは、実在とともにあることを意味する。そうなれば、勝利は確実だ――というのも、実在こそが勝つことになるからだ。勝つのはつねに実在だ。もしあなたがそれとともにあれば、あなたは勝者となる。もし逆らえば、敗者になる。そして私たちはみんな敗者だ。私たちはずっと戦ってきている。

私たちは小さな部分を選び、これが全体だと主張する。私たちは生を選び、生をその基本的な文脈――死――から切り離す。そして、「これが私だ。私は生だ」と言う。さて、私たちは厄介なことに首を突っ込むことになる。あなたはこの同一化の中に閉じ込められるだろう。そうしたら、死のことはどうするのかね？　しかも、それはそこにある、それはあらゆる瞬間に起こっているのだ。そしてそれはある日、あなたを不意に連れ去るだろう。

「私は身体だ」と、あなたは身体に同一化する。そうすれば、困難が生じる。「私はマインドだ」と、あなたはマインドに同一化する。そうすれば、困難が生じる。同一化することは、困難に首を突っ込むことだ。自己同一化こそが、無明《むみょう》を織り成している素材そのものなのだ。ひとたび自己同一化が落ちれば、ひとたびあなたが何にも自分を同一化しなくなれば、あなたはただ、観照者のまま――「これが私だ」とか「あれが私だ」と言うこともない。あなたはただ、観照者にとどまる。あなたは生が過ぎゆくのを見る、死が過ぎゆくのを見る。セックスが過ぎゆくのを見る。あなたは欲求不満、喜び、成功、失敗を見る。あなたは見続けるが、純粋な見る者のままだ。何にもつかまることはない。「私はこれだ」と主張することもない。主張することがなければ、あなたは誰だろう？自分を限定も定義もせず、自分に制限も設けず、流れ続け、ただ見ていられれば、そこに解放がある。大いなる解放がある。

同一化しなければ、人は自由だ。同一化すれば、人は囚われる。

禅は言う、何にも自己同一化しないように、と。そうすれば、おのずから超越が起こる。あなたは惨めさがやって来るのを見るが、見守る者のままでいる。惨めさが現れ、暗い煙のようにあなたを飲み込み、あなたを包み込むのを見るが、あなたは見張りのままだ。あなたはそれを見るが、判断はしない。「これが私だ」とか「これは私ではない」とは言わない。あなたはまったく何も言わず、判断なしにとどまる。あなたは、惨めさがある、これが事実だということを、ただ見るだけだ。

するとそれは、ある日やって来たように、ある日、消えていく。雲が立ち込めた、そして今、それは消えていき、太陽の光と幸せが燦々《さんさん》と降り注いでいる。あなたはそれにも同一化しない。太陽が戻ってきて、雲が消えたのをただ見ている。あなたは「これが私だ」と言わない。「これは私ではない」と言わない。あなたは自分についての発言をまったくしない。あなたはただ見守り続ける。

それは何度も起こるだろう——惨めさがやって来る。幸せがやって来る——あなたは何度も成功し、何度も失敗するだろう。あなたは何度も落ち込み、何度もとても気分がよくなるだろう。この二元性のすべてを見守ることで、次第にあなたは、自分があらゆる物事の二元性のペアを超えていることを知るだろう。

そして、生と死というペアもそうだ。マインドと身体というペアもそう、世俗と涅槃《ねはん》というペアもそうだ。すべてが二元的なペアだ。あなたが透徹して見ることができるとき、透き通った眼で見ることができるとき、そして選ばないとき、あなたは超越したもの——観照者だ。その観照者は生まれもせず、死にもしない。

死と生は、その観照者の視野へと入ってくるが、その観照者は永遠だ。それは、あなたが生まれる前からあり、あなたが逝ってからもそこにあるだろう。あなたは何百万回もこの世に来たし、これからも来るだろう——それでもなお、あなたはけっして来たことはない。世界はあなたの中に、ちょうど鏡の中に反映が現れるように、現れる。実際には、鏡には何も起こらない。それとも、あなたは鏡に何か起こると思うかね？

あなたが鏡の前に立っている、すると鏡はあなたの顔を映す。あなたは何かが鏡に起こっていると思うかね？　何も起こってはいない。あなたが去ると、鏡は空っぽだ。他の人が鏡の前に来る、鏡はその顔を映す——美しかろうと、醜かろうと——それは選ばない、それは無選択だ。あなたが美しいバラの花を持っていけば、それを映す。醜い棘《とげ》を持っていくと、それを映す。美しい顔が来れば、それを映し、醜い顔が来れば、それを映す。それは選ばない。それは「これは良くないから、映さないでおこう」とか、「これはとても良いから、これにしがみつこう。どうかここから去ってしまわないで。ここにいて。私はあなた、あなたは私だ」とは言わない。いや、鏡はただ映す。

この鏡のような質こそが、観照することという言葉が意味するものだ。だからこそ、鏡はあらゆる印象に汚されないでいるのだ。それは映し続けるが、そこには、どんな印象も積もらない。これこそが覚醒の境地だ。これこそが瞑想の何たるかだ。

見守りなさい。見て、油断せずいるがいい。しかし、選んではいけない。そして、どんな部分にも入り込まないことだ。その部分は全体ではない。その部分は部分であって、遅かれ早かれなくなる。というのも、部分は、十分長くはとどまれないからだ。そしてそれが去るとき、あなたは惨めになる。進んで手放そうとはしないからだ。あなたはそれにしがみつくことになる。というのも、それに同一化したからだ。しかし、それは去らないわけにはいかない。あなたは惨めになって、泣いたり叫んだりするだろう――しかしそれは、あなたが創り出したものなのだ。もしあなたが鏡のようにいられたら、問題はない。何であれ、起こることは起こる。あなたはかき乱されもせず、気が散らされもしない。

＊

これこそが、あらゆる宗教のまさに本質の核心だ。

それは修養するという問題ではない、概念を、教義を学ぶという問題ではない。それは経典を唱えるという問題ではない。洞察の問題なのだ！　そしてこの洞察は、あなたの手に入る。この洞察のために、誰かのところに行く必要はない。あなたはそれをずっと携えてきている。最初の最初から、それはずっとそうなのだ。それはそこにある、鏡はそこにある。ただ、使い始めることだ。

ときには試してごらん、そうすれば驚くだろう！　以前はあなたをかき乱してきたことが、もはやかき乱さない。誰かがあなたを侮辱する――あなたはただ見守り、それと同一化しない。あなたは「彼は私を侮辱した」とは言わない。どうして彼にあなたを侮辱できるのかね？　あなたは自分でも自分が誰なのかが分かっていないのだ。どうして彼にあなたが誰かが分かるだろう？　彼にはあなたを侮辱できない。彼はあなたに関するイメージを侮辱してきたかもしれないが、それはあなたではない。彼はあなたについてある考えを持っていて、その考えを侮辱しているのだ。どうして彼にあなたを侮辱できよう？　彼には、あなたがまったく見えていないのだ。

もしあなたが油断せず、注意深くあれば、あなたは驚くだろう――侮辱がやって来て、去っていったが、あなたの内側では何も起こらなかった。何一つかき乱されなかった。穏やかさが輝いていた。どんな動揺も、どんな波も、さざ波さえあなたの中に起こらなかった。そしてあなたは、この鏡のような質を知って、途方もなく至福に満ちるだろう。そうなれば、あなたは統合されてきている。

それから、誰かがやって来て、あなたを褒《ほ》める。もう一度試してごらん。油断しないことだ。彼があなたを褒めているとは思わないように。彼は、あなただと思っている誰かを褒めているのかもしれない。あなたを褒めるのは、何か自分自身の下心のためかもしれない。それは、あなたの知ったことではない。あなたはただ「この人は私を褒めている」という事実だけを見る。しかし、鏡のままでいなさい。それをうのみにしないことだ！　それにしがみついてはいけない！　もしうのみにすれば、あなたは困難に陥る。そうなれば、エゴが現れる――自己同一化とともに、エゴがね。

そうなれば、あなたはこの人のように、誰もが自分を褒めるはずだと期待し始める。誰もそんなふうにあなたを褒めはしない。そうなれば、痛みと惨めさがある。そして明日には、この人は二度とあなたを褒めないかもしれない。彼の動機は満たされたのかもしれない。明日には彼は、自分が間違っていたと思い始めるかもしれない。あるいは、明日になれば、彼は復讐をするかもしれない。いつであれ、あなたを褒めた人は、いつかあなたを侮辱することにもなる――というのも、彼は仕返しをする必要があるからだ。彼は事を正さなくてはならない。

アンバランスが生じる。あなたを褒めるとき、実のところ、その人はあまり気分がよくない、あなたを褒めることで、彼は傷つく。彼は、自分よりもあなたの方が上だと示さなくてはならない――それは痛む。今のところ、そんな素振りはないかもしれないが、彼はその痛みを、傷を内側に抱え込むことになる。そしていつか、機会がやって来れば、彼はあなたが誰なのかを教えるだろう。あなたを、ふさわしい場所に置くだろう。そうなれば、あなたはひどく傷つくことになる。この人はあなたを褒めていたのに、今や傷つけているのだ。しかし、彼は何もしていない。それはあなた――彼があなたに吹き込んだ観念にしがみつくようになったのは、あなたなのだ。

何にも同一化せず、見守り、鏡のような質を保つこと、それが人を、徐々に光明へと近づける。

臨済はある日、「無位の真人《しんにん》」について説いていた。それこそ、鏡のような質という言葉で私が言おうとしていること――「無位の真人」だ。あなたの内側に、「無位の真人」がいる。それは男でも女でもなく、ヒンドゥー教徒でもイスラム教徒でもなく、良くも悪くもない――それには肩書きがない――学識があるのでもなく、無学でもなく、東洋人でも西洋人でもない、それには肩書きがない――聖者でも罪人でもない、何の肩書きもない。そしてそれこそ、あなたの内側にいる真の人だ。

臨済はある日、「無位の真人」について説いていた。これが、彼の講話の主題だった。

ある僧が混乱しきって、彼のところにやって来て尋ねた。「この、『無位の真人』とは何ですか?」

臨済は彼の首をつかみ、怒鳴った。「云え、云え!」

僧は呆然として、何も言えなかった。臨済は彼を放すと、大声で言い放った。「なんという役立たずだ、この『無位の真人』という奴は!」

臨済がしたのは、ある状況を創り出すことだった。その人が、「『無位の真人』とは何か?」と聞くと、臨済は彼の首をつかんで、怒鳴った。「云え、云え!」

彼は、僧にショックを与えた。そのショックの中で、あらゆる肩書きは消え失せた。そのショックの中で、彼はただの人だ。たんに誰でもない人、一枚の鏡だ。そのショックの中で、マインドはもはや忙しく動き回ってはいない。そのショックの中で、彼はただ呆然となる。臨済は、彼がこの無位の真人、この鏡のような質をのぞき込む、ある状況を作り出したのだ。

しかし、その人は見逃した。彼はどう答えるべきか、考え始めた。「師は、私に何をしているのだろう？　これが質問者へのふさわしい扱いなのか？」

彼は、こうした思考に入っていったに違いない。彼は要点を逃した。だから臨済は大声で言い放ったのだ。「何という役立たずだ、この『無位の真人』ってやつは！」

あなたの鏡が何かにしがみつき始めたとたん、あなたは役立たずになる。あなたの鏡が覆われ、何かに執着したとたん、埃《ほこり》を集めている――あなたは無価値になる。鏡がどんな埃も集めない瞬間、あなたには途方もない価値がある――あなたは一人の神なのだ。ブッダとあなたの違いは、ただこれだけ。あなたの鏡はたくさんの埃を集めているが、ブッダの鏡は埃がすっかり払われている。あなたの思考は、埃以外の何ものでもない。

しかしときには、あなたは埃にたいへんな価値を置く。あなたは言う。「これは黄金の埃だ。普通の埃じゃない。これは純金だ！　しっかりとつかんでおかなくちゃ。誰にも奪われちゃいけない。とても貴重なものだ」

こうして、あなたは生に執着するようになる。あなたは、それがとても貴重だと思う。そして、執着するようになるがゆえに、死を敵だと、盗人だと思う。死がやって来て、あなたがずっと持ち運んできたあらゆる金、あらゆる宝石を奪っていく。死は、あなたの鏡のあらゆる埃をぬぐい去る

——そしてそれこそ、あなたが自分の人生だと思ってきたすべてなのだ。だから、あなたは恐れる。もし、この要点が分かれば、死は友人だ。実のところ、生そのものよりも、ずっと偉大な友なのだ。なぜ私はそう言うのだろう?

私がそう言うのは、生においては、あなたは執着し、埃を集めるからだ。死は、あなたのあらゆる執着と、あらゆる埃を取り去る。もしあなたにこの要点が分かれば、死に対して、途方もない感謝を感じるだろう。あなたにはできないことを、死はあなたの代わりにしてくれるのだ。だからこそ、もしあなたが自分でそうできれば、あなたにとって、死は存在しない。そうなれば、死の必要はない。もし人が瞑想によって自分の意識を浄化できれば、彼はけっして死なない。

私は、肉体の死がなくなると言っているのではないよ——それは自然なことなのだ。しかし、彼はけっして死に遭遇することはない。死はたんに、鏡に集まる埃にだけ起こる。鏡は死にはしない!

鏡そのものは、不死だ。この観照は、不死のプロセス、それは永遠なのだ。旅人は続いていく。衣服だけがボロボロになり、ダメになるので、着替えなくてはならない。旅人は続いていく。身体にたまるのは埃だけ、あなたは風呂に入らなくてはならない。

しかし、もし埃が自分だと思うようになれば、あなたは風呂には入らないだろう。シャワーを浴びるのをとても怖がる人々がいる——まるで何かを、何か貴重なものを失うかのように。瞑想を恐れる人たちもいる。というのも、瞑想はシャワー!だからね。それはあなたがかき集め、蓄えてきたあらゆるナンセンスな考え——あなたが頭の中に運び続けているあらゆるガラクタを取り去る。あなたの頭は苦しんでいて、とても重くて、あなたは惨めだ。それでも、あなたはそれを貴重なものだと思って持ち運び続ける。

死は偉大な友人だ、それはあなたから重荷を取り除く。それは、あなたが蓄えてきたあらゆる重荷を取り除く。ひとたびこの重荷からの解放を自ら進んでゆるせば、死はサマーディとなる。もしあなたが自ら進んでゆるさなければ、死はサマーディではなく、痛みとなる。さあ、この要点を見てごらん。同じものがひどい痛みにもなれば、同じものが純然たる喜びにもなる。それは、あなたの解釈次第――あなたが物事をどう見るか、あなたがある体験をどう理解するか、どれほど深くその中へと入っていくかにかかっているのだ。

もしあなたが執着しがちで、所有欲がとても強ければ、死はとても辛いもの、大きな苦悩となる。あなたは苦しむだろう。死のために苦しむのではない。あなたが苦しむのは、しがみつくからだ。それはあなたの所有欲のせい、あなたの執着のせい、あなたの貪欲さ、そうしたすべてのせいだ。

しかし、もしあなたが執着せず、あまり所有欲もなく、貪欲でなく、エゴイスティックでなく、攻撃的でなければ、突如として死の質は変わってしまう。それは神の、爽やかなそよ風のようにやって来る。それはやって来て、あなたを清める。とても必要な、大いなる休息をあなたに与える。それは、あなたを純化する。あなたは永遠の源泉へと戻り、ふたたびよみがえる。もし自ら進んでそこに赴けば、あなたはより良い形でよみがえるだろう。あなたは以前の形から何かを学んだからだ。

自分で進んで行かないとしても、それでも死はあなたをかまどへと投げ込み、あなたを焼くことになる。しかし無理やりだ。そしてあなたは、もう一度同じ形で戻ってくるだろう。というのも、あなたは何も学ばなかったからだ。

何も学ばなかった生徒は、何度も、何度も、何度も同じ学級に送られるしかない。ブッダとは、ありとあらゆる形の可能性をすっかり学んでしまった人のことだ。彼は岩だったこともあり、それを学んだ。木だったこともあり、それを学んだ。トラだったこともあり、それを学んだ。男だったことも、女だったこともあり、それを学んだ。一人の神だったこともあり、それを学んだ。そして、学びに学び、学び続けて……。ある日、すべての形を終えてしまったのだ。彼はあらゆる形を経てきた——見守りながら、選択することなく、油断せず、自分の鏡を曇らせることなく、明るさを保ったままで、あらゆる形を通り抜けたのだ。そして今、彼はもはや学びが必要ではない地点へと至った。レッスンを学んでしまったのだ。そうなれば、彼は消え失せる。そうなれば、死は涅槃《ニルバーナ》となる。そうなれば、彼は存在全体へと広がる。

そうなれば、彼は香りになる。そうなれば、彼は宇宙的な形へと入る。今や、小さな形はもう必要ではない。そうした小さな形の中にあったものは、すべて学んでしまったからだ。そうした小さな形に含まれていたあらゆるものを、彼は解読した。彼は大人になったのだ。もはや彼は、学校に戻る必要はない。彼は全体の一部となる。全体へと広がる。そうなれば、彼は宇宙的マインドのハートの中の歌であり、祝福であり、平安だ。彼はもう来ない。戻ってくる地点を超えてしまった。

これこそが究極の学びだ。しかし、人はあらゆる形を経なくてはならない。そして死は、偉大なレッスン、生よりもはるかに偉大なレッスンをもたらす。そして死は、とても強烈な理解の可能性をもたらす。というのも、生は長い期間に拡散し――死は非常に短い間に、とてもとても大きな可能性を秘めてやって来るからだ。それは一瞬のうちに、あなたを揺さぶる。もし油断していれば、あなたはその瞬間を見逃してしまう。その瞬間はとても小さい。もしあなたが醒めてあれば、まさにその瞬間が、神性への扉となる。

＊

ひとたびあなたが死に執着しなくなったら、ひとたびあなたが死を恐れなくなったら、死はゲーム、遊びとなる。この美しい物語を聞いてごらん。

九十六歳でほとんど盲目になり、もはや僧院で教えることも、働くこともできなくなった山本禅師は、死に時だと決意し、食を摂るのをやめた。周りの僧たちに食事を拒む理由を聞かれた彼は、自分は使い物になる年を超えてしまい、みなの足手まといになるだけだと答えた。さて、九十六歳とは……もう十分だ。そして、その老人は、今こそ死に時だと思い、食べるのをやめた。死はたんなる休息だ。休息の時なのだ。彼は身を退く準備を始めた。こうしたことを理解しておく必要がある。

弟子たちは彼に言った。「もし、今お亡くなりになれば」——それは一月で、とても寒かった——「あまりに寒いときで、みなはあなたの葬式でつらい思いをし、さらに厄介なことになるでしょう。ですから、どうかお召し上がりください！」

彼らもまた、偉大な人々だった、ん？　彼らが持ち出した理由とは、こうだ。「どうか寒さのことをちょっと考えてください。あなたは亡くなろうとしていますが、一月で、あまりにも寒すぎます。みんなにとって、さらに厄介なことになるでしょう。私たちは葬式に参列しなくてはなりません——ですから、召し上がってください」

こんなことが起こりうるのは、禅師と禅の弟子たちがいる禅寺だけだ。誰も死のことを心配していない。死はオーケーなのだ。師には死ぬ準備があるが、弟子たちを見てごらん。そうした弟子たちも、光明のとても近くにいる。彼らは言う。「馬鹿げたことはお止めください！今はいい時ではありません。なぜ私たちに面倒を作り出したいのです？　ええ、あなたは厄介者です——九十六歳とは——でも一月のさなかに死ぬなんて、もっと厄介です。どうか召し上がってください！」

そこでその老人は笑って、また食べ始めた。しかし暖かくなると、またやめた。そしてそれからほどなくして、静かに倒れ、死んだ。

そうなれば、死もまたゲーム、演じられる何かだ。そうなれば、あなたは恐れない。恐れるものなど何もない。そうなれば、あなたは深刻にすらならない。この事の全体の、深刻さのなさを見てごらん。

こんなことが西洋で起こると考えられるかね？　不可能だ！　こんなことは、人々が生と死の両方をあるがままに受け入れている東洋でしか起こらない。

そしてこれは、誰も死にはしないと分かっているときにだけ起こりうる――だからこそ、彼らは老人を相手に冗談が言えたし、老人は笑ったのだ。彼は怒らなかった。弟子たちがこう言っていると考えてごらん。「これは厄介なことになるでしょう。師よ、一月のさなかに死ぬなんて。あまりに寒い。私たちがみな葬式に行くなんて、たまったものじゃありません」

この要点を、そのユーモアをちょっと見てごらん――あたかも生と死が冗談でしかなく、あたかも老人はただ役を演じようとしているだけ、あたかもそれは真実ではないかのようだ！

それは、そうなのだ。彼はただ、役を演じようとしているだけ。「どうか今は演じないでください。後になって、もう少し暖かくなれば、そうしていただいてけっこうですから」

老人は笑い、気分を害さなかった。彼はとてつもなく楽しんでいたに違いない。これは、彼の弟子たちの、大いなる洞察だった。さて、彼らは、死をユーモラスに受け取ってさえいる。あなたもまた死をユーモラスに受け取るようになるとき、理解の人になる。あなたは少しずつ、「無位の人」、真の「無位の人」へと変わっていく。死もまたユーモアを持って受け取るとき、あなたはすでにそれを超えている。そして生と死を超えることは、あなたの真実へと入っていくことだ。

別の逸話だ。

洞山の死が近づいたとき、一人の僧が彼に言った。「師よ、あなたの四大元素は調和を欠いております。しかしまったく病むことのない人はいるのでしょうか？」

「いる」と洞山。

彼は、重病だった。身体中が崩壊しつつあった。四大元素はもはや、まとまってはいなかった。それは、彼の身体の中の一種の暴動だった。元素同士が互いから解放されようとしていた。

洞山は老いて、死に瀕していた。そして弟子は尋ねる。「あなたの四大元素は調和を欠いております。

しかし、まったく病むことのない人はいるのでしょうか？」

「いる」と洞山。

「この人はあなたを見ていますか？」僧は尋ねた。

「彼を見るのが、私の役目だ」洞山が答えた。

「ご自身が彼を見るときには、いかがでしょうか？」僧は尋ねた。

「そのときには、まったく病は見えない」洞山は答えた。

あなたの中には、二つの世界がある。誕生と死の世界、そして、超越した世界だ。そうだ、身体は重病にもなる、しかしあなたの中には、何の病気もないかもしれない――もしあなたが病気に執着しなければ、もしあなたが病気に同一化しなければ、もしあなたが「私は病気だ」と考え始めなければ。それはたんに、一種の催眠術なのだ。たくさんの、たくさんの扉を通してそれを学ぶ必要がある。

空腹を感じると、あなたは何と言うだろう？「私は空腹だ」と言う。あなたは空腹ではない――身体が空腹だ、その有機体が空腹なのだ。あなたはただ見守る者、あなたはただ身体が空腹なのを見ているにすぎない。そしてあなたは食べ、満足を感じて言う。「さて、私は満足だ。十分満足した」あなたは満足していない。というのも、あなたはもともと空腹ではなかったのだ！まずあなたは身体にある空腹を見た。今、あなたは身体にある満足感を感じている――しかし、あなたはたんなる観照者だ。まずあなたの鏡は空腹の人があなたの前に立っているのを映し出していた。そして今、あなたの鏡は、あなたの前の満足した人を映している――しかし鏡はけっして空腹ではなかったし、鏡は満足してもいない。

ある日、あなたは健康で、別の日、あなたは病んでいる――鏡は映し出す！ある日、あなたは若く、別の日あなたは老いている。ある日あなたは愛され、別の日、あなたは憎まれる。ある日には称賛され、別の日には非難される。鏡は映し続ける。鏡の機能はただ、どんな状態であろうと映し出すことだけ。しかしそのたびに、あなたは同一化する。

自分と、自分の前に立っている物事とのこの同一化をやめてごらん。そうすれば突然、あなたは自分がけっして病んだこともなく、空腹になったこともなく、生まれたこともなく、死にゆくこともないと分かるだろう。あなたは永遠の源泉そのもの。あなたは永遠なのだ。

さて、この物語だ。

抜隊《ばっすい》は、臨終前の弟子に、以下の手紙を書いた。

普通、死を目前にした人に手紙を書くとき、あなたは何か慰めるようなことを書く——あなたは、彼には慰めが必要だと思う。そしてあなたの慰めは、すべて偽りだ。あなたの慰めは、すべて嘘なのだ。

しかし、禅師が自分の弟子であった人の死に際して手紙を書くとき、彼はただ真実を述べる。実のところ、誰かが死にゆくときこそ、真実を述べるときだ。もう時間がないかもしれないからだ。少なくともこの世を去る前に、彼に真実を聞かせるがいい。ほんとうの事実とは何か、醒めてあるように促すことだ。慰める必要はない。慰めは助けにはならないからだ。

慰めは子守唄のようなものだ。そう、それはいい、慰めは人々を心地良い感じにする。それは精神安定剤のようなもの、あなたを変容させはしない。それはただ、あなたをあやすだけ、あなたを鈍くさせるだけだ。ほんとうのところ、あなたを混乱させるだけで、現実は手つかずのままだ。あなたの慰めは現実を変えない、変えようがない。慰めは、子供に与えられるオモチャなのだ。

抜隊禅師が、臨終前の弟子の一人に、手紙を書く。さあ、これは大いなる瞬間だ。死は大いなる瞬間なのだ。その可能性は余すところなく使われるべきだ。死は、光明を得ることができるほどに偉大な機会、それほどに創造的な可能性なのだ。もしあなたが生を逃したとしてもオーケーだ。だが、死を逃さないように。その扉を、神性をのぞき込むために使いなさい。

師は書いた。

お前の心《マインド》の本質は、生まれもせず、それゆえ、死にもしない……

心《マインド》の本質——それが、私が鏡のような質と呼ぶものだ。それは、あなたのマインドのまさに本質なのだ。なぜそれを根本的なもの、本質的なものと呼ぶのか？ それは永続するからだ。見守ってごらん……。あなたは子供だった。あなたが最初に目を開けたとき、あなたには思考はなかったが、この鏡のような質はそこにあった。あなたが目を開けた最初の瞬間でさえ、この鏡のような質はそこにあったのだ。それは誰かに与えられたものではない。あなたはそれを携えてやって来た。それは本質的なもの、それはあなたの本性なのだ。子供が目を開ける。彼には、こうした木が何なのか、アショカなのか、松なのか、知ることはできない——彼にはそれが何の木なのかは分からない。それが木であることすら、分からない。緑だということは分からなくても、彼は緑の木々を見る。彼はそれに緑というラベルを貼ることはできないし、「これは木だ。これはアショカで、これは松だ」と言うことはできない。それはできない。

しかし、すべては正確に映し出される。そこには言葉はない。彼の視覚はクリアだ。彼は埃をかぶってはいない。だからこそ子供たちは、些細な物事にとても感動する——というのも、あらゆる些細な物事が、彼らにとってはほとんどサイケデリックなのだ。彼らにはバリアがない、彼らの目は澄んでいる。鏡はクリアだ。実在をありのままに映し出す。

この質——この鏡のような質——は、誰かに教わったものではない。社会によって条件づけられてはいない。言葉は教わるものだ。あなたは言葉を携えては来ない。あなたが日本人の家庭に生まれれば、日本語を習うだろう。フランス人の家庭に生まれれば、フランス語を習うだろう。何を教わるにせよ、それは身につけるものだ。しかしフランス人の子供も、日本人の子供も、最初に目を開けるときは、たんなる鏡だ。日本人の鏡は日本人ではまったくないし、フランス人の鏡はフランス人ではまったくない。鏡はたんなる鏡なのだ。そう、日本人は日本人になり、フランス人はフランス人になる。そして千と一つのものが集められていく——教育、学校、大学、宗教、教会、物事が周りに集まる。

だから、あなたに教えられたものは一つ残らず、本質的なものではない。それは外側から与えられてきた。外側からあなたに与えられたものは、借り物であって、あなたの本性ではない。あなたが自分とともに、まさに自分とともに携えてきたもの、誰にも与えられてはいないもの——それこそが本性だ。それこそがあなたの魂なのだ。それを自分の中に見つけること、それは生を超え、死を超えたものを見出すことだ。

「お前の心の本質は、生まれもせず」と師は言う。「それゆえ、死にもしない」

生まれるものだけが、死ぬ。始まるものだけが、終わる。もしあなたに一つの極があれば、もう一方が後に続くことになる。しかしもし最初の極がなければ、もう一方は続きようがない。もしあなたの中に、生まれなかったもの、生まれる前にさえ存在していたものがあれば、それは、死後でさえ、そこにあるだろう。

この鏡のような質は、誰とも関係がない。誰かがあなたに与えたわけではない。それこそがあなた、あなたの真正な存在なのだ。これこそ真の「無位の人」だ。鏡はたくさんのものを身につけ、多くのやり方で条件づけられる――そうしたすべては、本質的なものではない。だからこそ私は、もしあなたがヒンドゥー教徒であれば、あまりにも肩書にしがみついていると言うのだ。もしあなたがインド人であれば、ここでもまた、あまりにも肩書にしがみついている。真の「無位の人」を想い起こすがいい。

そして、それは同じ人なのだ！　あなたと私は、その鏡のような質においては別々ではない。それは単一な質なのだ！　それこそが意識の構成要素だ。

「それは、壊れるような存在ではない」と師は言う。

これは理解すべきことだ。「それは、壊れるような存在ではない」それは、存在そのものなのだ！ 西洋の実存主義者たちは、現存《エクジステント》と存在《エクジステンス》という二つの言葉を区別している。その区別は大切で、ここで役に立つだろう。

私たちは木があると言うが、神に関しては、それとまったく同じように、神があるとは言えない。なぜか？ なぜなら、その木は以前にはなかったし、いつかなくなるからだ。だから木のあり方は、神のあり方とは違う。神は現存しなかったことは一度もないし、現存しなくなることもけっしてないからだ。木はあると言える。というのも、それは、存在から消えることもあるからだ。

木は現存している——それは、現存しなくなることもある。神は現存ではない。神は存在そのものなのだ。現存しなくなることはありえない。それはけっしてない。実のところ「神が在る」というのは繰り返しだ。というのも、神とはまさしく、「在ること」そのものだからだ。「神が在る」というのは正しくない。「木がある」、「椅子がある」はオーケーだ。「人がいる」はオーケーだ。というのも、「ない」へと消えうるからだ。しかし、「神が在る」は正しくない。

神とは、「在ること」なのだ！ だから「神が在る」というのは繰り返しだ。それは、「在るが在る」あるいは、「神が神」という意味だ。それは意味がない。それは繰り返しだ。

師は弟子に言う。

彼が言わんとしているのは、「現存」ではないということだ。それは存在するようになったのではない、だからそこからなくなりようがない。まさに、存在そのものなのだ。

あなたはいつもここにいたのだ！　そしてあなたはいつもここにいるだろう。あなたはどこにも行けはしない、それを覚えておきなさい。だから、どこかに行くことを恐れないことだ。行くことはできないし、行くところはないし、行く者はいない！　すべてはただ在る。すべてはここに永遠に在ったし、永遠に在るだろう。この今は、永遠のすべて――過去のすべてと未来のすべて――を含んでいる。存在全体がこの瞬間、今ここに集中している。このカッコーの鳴き声の中に、過去と未来の、すべてのカッコーの鳴き声がある。あなたが聞くことの中に、過去と未来の、ありとあらゆる人々の聞くことのすべてがある。語ることの中に、過去において何かを口にしてきたあらゆる人々のあらゆる言葉があり、未来において何かを口にするであろう人々の、あらゆる言葉があるのだ。

すべては在る……。何も存在からなくなりはしない。確かに、形は変わる。確かに、衣服は変わる。確かに、名前は変わる。しかし、これはあなたの本質的な存在ではない。あなたは自分の家を変え続け、自分の身体を変え続け、自分のマインドを変え続ける――しかし、本質的なるもの、鏡のような質、真の「無位の人」は同じままだ。それは変わりようがない。それには、変わりうる部分は一つもない。それは壊れるものではない。

たんなる虚ろな空《くう》でもない

もう一度聞くがいい。師は、「しかし、誤解してはいけない」と言う——というのも、「無位の人」と言われると、あるいは、私がそれは鏡のような質だと言うと、あなたは、鏡はただ空っぽだと考え始めるかもしれないからだ。鏡はただ空っぽではない。ときにはそう見えることがあっても、ただ空っぽなのではない。そしてあなたは、誰も鏡に向き合っていないときには、それが空っぽだと知っている。そうだ、形はない、他者はいないが、それ自体が空っぽなのではない。

誰も鏡に向かっていないとき、鏡はその鏡のような質で満ちている。しかし、空っぽではない。実のところ、誰かが鏡に向かっているときには、鏡はあまり鏡らしくない。その反映が、鏡が満ちてあることを妨げているのだ。何かなじみのないもの、何か外側からのものがそこにある。すべてのものが去って、何も映っていないとき、鏡はたんに空っぽなのではない。それはネガティブな空を意味してはいない。それはその鏡のような質で満ちているのだ。それこそが鏡、完璧な鏡——何も映してはいないが、完璧な鏡なのだ。

あるいは、別の見方で見てごらん。私たちのマインドは、あまりにも物に執着している。だから、私たちは物を見て、それから判断するのだ。部屋が家具でいっぱいだと、あなたは言う。「この部屋は、家具でいっぱいだ」それから誰かが家具を外に運び出すと、あなたは言う。「この部屋は今、空っぽだ」それはどういう意味だろう？

あなたはあまりにも家具に執着している。家具のことだけを考えて、空間についてはけっして考えない。今やその部屋は、広々とした空間でいっぱいなのだよ！　最初その部屋は、あまり広々とした空間ではなかった——家具が、その広々とした空間を塞いでいたのだ。部屋《ルーム》とは空間のことだ。「ルーム」という言葉自体が、空間を意味している。

最初は内側に、あまりにもたくさんの家具があった。空間が塞がれ、壊されていた。それは実際、それ自身で満ちていたわけではない。何か異質なものが、いろんな形で邪魔をしていたのだ。それはあまり自由ではなかった。今、家具が運び去られると、あなたは空っぽだと言う。まずあなたは、それはいっぱいだと言っていた。そして今、空っぽだと言う。何が空っぽなのか？　家具が空っぽなのだ。しかし、その部屋を見る、別の方法がある——今や、それは広々とした空間、スペースで満ちている。今、それは、それ自身で満ちているのだ。

だから師は言う。「私が、この本質的なあなたはまったくの虚空だと言っているとは思わないように。そうではないのだ」最初それは、家具——思考、記憶、欲望、自己同一化——でいっぱいだ。私は身体だ、私はマインドだ、私はヒンドゥー教徒だ、私はキリスト教徒だ、あれやこれやというように。それは家具で、ゴミでいっぱいだ。それからある日、あなたがこのゴミを捨てて、ただ無選択の気づきのままでいると、あなたは、それはただ空っぽだ、何もないと考え始めかねない。あるいは、少なくともそう誤解するかもしれない。実のところ、初めてマインドは、それ自身でいるという完全な自由を得ているのだ――それは花開く。この意識は、蓮の花へと開花するだろう。

これこそが自由、これこそが解放だ。あらゆるガラクタから解放され、あらゆる異質なものから解放され、あらゆるなじみのないものから解放されている――客は去って、主人は自由だ。客がいるときには、主人はあまり自由ではない。それは分かるだろう。客がやって来ると、あなたはそれほど自由ではない。主人は、主人らしくあることに縛られる。彼はいつものように自由には動けない。彼は客の世話をしなくてはならないからだ。彼らは眠っているかもしれない。スピーカーを鳴らしたり、ラジオやテレビをかけたりできない、大きな音ではね。あなたの好きなように音楽を演奏することもできない。子供たちを静かにさせておかなくてはならない――客がそこにいるのだ。あなたは客に自分を合わせなくてはならない。

客がそこにいるときには、主人は二の次になり、客が最重要となる。それこそが、起こってきていることなのだ。思考や欲望が山ほどあって、客が非常に重要になり、主人はほとんど二の次、あるいは忘れられている――忘れられてしまってさえいるのだよ。そして客は、あまりにも長く滞在してきた。彼らは去らない。永久会員になっていて、主人はほとんど自分の家から放り出されている。

だから、突然客が去ると、ただ空っぽで空虚だと感じられるだろう。そうではない。仏教も禅も、とても誤解されてきた。というのも、彼らはシューニャター――空について語るからだ。シューニャター、空は、仏陀にとっては神なのだ。しかし、言葉が困難を生み出す。人々は「空だって？ずいぶんネガティブに見えるね」と思う。そうではない。それは、今、あなたはただ自分自身であり、他には何もない、他者はいないという示唆にすぎないのだ。今やあなたはただ、自身の存在に、ただあなた自身に同調し、ただあなたの本性である仏性だけが残っている。それは空っぽではない。それは満ちている。それは完全だ――それはあらゆるものの源泉だからだ。

たんなる虚ろな空でもない。色もなく、形もない。快楽を楽しむことも、苦しみを舐めることもない

あなたは自分が苦しむと思う！　あなたはけっして苦しんだことはない！　あなたは自分が楽しむと思う、あなたはけっして楽しんだことはないのだ。あなたはいつもたんなる観照者だ。苦しみは起こったが、あなたが苦しんだことは一度もない。喜びはやって来たが、あなたが楽しんだことは一度もない。それらは過ぎていく局面、やって来ては去る気候、月を覆っては消える雲なのだ。しかし、あなたは！　あなたは、かき乱されず、気が散ることもなく、自分の内にとどまる。

ある禅の言い回しがある。

私は一日中動いているが、まったく動いてはいない。私はうねり続ける波の下の、月のようなものだ

「波はうねり続ける。私は一日中動いているが、まったく動いてはいない」そうだ、大きな動きがあちこちで起こっている。しかし、あなたのまさに中心――台風の中心――では、まったく何も動かない。痛みもなく、快楽もなく、幸福もなく、不幸もなく、天国もなく、地獄もない――あなたは、何も得ず、何も失わない。それはつねに同じだ！　まったく同じ。そこでの味わいは同じまま。それは永遠だ。

私は一日中動いているが、まったく動いてはいない。私はうねり続ける波の下の、月のようなものだ

波はうねり続ける。月が、湖の波に映し出されるのを見たことがあるだろうか？　波はうねり続ける、しかしそこに映った月には、何が起こるのだろう？　あなたはそこに映った月も、動くと思うだろうか？　第一に、それは反映だ。だから、それは動きようがない。第二に、どうして波が、そもそもそこにはない幻の物を動かせるだろう？　波には、それは動かせない。まさしくそれこそが、あなたの状況なのだ。快楽がやって来て動くとき、それは波だ。そしてあ

なたは、その波の中に映し出される。そしてあなたは自分の反映が動いていると思う。あなたの反映は、確かに散り散りになる。あなたはけっして散らされることはない！　空の月は、下でうねっている波にけっして散らされることはない。しかしあなたには、湖の中に映る、もう一つの月が見える。そしてあなたは、たぶん本物の月は影響されないだろうと感じることはできるが、波の下のこの月は、確かに影響される。波はその月を揺らし、湖中に散らす。

しかし、どうやって反映を散らすことができるだろう？　反映とはそもそもないもの、それは存在していないのだ。だから、周りで起こっていることに影響されている自分を見るとき、影響されているように見えるのは、物事の中でのあなたの反映にすぎない。あなたは、空にある本物の月は、同じままだ。しかしあなたは、自分が誰かをすっかり忘れてしまった。あなたは起こることすべてを超えている、もっとも内なる核心においては、何も起こらない、それはいつも同じなのだということを、すっかり忘れてしまったのだ。

「お前の病が重篤なのは分かっている」と師は書いている。「よき禅の徒らしく、お前はその病にしっかり向き合っている」

病にしっかり向き合っているとは、自分はそれではないということを見続けている――それが、その意味するところだ。しっかり向き合うとは、「私はそれではない」と見続けることだ。

誰が苦しんでいるのか、はっきりとは分からないかもしれないが、自分に問うてみることだ……

自分に問うてみることだ。誰が苦しんでいるのか？　誰が死のうとしているのか？　誰が年老いたのか？　問いなさい、問い続けることだ。そうすれば少しずつ、「苦しんでいる人は私ではない、老いた人は私ではない、死のうとしている人は私ではない」ということが分かるだろう。そして覚えておきなさい。これは与えられるものであってはならない。この答えは、あなたの記憶が与えるものであってはならない――というのも、あなたはそれを知っている、それを耳にしたことがある、『ウパニシャッド』の中でも読んだ、偉大なマスターたちがそれについて語っているのを耳にしたこともあるからだ。記憶がそれを提供すべきではない。あなたはただ問わなくてはならない。この問いを内側に叩き込み続けるがいい。「誰が苦しんでいるのか？」

次に頭痛がしたら、「誰が苦しんでいるのか？」と聞いてごらん。次に脚がしびれたら、問い直してごらん。「誰がしびれているのか？」

そして、急いで答えようとしないことだ。というのも、そうした答えは偽りだろうからね。あなたはとても利口でいることもできる。「そう、私は魂で、これは身体だ」と言うことはできる。しかし、これはインチキだ。答えがひとりでにやって来るようにしてごらん。それは、記憶からやって来るべきではない、あなたの存在から来るべきだ。洞察としてやって来るべきだ。言葉ではない。それは了解《りょうげ》として、悟りとして、一瞥として来るべきなのだ。

その違いを感じられるかね？　記憶としてやって来るときには、あなたはオウムのように繰り返している。私は、あなたは頭痛ではないと言ってきた。明日、試してみたらいい――静かに座って、問いかけるのだ。「誰が苦しんでいるのか？」

すると、記憶から答えがやって来る。「お前は苦しみではない。お前は超越した魂、お前は観照者なのだ」それを見守ることだ。これは全部、記憶からのものだ。それには価値はまったくない。投げ捨ててしまいなさい！

そこに洞察が、了解が、突然の明晰さが、透明さがやって来るようにしなさい――「私は苦しみではない」それを、あなたは見る。いいかね、見ることが肝心だ。それは、記憶から取ってくる答えではない。それは、あなたの存在のもっとも深い核心からつかみ取るべき洞察なのだ。あなたは問いという網を投げなくてはならない。もし網を投げ続けていれば、そしてもし自分のインチキな記憶に満足しなければ、遅かれ早かれ、あなたは魚を捕まえ、その魚があなたを自由にするだろう。

それは解放する。真実が解放するのだ。

……自分に問うてみることだ、この心《マインド》の本質とは何なのか、と誰が苦しんでいるのか？　最初の問いによって、苦しみが起こっているのはあなたの周辺で、あなたの中ではない、ということが分かるだろう。それは近くで、とても近くで起こっている。しかしそれでも中心ではない。それは中心ではなく、周辺で起こっている。中心は影響を受けない。だから最初のこととは、どこに苦しみがあるのかを見る、ということだ。苦しみとの自己同一化から外れるがいい。この問いは、剣のように、あなたが自己同一化を断つ助けとなるだろう。すると、次に尋ねる問いは、このマインドの本質とは何なのか？　この、苦しんでいない人とは誰なのか？

まずは問うことだ。誰が苦しんでいるのか？　それによって、身体や病気やマインドとの古い同一化が壊れる。それから、あなたは自分の内奥の核心をかいま見ることになる。さあ、尋ねてごらん。このマインドの本質とは何なのか？

このことだけを考えるがいい

そして、このメッセージは死にゆく人へのものだということを覚えておきなさい。師は言っている。「お前が死ぬとき、このことだけを考えなさい。死の前に、一つのことを解決するがいい。つまり、お前は苦しんではいない、ということだ。それから、死に入っていくときには、問い続けることだ。『この、苦しんでいない人とは誰なのか？』と」

「私は誰か?」と、ラマナ・マハルシがよく言っていたように。「私は誰か?」死が起こる間、このことだけを考えるがいい。というのも、死はすべてを奪い去るからだ。もしこの問いだけを死の中に携えていければ、もし死にゆく最中にこの問いを携えていければ、あなたはサマーディを達成することができる。あなたは光明という大いなる果実を得ることができるのだ。

このことだけを考えるがいい。それ以上は何も必要はない

師は正しい。まさしくその通りだ。もしたった二つのことができるなら、それ以上は何も必要ない。生と、生があなたの周りに蓄えたすべてのものとの自己同一化を外すこと。そして二番目は、問うことだ――「私は誰か?」

それ以上は何も必要はない。何も望まないことだ

光明を得ることとさえ考えてはいけない。悟りの境地《ブッダフッド》すら、欲しがってはいけない。涅槃《ニルバーナ》のことさえ考えてはいけない。何も望まないことだ。というのも、ひとたび欲しがり始めたら、あなたは本質的なマインドを失う、無限なるマインドとの接触を失うからだ。欲する……すると、あなたは落ちてしまう。原初の堕落は、欲望のせいで起こる。だから何も望まないようにしなさい。

彼は、弟子を知り尽くしている。彼は金を欲しがりはしないだろう。地位も権力も欲しがらないだろう。彼はもう一度生まれたいとは思わないだろう。彼は来世を望みはしないだろう——それはまったく問題ではない。それは、最初の問いとともに終わっている。同一化から外れることだ。

しかし、悟りの境地を欲しがるかもしれないという可能性はある。彼はブッダとして、光明を得た魂として、存在のもっとも高い次元へと生まれることを考え始めるかもしれない。しかし、そうなれば、欲望が起こっている、欲望が入り込んでいる。ふたたび彼は原初のマインドから堕落してしまった。原初のマインドは、あなたが欲していないときにのみ、無傷でいられる。あなたが欲する瞬間、あなたは彷徨《さまよ》い出す。あなたはもはやその中にいない。あなたはふたたび、新しい旅に囚われる。あなたは道に迷ってしまった。

このことだけを考えるがいい。この心の本質とは何か？ それ以上は必要ない。何も望まないことだ。お前の終わりなき終わりは、純粋な空に溶け去る雪のひとひらのようなものだ

何も心配することはない。あなたは純粋な空に、雪のひとひらのように溶け去る。あなたは死にはしない。ただ消えるだけ。そう、あなたは個人という形では見つからないだろう。形は、形なきものへと消え失せる——雪のひとひらは、純粋な空へと。しかしあなたはそこにいるだろう、しかも今以上に。川が海に消えるとき、それは死んでいくのではない——それは海になっていく、それ

は広がっていく、それは大きく、巨大に、広大に、無限になっていくのだ。

生にしがみつけば、死は死のように見える。生にしがみつかなければ、死は変容、自由のように見えるだろう。あなたは形という牢獄から解き放たれる。あなたは形を失う。そうなれば、そこには大いなる喜びがある。純粋な空に消える雪のひとひらのように死ぬことのできる人は、祝福されている。そこには大いなるエクスタシーが、大いなる静寂と平安、純然たる喜びがある。あなたの存在のまさに核心には、祝祭がある。

生は使われなくてはならない、死は使われなくてはならない。すべてがこの本質的なマインドへと至るために使われるべきなのだ。というのも、この本質的なマインドとは、サッチダナンダ――それは真実であり、それは意識であり、それは至福だからだ。

＊

あらゆる執着、生への執着さえ落とさなくてはならないとは、とてもクレイジーに見えることもあるだろう。死ですら恋愛へと変容させなくてはならないとは、とてもクレイジーに見えることもあるだろう。とてもクレイジーに見えるだろう。それは非常にクレイジー見えるが、しかし生はクレイジーだ。生とは逆説なのだ。

ジョン・ホイーラーは言っている。「私たちは完全にクレイジーな事柄について語っている。これよりクレイジーでない物事が、正しいなんてことがありうるだろうか？」

禅は正しい、それは完全にクレイジーだからだ。禅は正しい、あまりにも逆説的だからだ。生は逆説だ。生に対して真実であるものは何であれ、大いなる逆説になる。そう、生は生きるべきもの、そして、死は死ぬべきものだ。

生きるときには、生のもっとも深い核心へと入り込みなさい。死ぬときにも、死のもっとも深い核心へと入り込むことだ。そしてその、もっとも深い核心は同じ——それこそが、本質的なマインドなのだ。


「生」は名詞ではない、いいかね、「死」もまた名詞ではない。「生」も「死」もともに動詞だ。「存在」は動詞であって、名詞ではない。生とはプロセス、死もプロセスなのだ。そしてそのプロセスを経ているのは誰なのだろう？　この二輪の荷車で動いているのは誰なのか？　この旅人は、誰なのだろう？　数多くの形を経ながら、旅を続けているのは、誰なのか？　その本質的なマインド、そのノーマインド、その鏡のような質、その観照は、あらゆる方法で、あらゆる可能性を通して、見出されなくてはならない。生のすべての動きが、その問いへと、その探求へと捧げられなくてはならない。そのときにのみ、人は家に帰り着く。そして家に帰らなければ、あなたは満たされないままだ。あなたは多くの金、大きな権力を手にすることはできる。しかしあなたは、無力なまま、乞食のままだろう。

あなたが自身の存在のこの原初なるもの、この「無位の人」、このもっとも古《いにしえ》なる、「永遠なるもの」へと至る日、その日、あなたは皇帝になる。その日には、すべてが祝福だ。その日には、何一つ欠けてはいない。そしてその日には、あなたは大いに笑いもするだろう。というのも、その日あなたは、何一つ失ったことはなかったと知るのだから——ただ反映に巻き込まれていただけ。あなたは客にかまけて、主人を見失っていたのだ。主人でいるがいい！

OSHO

著者について

OSHOの教えは分類の枠を超え、人生の意味に関する個人的な探求から、現代社会が直面している最も緊急な社会的、政治的課題に至るまで、すべてをカバーしています。彼の本は執筆されたのではなく、35年以上の年月にわたり、各国の聴衆に向けてなされた即興的な講話をテープやビデオに記録したものからの書き起こしです。

「だから覚えておくことだ。私が何を言おうと、それはただあなたのためだけではない……私はまた未来の世代のためにも語っている」と彼自身語っているのです。

OSHOはロンドンのサンデータイムズ紙において、「20世紀を作った1000人」のうちの一人と評され、アメリカ人作家トム・ロビンスによれば、彼は「イエス・キリスト以来、もっとも危険な人物」です。インドのサンデー・ミッドデイ紙は、OSHOをガンジー、ネルー、仏陀と並んで、インドの運命を変えた10人の1人に選びました。

OSHOは自分のワークについて、新しい種類の人間が生まれる環境づくりを助けているのだと語っています。彼はたびたび、この新しい人間を「ゾルバ・ザ・ブッダ」——ギリシャ人ゾルバのような地上的な楽しみと、ゴータマ・ブッダのような穏やかな静寂をともに楽しむことのできる人間として語っています。OSHOのワークのあらゆる側面を結びつけているヴィジョンは、永遠なる東洋の叡知と、今日の（あるいは明日の）西洋の科学技術の、最高の可能性を包含しているのです。

OSHOはまた、内なる変容の科学への革命的な貢献によっても知られています。彼の瞑想へのアプローチには、現代生活のあわただしさに対する認識があります。彼の独創的な「アクティブ瞑想」は、思考のない、くつろいだ瞑想状態を容易に体験しやすいように、最初に身体とマインドに蓄積されたストレスを解放するように作られています。

◎著者自身による自伝的な作品は、二冊入手可能です。
Autobiography of a Spiritually Incorrect Mystic
『ゴールデンチャイルドフッド—光輝の年代　和尚幼年期を語る』

OSHOインターナショナル・ファウンデーション

さらなる情報は、
www.osho.com

これは、各国語による総合的なウェブサイトで、メールマガジンやOSHOの著書、テープやビデオでのOSHOの講話、英語とヒンディー語でのOSHOライブラリーのアーカイブ、OSHOの瞑想に関するさらなる情報が載せられています。ここで、OSHOマルチバーシティのプログラムのスケジュールやOSHOインターナショナル・メディテーション・リゾートの情報を知ることもできます。

http://OSHO.com/AllAboutOSHO
http://OSHO.com/resort
http://OSHO.com/shop
http://www.youtube.com/OSHOinternational
http://www.Twitter.com/OSHO
http://www.facebook.com/pages/OSHO.International

連絡先
OSHOインターナショナル・ファウンデーション
www.osho.com/oshointernational,
oshointernational@oshointernational.com
<mailto:oshointernational@oshointernational.com>

OSHOインターナショナル・メディテーション・リゾート

場所：インドのムンバイの南東百マイル、急速に発展している近代都市プネーにあるOSHOインターナショナル・メディテーション・リゾートは、休暇のための異色のリゾートです。メディテーション・リゾートは、高木樹林地域にある四十エーカーの庭に囲まれて広がっています。

特色：リゾートは毎年、世界の100カ国を超える国から何千人もの訪問者を迎え入れています。ユニークなキャンパスでは、さらなる気づきとリラクゼーション、祝祭と創造性に満ちた新しい生き方に関する、直接的かつ個人的体験の機会を提供しています。一年を通じて毎日朝から晩まで、すばらしいプログラムの数々が選択できます。何もせず、ただリラックスするというのもその一つです！
すべてのプログラムはOSHOの「ゾルバ・ザ・ブッダ」——日々の社会生活に創造的に参加しながらも、リラックスして静寂と瞑想に入る新しい種類の人間——のヴィジョンに基づいています。

瞑想：あらゆる種類の人々のために、活動的・受容的、伝統的・革命的なメソッドまで、特に「OSHOアクティブ瞑想」が毎日の瞑想のスケジュールとして行われています。瞑想は、世界最大級の瞑想ホールであるOSHOオーディトリアムで行われます。

マルチバーシティ：クリエイティブ・アートからホリスティックな健康管理、個人の変容、関係性や人生の移行期の諸問題、瞑想としての仕事、秘教的な科学、スポーツやリクリエーションに対する禅的なアプローチに関する各種の個人セッションやコース、ワークショップが行われています。マルチバーシティの成功の秘訣は、あらゆるプログラムに瞑想が組み合わされ、人間としての私たちは、個々の部分の合計をはるかに超えた存在であるという理解をサポートしているという事実にあります。

Bashoスパ：贅沢なBashoスパは、木々や熱帯の緑に囲まれた屋外でのんびり泳ぐ環境を提供しています。ユニークに形づくられた広々としたジャクジー、サウナ、ジム、テニスコート……すべては驚くほど美しい雰囲気の中にあります。

食べ物：おいしい西洋、アジア、インドのベジタリアン料理——ほとんどがメディテーション・リゾートのために特別に育てられたオーガニック野菜を素材としたもの——が複数のレストランで提供されます。パンやケーキはリゾートのベーカリーで焼いています。

ナイトライフ：たくさんの夜のイベントがあります——ダンスはその中でもリストのトップです！　星空のもとでのフルムーン瞑想、バラエティーショー、音楽パフォーマンスや日常生活のための瞑想など。
あるいは、プラザカフェで出会いを楽しんだり、おとぎ話のような環境の中で、夜の庭の静かな散歩もいいでしょう。

設備：基本的な日常の小物や必要品はすべて、ギャラリアで買えます。マルチメディア・ギャラリーでは、OSHOの幅広い出版物も手に入ります。キャンパスには、銀行、旅行会社、ネットカフェもあります。プネーには伝統的かつ民族的なインドの製品から世界的なブランド品まで揃っているので、ショッピングを楽しむこともできます。

宿泊：OSHOゲストハウスの優雅な部屋に泊まることができます。長期滞在の場合には、リビングインのパッケージもあります。また、ホテルや家具つきのアパートも多種多様にあります。

死について41の答え

The Art of Living and Dying

OSHO

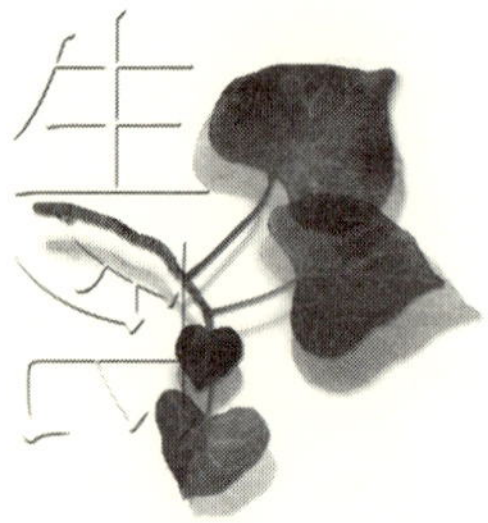

2018年1月2日　初版第2刷発行

講　話　OSHO

翻　訳　伊藤アジータ

照　校　ニラーラ

編　集　高田勝弘　遠藤悦子

装　幀　ジュン

発行者　江谷信壽

発行所　OEJ Books 株式会社

248-0014 神奈川県鎌倉市由比ガ浜 3-6-32
TEL：0467-33-5975　FAX：0467-33-5985

URL:www.oejbooks.com
E-mail: info@oejbooks.com

発売所　株式会社 めるくまーる

101-0051 東京都千代田区神田神保町 1-11 信ビル 4F
TEL:03-3518-2003 FAX:03-3518-2004

印刷・製本　株式会社シナノ パブリッシング プレス

ISBN978-4-8397-0160-4